山西省高等学校人文社科重点研究基地
山西大学旅游研究中心研究成果之一

山西文旅融合研究

SHANXI WENLV
RONGHE YANJIU

主　编　郝　平
副主编　张海鸥　闫爱萍

山西出版传媒集团　山西人民出版社

图书在版编目（CIP）数据

山西文旅融合研究 / 郝平主编；张海鸥，闫爱萍副主编. — 太原：山西人民出版社，2023.7
ISBN 978-7-203-12096-4

Ⅰ. ①山… Ⅱ. ①郝… ②张… ③闫… Ⅲ. ①地方文化 – 地方旅游业 – 产业融合 – 产业发展 – 研究 – 山西 Ⅳ. ①G127.25②F592.725

中国版本图书馆CIP数据核字(2022)第013814号

山西文旅融合研究

主　　编：	郝　平
副 主 编：	张海鸥　闫爱萍
责任编辑：	王新斐
复　　审：	吕绘元
终　　审：	李　颖
装帧设计：	谢　成

出 版 者：	山西出版传媒集团·山西人民出版社
地　　址：	太原市建设南路21号
邮　　编：	030012
发行营销：	0351-4922220　4955996　4956039　4922127（传真）
天猫官网：	https://sxrmcbs.tmall.com　电话：0351-4922159
E - mail：	sxskcb@163.com　发行部
	sxskcb@126.com　总编室
网　　址：	www.sxskcb.com

经 销 者：	山西出版传媒集团·山西人民出版社
承 印 厂：	山西出版传媒集团·山西人民印刷有限责任公司

开　　本：	720mm×1020mm　1/16
印　　张：	16
字　　数：	220千字
版　　次：	2023年7月　第1版
印　　次：	2023年7月　第1次印刷
书　　号：	ISBN 978-7-203-12096-4
定　　价：	98.00元

如有印装质量问题请与本社联系调换

序　言

　　文旅产业是实现山西经济高质量可持续发展的重要资源。2017年9月，国务院出台《关于支持山西省进一步深化改革促进资源型经济转型发展的意见》（以下简称《意见》），针对山西丰富的文化旅游资源，提出重点支持文化旅游等新兴产业，"建设国家全域旅游示范区"的目标，山西的转型发展上升为国家战略，开始启程为世界资源型地区转型发展探路。山西省委、省政府也提出"把文化旅游产业培育成我省战略性支柱产业"的战略部署。山西文旅产业迎来历史性的全新时代。

　　山西大学历史文化学院向来重视文旅产业发展的研究，1993年在旅游管理专业基础上与山西省旅游局合作创办了山西大学旅游学院，鼓励师生积极参与国家地方社会经济建设。2005年，为进一步适应山西经济发展和社会文化事业的需要，在山西省教育厅的大力支持下，成立了山西省人文社科重点研究基地——山西大学旅游研究中心（以下简称中心），积极开展山西旅游研究。十余年来，中心凝聚了一支涵盖旅游管理、历史学、考古学等学科优秀人才的科研团队，形成了跨学科融合创新的学术特点，取得了诸多成就：在承担国家及山西省重大任务方面，中心积极响应号召，参与"三大板块""游山西，读历史"等项目，服务于山西地方文旅产业；积极参与山西省标准化综合改革实践，已获得省级标准化相关课题1项，参与起草制定了8项山西省地方标准，参加了山西省市场监督管理局标准化部门组织的2019年、2020年山西省国家级服务业标准化试点项目的评估和验收工作，共评估51个项目，撰写评估报告51份，取得了良好的社会效益。在科研成果方面，张世满教授连续八年主编出版《山西旅游绿皮书》，为山西省的经济转型升级提供持续性的理论支撑；中心教师先后完成省、市、县"旅游业发展总体规划""全域旅游总体规划""乡村旅游示范村评定"等系列旅游规划。在咨询服务贡献方面，中心教师共同完成了30家《山西省旅游扶贫示范村旅游发展行动纲要》（2019—2020）编制，为乡村旅游的扶贫提供了示范依据；连续四年组织全省旅游骨干人才培训班，并多次参加山西省各地市新型职业农民的培训，为各地区乡村脱贫提供实践指导。在学术交流与合作方面，中心积极邀请业界知名学者，定期进行行业内交流；加强和扩大对外学术交流，教师到英国牛津大学、加拿大圭尔夫大学、北京大学等国际知名学府访学；先后同美国、韩国、英国等国家的高校与科研机构进行合作；组织学术会议十余次，为中心师生提供了良好的科研环境。

中心向来秉持"教研相长，促进文旅融合"的学术理念，强调在做好科学研究的同时，也要做好本科和研究生的教学工作。教师团队围绕各自专业进行课程建设与讲授：响应行业发展需求，对接地方文旅的发展，设置文化旅游研究课程，培养学生文化素养和创新能力；将培养应用能力纳入课程体系，设置管理实证研究方法、旅游企业经营与管理等课程，教授信息处理软件实操方法；吸纳校外资源参与到教学中，强化应用能力。围绕国家发展战略，针对学科前沿和重大理论与实践问题，组织高水平的科研项目，产出创新性的成果，等等。正因如此，中心教师的最新研究成果得以不断融入日常教学实践，又能把教学实践中的问题及时引入自己的科学研究，实现教学和科研的互相提高。本文集就是中心在新时期教研相长过程中形成的一项重要科研成果，分为五个部分。

"体验经济"是国际文化创意产业近年来提出的全新概念，是企业以服务为舞台、以商品为道具、以消费者为中心,创造能够使消费者参与、值得消费者记忆的活动,重视消费行为发生时顾客心理体验的一种经济模式。随着文化旅游逐渐成为当前我国旅游的主流趋势,体验经济必然是今后文旅产业发展的重要方向。山西大学历史文化学院、山西大学旅游研究中心孟波副教授的《文化旅游发展新模式:体验经济框架下的游客共创》一文,以"体验经济"框架下的游客共创行为作为理论基础,讨论了文化旅游的类型和旅游体验的形成机制。文章着重介绍了一些重要的文化旅游形式,如志愿者旅游、义工旅游、创意旅游、康养旅游和朝圣旅游,讨论了研学旅游、遗产旅游和原住民旅游等相关活动,它们常常和历史、文化、自然联系起来,强调了学习体验。文化活动中的故事讲述非常重要,尤其是对文化和历史方面的旅游内容来说,故事讲述可以大大提高旅游的体验。文化旅游的游客行为使游客更好地"融入"活动中,在不同场景形成体验,包括真实体验和地方体验等一般体验,也包括精神体验、学习体验、自我身份和社会身份的认知、个人发展等独特体验。

"乡村旅游"是以旅游度假为宗旨,以村庄野外为空间,以人文无干扰、生态无破坏、以游居和野行为特色的一种村野旅游形式。在乡村振兴背景下,山西省乡村旅游开发被提上重要日程。山西省乡村地域蕴含着丰富的历史文化、农耕文化和民俗文化,具有开发乡村旅游的条件和优势。随着2017年山西省旅游发展大会上"打造黄河、长城、太行三大旅游板块,构建山西文旅发展大格局升级版"这一文旅发展新思路的正式提出,三大板块成为山西乡村旅游的引领方向。山西大学历史文化学院、山西大学旅游研究中心张海鸥副教授的《山西乡村旅游板块协同开发研究》一文,以三大旅游板块为纲,构建起山西乡村旅游板块协同开发的战略方针。文章指出了三大板块在推动山西文旅发展、促进山西经济转型升级、贯彻落实乡村振兴战略等方面的重要意义;设计出三大板块的主要旅游资源和核心旅游线路;确立起一套完整的三大板块乡村旅游协同发展方案。

"板块旅游"是山西省全域旅游示范区建设中整合现有资源、实现精准破题、完成品牌重塑的核心概念。2018年，随着山西省委、省政府制定的《山西省黄河、长城、太行三大旅游板块总体规划》公布，长城正式纳入我省旅游产业发展的战略布局之中，全省上下随即掀起对长城板块展开保护研究、开发利用的新热潮。山西大学历史文化学院、山西大学旅游研究中心、山西省旅游大数据联合实验室李燕燕的《山西长城旅游板块高质量发展策略研究》一文，揭示了长城丰富的文化内涵，阐述了山西省境内长城资源的分布情况与规划布局；通过线下调研等方式，全面分析了长城游客群体的诸多特征，并指出山西长城板块旅游发展中规划重点与实际不符、集散功能发挥不够、产品特色不足、市场潜力未被激发等主要问题。最后提出应从长城遗产的解读与传播、遗产的融合与活化及遗产的保护与传承三个方面，扎实推进文化和旅游融合，提档升级，全面推进山西长城旅游高质量发展。

"民俗旅游"是一种高层次的文化旅游形式。随着现代社会物质的充盈，人们对精神文化的需求不断增加，在观光旅游的过程中，越来越多的人希望体验不同的异域文化。民俗旅游因其满足游客"求新、求异、求乐、求知"的心理需求，已经成为旅游行为和旅游开发的重要内容之一。山西大学历史文化学院、山西大学旅游研究中心闫爱萍副教授的《传统节日民俗旅游的保护与开发研究——以河曲河灯会为个案的考察》一文，通过文献资料法和田野调查方法，收集并分析了国内外对于节日民俗旅游的相关研究成果；从民俗旅游、节日民俗以及七月半这一传统节日的角度，以河曲河灯会的发展个案为例，探讨了传统节日如何更好地融入文化旅游活动，从而带动地方经济的发展。

"政策法规"向来是保障旅游者、旅游经营者的合法权益，规范旅游市场秩序，保护和合理利用旅游资源，促进旅游业持续健康发展的重要保障。近年来，随着旅游业的进一步发展，其成为提高国民生活质量、建设小康社会的重要内容，与旅游相关的国家政策环境相应发生了显著变化，与旅游相关的法律法规也做出了重大调整。山西大学历史文化学院、山西大学旅游研究中心邢剑华副教授的《山西省旅游法制体系现状与旅游条例修订研究》一文，从梳理山西省旅游相关立法入手，在对山西省旅游地方立法体系进行概括总结的基础上，主要选取自2018年1月1日起施行的《山西省旅游条例》这一重要地方法规，从多个方面对该条例的立法创新进行了归纳分析，并明确阐述了各地方旅游条例中所涉及的条款创新和治理经验，为新一轮的条例修订提供了有益借鉴；在遵循依照上位法调整修订、对接国家发展战略、解决实际困境与问题等地方立法原则的前提下，针对已有立法问题和现实需要，提出了进一步修订条例的总体思路和侧重点；并针对具体条款提出了较为详尽的改进修订建议，期望为推动山西依法治旅、依法兴旅，促进文旅融合，保证文化旅游市场有序规范提供一定的立法参考。

推动山西文化旅游产业持续健康发展，既是贯彻落实国务院《意见》，也是积极推动山西大学"双一流"大学建设的重要举措。高校和科研机构作为知识生产的主阵地，应该产生更多具有原创性、前瞻性和指导性的成果。本文集作为中心教师团队近年来集体攻关的最新成果，涉及当下旅游产业的热门领域与重要议题，对后续文旅融合研究的科学开展具有积极意义。中心也将在此基础上，进一步强化特色，优化多学科协同，构建多元合作渠道，助力我省经济转型发展。

郝平

2021年9月于山西大学主楼

目 录

文化旅游发展新模式：体验经济框架下的游客共创/孟 波 … 1
    一、体验经济框架下的文化体验 …………………………… 1
    二、文化旅游类型 …………………………………………… 6
    三、文化旅游的场景 ………………………………………… 23
    四、文化旅游中的游客行为 ………………………………… 30
    五、文化旅游中的体验 ……………………………………… 35

山西乡村旅游板块协同开发研究/张海鸥 …………………… 52
    一、黄河旅游板块协同发展 ………………………………… 52
    二、长城旅游板块协同发展 ………………………………… 64
    三、太行旅游板块协同发展 ………………………………… 92

山西长城旅游板块高质量发展策略研究/李燕燕 …………… 110
    一、长城的文化内涵 ………………………………………… 110
    二、山西省境内长城资源分布 ……………………………… 116
    三、山西长城规划布局 ……………………………………… 119
    四、游客视角的山西长城旅游 ……………………………… 123
    五、山西长城旅游高质量发展中的问题及策略探究 ……… 142
    六、小结 ……………………………………………………… 153

传统节日民俗旅游的保护与开发研究
——以河曲河灯会为个案的考察/闫爱萍 ········· 155
- 一、问题提出 ········· 155
- 二、河曲地理环境与人文环境 ········· 160
- 三、河曲七月十五河灯会的历史渊源 ········· 164
- 四、河曲"三个灯会"与民众生活 ········· 170
- 五、第十七届七月十五河灯会 ········· 173
- 六、河灯的制作和燃放 ········· 181
- 七、河曲县七月半节日民俗旅游的开发基础及对策研究 ········· 184
- 八、结语 ········· 187

山西省旅游法制体系现状与旅游条例修订研究/邢剑华 ········· 207
- 一、山西省旅游相关立法概述 ········· 207
- 二、《山西省旅游条例》的立法创新 ········· 216
- 三、各地地方旅游条例的创新借鉴 ········· 221
- 四、《山西省旅游条例》的修订探讨 ········· 232
- 五、结语 ········· 244

后记 ········· 245

文化旅游发展新模式：体验经济框架下的游客共创

山西大学历史文化学院、山西大学旅游研究中心副教授　孟　波

在全社会不断追求生活幸福的背景下，旅游行业应该提供怎样的旅游体验，旅游体验应该如何被设计，这些问题成为整个旅游领域都在积极尝试和探索的工作。本研究从体验经济的背景出发，讨论了文化体验的本质和类型，并以此为基础详细论述了文化旅游中的场景和游客行为的具体分类，以及场景和行为相互作用结果下的体验类型。本研究力图提供一个体验经济框架下的文化旅游发展"手册"。

一、体验经济框架下的文化体验

Reisinger（1994）将文化旅游定义为一种特殊的兴趣和体验式旅游，其基础是寻找或参与具有审美、智力、情感或心理性质的新的深刻的文化体验。Silberberg（1995）提出文化旅游在广义上可以被认为是"来自外部社区的人的访问，完全或部分出于对一个社区、地区或机构的历史、艺术、科学、生活方式、遗产的兴趣"。因此，文化旅游的目的可以包括博物馆、节日、建筑、遗产和与食物、语言相关的旅游景点等。从地点来看，文化旅游无疑是比遗产旅游更加宽泛的旅游形式，而遗产旅游算是文化旅游的一种类型。

Richards（1996）也提出了两种不同的文化旅游定义。概念上的定义是指"人远离居住地，寻求新的信息和体验来满足他们的文化需

求";而技术的定义为"人被特定文化所吸引,如遗产、艺术和文化的呈现,从而脱离常住地"。从 20 世纪 80 年代初开始,文化旅游就被认为是与休闲旅游分开的。然而,还没有一个单一的普遍接受的"文化旅游"(Dolnicar, 2002)定义。但也可以看出,文化旅游基本上可以被看作游客到文化目的地的一种活动和探访(Silberberg, 1995; Richards, 1996)。

而在文化旅游的情景下所产生的旅游体验则有着悠久而丰富的研究和批判性讨论的历史。事实上,旅游体验可以说是旅游研究中最核心的问题之一,因为体验被认为是旅游的主要"产品"(Cohen, 1979; Pearce, 2011; Ryan, 1997; Urry, 2005)。一般来讲,体验可以被定义为从做、看或感觉事物中获得知识或技能的过程(Sharpley & Stone, 2012)。具体来说,旅游体验产生于所参与的旅游活动与物理以及社会环境的互动,在这些环境中的旅游活动所产生的社会意义会影响旅游者的内部情绪和心理状态(Ooi, 2005)。因此,游客的体验可以理解为游客旅游过程中所体验的一切,包括行为、感知、认知和情感(Oh, Fiore, & Jeoung, 2007)。文化旅游体验当然也不例外,在体验经济的框架下,是游客所在环境和自己的互动和交流,强调了"参与"(engagement)等概念,有着更多的体验互动过程。因此,体验经济下的旅游体验应该是更多的"环境+互动"。

因此,文化旅游的体验机制可以被认为是共创(co-creation)的结果。从共创的角度来说,其本质是游客同外部场景的互动。其实在早期的一些文献中,就有学者使用"互动"(interaction)一词来描述顾客的体验。类似概念还有"体验室"(experience room)和"服务剧院模式"(services theatre model)等。这些概念和模型都对个体和地方环境之间的互动进行了研究。具体来说,服务者充当"演员"(actors)的角色,游客充当了观众(audience)的角色,而物理的环境充当了背景(setting)的角色。这三种角色之间的相互作用就形成了游客整体的体验。

当我们在"剧院模式"下讨论文化旅游情境时,作为演员(actor)的服务者和作为背景(setting)的物理环境可以被归纳在"服务场景"(servicescape)的概念中(即,服务场景包含"物理"和"服务"两个基本维度);而作为观众(audience)的游客必须参与到服务场景之中,这样才可以形成互动(interaction)。这样,"背景""演员""观众"三者之间的互动可以简化为"场景"和"游客"之间的互动。

游客互动行为包含了动态的参与(participation)和静态的沉浸(immerse)两个方面。

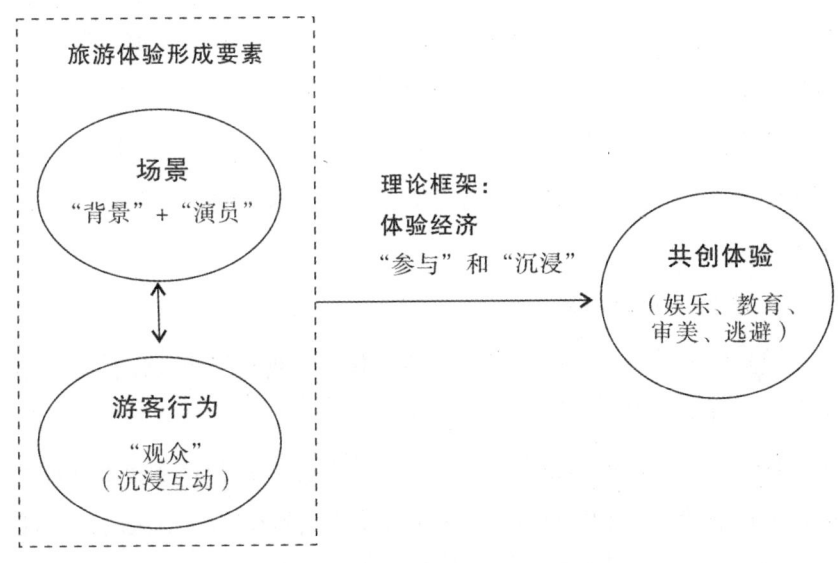

图1 文化旅游体验的形成机制
出处:根据先前文献归纳总结

在文献中,动态的参与包含主动参与(active participation)、参与(engagement)、感官刺激(sensation-seeking)、正念(mindfulness)、自我表达(self-expressiveness)等;静态的沉浸包含"涉入"(involvement)"心流"(flow)等。游客的这些行为,在派恩和吉尔莫(Pine & Gilmore, 1998)的《体验经济》(*the experience economy*)一

书中有过总结。体验经济的框架认为,服务和产品已远远不够,当下的体验须是互动的共创体验。互动的体验通过"参与"(participation)和"浸入"(immersion)两个变量,可以分为四种体验,分别是娱乐(entertainment)、教育(education)、逃避(escapism)和审美(esthetics)。

1. 娱乐(entertainment)

娱乐被认为是一种最古老的体验形式,通常涉及个人的"被动参与"和"吸引",产品才能吸引并占据顾客的注意力和准备状态。例如,在住宿的形式中,尤其是民宿就提供了很多娱乐类型的体验活动。在这些住宿形式里,有些时候会在其宴会厅和休息室举办音乐活动,这样可以提高顾客的忠诚度,并且还能吸引媒体的报道,增加知名度。交通的形式中,也存在不少娱乐类体验。比如,在公路旅行时,往往沿途还能遇到一些节事活动(如音乐节等);在自驾营地中,往往还伴有汽车影院、篝火野营等活动。这些活动的形式都体现了娱乐体验。

2. 教育(education)

教育体验可以帮助顾客理解发生在他们面前的活动,同时通过积极参与,得到思想和身体的互动。这类体验涉及"主动参与"和"吸引"两个变量。这种体验吸引了客户,并吸引了他们学习新知识的愿望。地点的教育场景在爱彼迎(Airbnb)中就有体现。现在的爱彼迎(Airbnb)公司已经把品牌扩展到不仅提供住宿体验,而且还会在当地开展教育活动。例如,旅行者可以通过爱彼迎前往旧金山,然后通过学习小组学习当地提供的泰国美食课程。在交通中也是如此,游客会通过沿途的历史博物馆,对当地的文化进行学习和理解。

3. 逃避(escapism)

对逃避现实的体验也需要积极参与,并沉浸在自然中。参与逃避现实的游客不仅试图远离日常工作,而且还希望逃到特定的地方,积极参与并沉浸于他们所需要的活动中。因此，逃避体验涉及"主动参与"和"沉浸"。逃避也可以体现在民宿的情境下。比如 Getaway 是目前位于波士顿和纽约的共享经济中的一个新兴概念，它会在美丽的乡村建造小房子，并出租给城市居民。在预订完成之后，才会提供确切的民宿的位置。

4. 审美（esthetics）

美学体验的维度是指客户对周围环境的体验，它也需要"被动参与"；对于所看到和经历的事物，要有更大的深度和沉浸感，即要求客户在身体上成为其中的一部分。因此，涉及"被动参与"和"沉浸"两个变量。从美学的角度来看，民宿短租平台在伦敦、纽约、巴黎、洛杉矶和罗马提供 2500 多套豪华度假公寓的信息，而每套公寓都是精心挑选的具有独特设计美学的房屋。

从这些要素可知，旅游体验最主要的一方面来自游客和场景的互动。旅游体验是游客的参与行为（participative behavior）与其所在的场景（scape）相互作用（interaction），产生了共创体验（co-creation experience）。因此，旅游者通过"场景"和游客"参与行为"的共创，产生一系列的积极体验（如真实体验、怀旧体验、冒险体验、学习体验等）。这些体验也可以成为我们认识文化旅游体验的一般性原则。也就是说，有着高参与（participation）和高浸入（immersion）水平的旅游都可认为是实现文化旅游体验的良好方式。

表 1 体验经济的四类体验

环境相关 (environmental relationship)		顾客参与 (customer participation)	
		消极 (passive)	主动 (active)
	吸引 (absorption)	娱乐 (entertainment) 如电影	教育 (education) 如语言
	沉浸 (immersion)	审美 (estheticis) 如游客	逃避 (escapism) 如潜水

出处：Pine, J., & Gilmore, J.（1999）.*The experience economy*, Boston, MA：Harvard Business School Press.

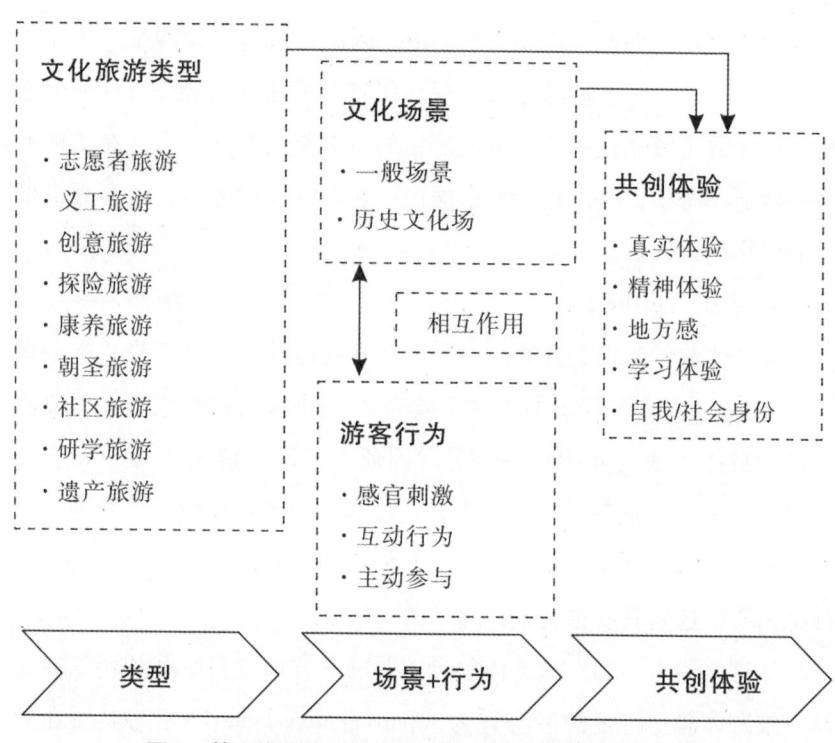

图2 基于体验经济理论的文化旅游中游客的共创机制

二、文化旅游类型

（一）志愿者旅游（volunteer tourism）

志愿者旅游被发展为游客回馈当地社区的一种手段，被认为是一种负责任（responsible），具有道德（ethical），以及有意义（meaningful）的旅游形式（Butcher，2011；Callanan &Thomas，2005）。志愿者旅游还可以促进文化的理解，形成游客和当地之间的紧密联系（Sin，2009；Wearing，2001；Wearing & Grabowski，2011）。因此，志愿者旅游可以提供一种"直接互动体验（interactive experience），可以引起个人的价值变化（value change）和意识改变（consciousness change）"（Wearing，2001）。志愿者旅游的参与者可以体会到那种一般旅行无法实现的"超越表面的互动"（Broad，2003）。所以，志愿者旅游被认为是比传统大众旅游更真实的旅行方式,游客可以更加深层地融入当地。

志愿者旅游可以在不同的地点和情境下进行,例如热带雨林、生物保护区等。从目的地国家来看,非洲、中美洲和南美洲的一些国家也受到了欢迎。在这个意义上看,志愿者旅游和自然旅游以及生态旅游有一定的重合。不仅如此,志愿者的活动可以涉及很多不同的领域,有科学研究相关的(野生生物、土地和水),有保护项目、医疗援助项目,有经济和社会发展(包括农业、建筑和教育)以及文化恢复的(Wearing, 2001)。

(二)义工旅游(working – holiday tourism)

义工旅游的历史最早可追溯到 1962 年的英国。当时的英国大学北美俱乐部(British Universities North America,BUNAC)在北美地区向学生们提供了滑雪胜地的工作和交流计划(Wilson et al., 2010),这成为文献记载的最早义工旅游。义工旅游有时也被翻译为工作假期(working holiday),最早来源于 Pape(1965)提出的"大旅游"(touristry)的概念(包括旅游的一切,制度、游客行为等)。义工旅游依托于不同形式的职业,但主要目的仍然是旅游本身(Pape,1965;Uriely,2001)。义工旅游让那种愿意利用身边的资源自力更生,适应能力强的年轻人到旅游行业中从事相关的工作,从中获得一定的收入(或者是免费住宿),以补充旅游中资金的不足(Clark,2004)。因此,工作的相关体验反而是义工旅游体验的重要组成部分(Jarvis & Peel, 2013;Pizam, Uriely, & Reichel, 2000)。

工作假期旅游与其他形式的旅游有一定程度的重叠。比如背包旅行(backpacker)、志愿旅游(volunteer tourism)、廉价旅游(budget tour)和间隔年旅游(gap year)(Cohen, 1973;Ho et al., 2014;Loker – Murphy & Pearce, 1995;Tsaur & Huang, 2016;Wilson et al.,

2010)。在这些具有义工旅游特征的活动项目中，很多都会为旅客提供住宿、免费食品和文化活动。通过这些活动，义工旅游会提升个人处理事情的能力，对个人的个性和视野都会带来积极变化（Yang&Wen，2016）。旅行者通常会比一般人有着更强的容忍差异，以及应对变化和压力的能力。

义工旅游（Working – holiday tourism，WHT）作为一种旅游业的新现象，逐渐在全球范围内普及（Jarvis & Peel，2013；Wilson, Fisher, & Moore, 2010）。另外，中国台湾也是较早开展义工旅游的地方，签证适用包括澳大利亚、新西兰、日本、德国、韩国和加拿大等义工旅游的主要目的地（Ho et al., 2014）。2014 年与韩国签有签证协议的国家有 16 个（Yoon, 2015）。总体来看，参与义工旅游计划的国家和地区数目大大增加，大约有 35 个国家和地区为年轻人提供工作假期签证（Yang & Wen, 2016）。

（三）创意旅游（Creative tourism）

Richards 和 Raymond（2000）可能是最初将"创意旅游"一词引入学术界的人。他们把创意旅游定义为一种通过积极参与旅游目的地举办的一些代表性课程，获取学习体验，发展游客创造潜能的旅游形式。创意旅游体验被认为是"体验经济"（experience economy）（Pine & Gilmore, 1998）或"教育旅游"（educational tourism）（Bodger, 1998）类型的实践。游客们通过互动、充实的体验，重新定义自己的身份。

具体来看，创意旅游包含了几方面的含义：（1）创造潜能（creative potential），可以被理解为游客提供创造自身潜能的工具；（2）积极参与（active involvement），是消费者积极参与了创造过程，与当地人民和文化进行真正交流；（3）典型的体验（typical experiences），可被理解为将创意过程与目的地联系起来，并将其与当地文化、创意和身份相结合,这不仅需要游客方面的创造力,还需要目的地方面的创造力;(4)共同创造(co-creation),创意旅游的概念意味着游客和当地人之间一定程度的共同创造或共同创作。

借用 MacCannell(1973)提出的在游客空间(前段和后段区域)中进行的阶段性真实体验的概念,旅游业涉及"对体验的真实性的寻求","真实体验"的观点对于创意文化旅游尤为重要。作为有形和无形的文化遗产,这些资源代表了游客创造力的重要背景。此外,Stryjakiewicz(2010)认为,创意的空间是在独特的对象和习俗文化活动的基础上出现的,是通过对象、事件和有创造力的人这三个要素的融合而形成的,创造了一种独特的氛围地点。总的来说,创意旅游超越了经典的文化和休息活动。它为游客提供了一个积极参与所访问环境的典型活动的机会,通过这个机会游客可以充分发挥自己的创造潜力。因此,创意旅游可以基于非物质遗产和双方的参与,通过这种互动,创意旅游体验将变得独特且不可复制。

有着传统和历史的文化旅游资源也可作为组成创意行业的重要元素(Kaczmarek & Paluch,2015)。这样,带有文化旅游思想的创意旅游的活动形式就可以成为文化旅游体验的实现方式。创意旅游涵盖了广泛的创意体验,其中"创意"内容是关键(Richards & Marques,2012)。而与单纯的文化旅游相比,创意旅游对空间的依赖程度更低,可以附着于舞蹈、唱歌、手工艺、绘画和节日等非物质资源的活动中。相比之下,传统文化旅游则可能要基于有形遗产(Richards & Wilson,2006)。

(四)探险旅游(Adventure tourism)

探险旅游(adventure tourism)与体育旅游(sport tourism)经常被放在一起讨论。一般认为,体育旅游的类型包括被动型、主动型和怀旧型,其中探险旅游是主流体育旅游的一个子类,通常属于"主动型"（Roberts，2011）。

首先看体育旅游，体育旅游分为"硬"和"软"两大阵营。Gammon 和 Robinson（2003）宣称，当提到体育旅游时，"硬"形式指的是高水平的体育赛事，如温布尔登或奥运会，而"软"形式指的是活跃的娱乐活动，如趣味跑步或自行车赛事。"软"形式还包括观看比赛，这是体育旅游产业的一个利润丰厚的部分。就旅游体育而言，"硬"形式指的是度假者，他们选择度假地点，把体育和活动作为旅游体验的次要组成部分。"软"形式的旅游体育是指游客偶然参与体育活动，探险旅游也被定义为类似的类别。"硬"探险旅游通常包含未知领域的风险、体力和挑战，而"软"探险旅游需要较少的体力消耗和最小的危险感。然而，这两种形式的探险都涉及对目的地环境和文化的亲密体验（Swarbrooke et al.，2003）。

在早期的文献中就描述了学者们对体育和探险旅游的主动参与和被动参与的区分。体育旅游可以归属于（1）被动/事件旅游，即游客为了观看目的而参加体育赛事；（2）积极旅游业，从而使游客实际参加这项运动；（3）怀旧旅游，是指为了向某人或某事致敬而访问目的地的游客。这三个类别的游客不是固定不变的，存在一定的流动性。尤其有很多游客可能在同一趟旅程中从事多种活动。例如，以观看体育赛事为主要目的的个人度假还可以选择参观周围地区的标志性体育场。其实，体育旅游的类型也被学者分为旅游胜地、度假、体育博物馆、综合运动节和体育设施等（Redmond，1991）。

进一步，国际体育旅游理事会（STIC）在上述基础上提出了"五类框架"，即景点（attraction）、度假村（resorts）、游轮（cruise）、旅程（tours）和活动（events）（Hinch & Higham，2001）。这些类别还可以按照主题进一步细分。例如，探险（adventure）、健康和健身（health and fitness）以及休闲（leisure）。一些学者，如 Hall（1992）把体育、探险旅游和健康联系起来，活动水平（level of activity）与竞争力（competitiveness）作为变量，将体育和探险旅游的类型分为9类。

表2　探险、健康、体验旅游模型

	非主动（less active）　→　主动（more active）		
弱竞争性 (Non-competitive) ↓	健康旅游 ·健康旅游 （health voyages） ·美体（Spas）	健康旅游 ·健康健身修养 （health and fitness retreats）	健康旅游 ·雪地滑板 （snowboarding） ·骑马（riding）
↓	探险旅游 ·航海（sailing） ·越野驾驶 (off-road driving)	旅游活动 （包含健康、体育、探险） ·自行车（cycling） ·游绳运动 （abseiling）	探险旅游 ·攀岩 （climbing） ·帆板 （windsurfing）
强竞争性 (Competitive)	体育旅游 ·观看比赛 （spectating） ·斯诺克（snooker）	体育旅游 ·冰壶（curling） ·高尔夫（golf）	体育旅游 ·铁人三项 （triathlon） ·马拉松 （marathon）

出处：Hall, C. (1992) Adventure, sport and health tourism. In: Weiler and Hall (eds).*Special Interest Tourism*.Belhaven, London, UK, pp. 141–158.

这样看来，探险旅游属于体育中比较"主动"的一类。探险旅游被认为是一种矛盾的旅游形式。一方面，探险旅游者是在为探险的休闲活动付费（Breivik, 1996；Lipscombe, 2007）；另一方面，运营探险旅游项目服务商的目标却是将风险最小化（Buckley, 2010）。对于这一悖论的解释是经营探险旅游的人只是向他们的客户出售带有风险外表的项目，为的是他们可以以此获得社会资本（Bartkus & Davis, 2009；McGillivray & Frew, 2007）。因此，探险旅游的组织者要保护这些客户免受真正的风险。

探险旅游在近些年传入国内，这反映了人们追求惊险刺激体验的需求。随着人们对探险旅游活动需求的增多，在既有的旅游目的地中，增加一些典型的探险旅游活动，能够更好地满足当下的旅游需求。

(五)康养旅游(Wellness tourism)

最初,世界卫生组织(WHO)将"康养"(wellness)定义为"身体、精神和社会福祉,而不仅仅是没有疾病"(WHO,1958)。康养(wellness)的概念是由美国医生Dunn(1961)首先提出的。邓恩认为健康的生活方式和态度是实现主观幸福感的途径和方法。健康模型主要包括决定自我的因素,例如自我责任,身体健康和美容,健康营养和饮食,放松减压,冥想,教育和环境等(Mueller & Lanz Kaufmann,2001)。如今,康养已被广泛认为是一种可以使身心放松的旅游产品。

和康养类似的,还有被称为健康旅游(health tourism)的学术表达。健康旅游被认为是"远离家乡的休闲活动,其目标之一是改善人们的健康状况"(Laws,1996)。因此,健康旅游(health tourism)依赖于"泉水和气候",也包括以健康为主要目的或次要目的的"阳光与乐趣"活动(Henderson,2004)。比如,温泉浴不是简单的取水或接受治疗的地方,而是通过提供放松、健身和缓解压力的方式,将呵护与健康结合起来的地方。健康旅游的体验是健康和幸福,往往还会通过观光,体验当地文化和享受环境。旅游业与健康之间有着密切的关系。旅游业往往与身体健康有关,为此的追求已经塑造了当代旅游业的做法(Henderson,2004)。人们认为休假有助于身心健康,这是人们参与旅游活动的一种动机。

和上面的两种旅游形式相比,医疗旅游(medical tourism)的不同点在于医疗在旅游中成为主要动机。在医疗旅游中,一般的旅游活动成为次要因素。医疗旅游被定义为在远离自己家的地方进行治疗,而医疗要素是该活动的主题。医疗旅游的发展原因有可能是交通因素,如低成本航空公司,这会使人们更容易长途跋涉到海外国家以获得医疗,尤其是牙科和外科护理。但同时,这些游客又是传统意义上的度假者。医疗旅游的游客需求非常具体,与医疗状况有关,依赖于可用的专业知识和设施,而不是旅馆或目的地的经验或设施。

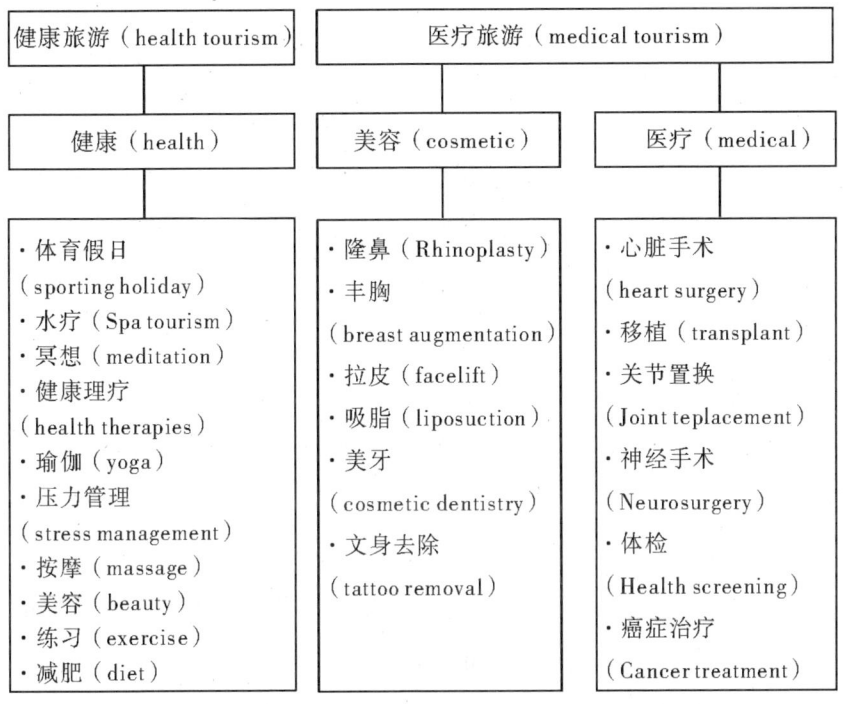

图3 康养旅游和医疗旅游的类型

出处:Henderson, J. (2004) Healthcare tourism in Southeast Asia. *Tourism Review International*7, 11-121.

康养旅游是一整套的旅游方式,包含了游客的多重需求。比较典型的有健康(physical health)、美丽(beauty)、长寿(longevity)、精神提高(spiritual sensibility)等需求(Bushell & Sheldon, 2009; Steiner & Reisinger, 2006)。可以说康养旅游的游客所追求的是健康(包含身体和精神)(Smith & Kelly, 2006)。

康养旅游通常在优良的自然环境中,具有文化和传统的地方开展(Sayili et al., 2007; Smith, 2007)。因此,乡村(Hjalager, Tervo-Kankare & Tuohino, 2016)、森林(Ohe, Ikei, Song & Miyazaki, 2017)、山脉、温泉等都可以成为提供身体和精神修复的地方(Devereux & Carnegie，2006）。另外，还有一些精神类的活动，如瑜伽、冥想和精神修养（Voigt，Brown，& Howat，2011）等。

（六）朝圣旅游（pilgrimage tourism）

朝圣旅游，也被称为宗教旅游（religious tourism），被定义为"一种寻求与特定崇拜事物的超越相遇（transcendental encounter）的旅程（journey）；这种旅程是基于宗教或精神的灵感，为了得到精神（spiritual）、情感（emotional）或物理上（physical）的治愈（healing）和好处（benefit），由个人或团体的形式去往一个比日常生活环境更加神圣的地方"（Margry，2008，p.17）。

事实上，宗教作为一个研究概念，在1990年前就已存在。关于宗教的许多概念和理论最初是由地理学发展而来。在概念的发展早期，相关文献也主要集中在朝圣（pilgrimage）、"仪式过程"（ritual process）和体验等几个关键词上。比如，维克多·特纳（Victor Turner）提出了"仪式过程"（ritual process）的概念，他认为朝圣是包含一个阈限（liminality）的过程。从社会学的角度来看，旅游的人类学家从此将圣地巡礼类的旅游视为一种仪式。圣地巡礼的这种仪式被认为是一种"成人礼"（ritual de passage），是一种分离、聚集或从日常生活中的分离，并最终重新进入现实生活的仪式过程（Van Genep，2013）。在Graburn（1983）对旅游仪式化的结构和作用的描述中可以知道，旅游被视为一种类似于宗教朝圣的旅行。原因在于圣地巡礼和旅游都可以被认为是一种"循环"的活动（Collins - Kreiner，2010）：两者都是人的位移，都是从一个地方开始，到另外一个有趣的地方（朝圣），然后再回到出发地。

Turner & Turner（1978）认为，"如果一个朝圣者是半个游客，那么游客也是半个朝圣者"。MacCannell（1973）则认为，现代游客可以被视为追求真实性的世俗朝圣者，因为朝圣背后的动机与旅行背后的动机相似：两者都是对真实体验的追求（MacCannell，1973）。"舞台真实性"是高度发达的大众"旅游空间"的特征。关于朝圣者和游客的讨论，Graburn（1983）提出过的相似理论（similarity theory）则认为游客和朝圣者会在朝圣过程中经历一个平行的过程，即与自我转化（self-transformation）、知识和地位相关的过程。

从朝圣者的访问目的看，Barber（1993）认为朝圣游客可分为神圣的目的地参与（scared destination participation）和内在精神感知（perceptions of internal spirit）。神圣目的地的旅游是朝圣旅游者出于表面信仰或观光目的，前往与宗教有关的目的地。对内在精神的感知是旅行者的特征，他们在神圣的土地上追求强烈的灵性感。因此，也就产生了两种朝圣游客：

（1）纯粹出于宗教目的的朝圣者。

（2）出于度假目的的游客。这些游客代表了朝圣文化的两个极端（Pavicic，Alfirevic，& Batarelo，2007）。

从这些讨论可以看出，学者们似乎集中讨论朝圣旅游的群体到底是属于"游客的世界"还是属于"朝圣者的世界"。这两类人有着不同的认知结构和行为模式，当然也会有着不同的旅游体验。关于这个问题，Cohen（1979）的总结是这两种相反的观念都不是普遍有效的，尽管每一种都对一些游客的动机、行为和体验提供了有价值的见解。不同类型的人可能会有不同的旅游体验模式。从现象学上看，不同的旅游体验模式与人和各种"中心"之间的不同关系有关。科恩（Cohen）提出了五种主要的旅游体验模式：休闲模式（recreational mode）、转移模式（diversionary mode）、体验模式（experiential mode）、实验模式（experimental mode）和存在模式（existential mode）。这些模式代表了游客作为追求"纯粹"乐趣的旅行者和游客体验之间的光谱（Cohen，1979）。其中的第五种模式，也就是"存在模式"的游客与朝圣者是类似的。因此，朝圣者和现代旅游者的区别是基于不同的空间社会观念和关于目的地类型的相反观点。

对此，Smith（1992）基于旅游者的体验和动机，把朝圣者和游客放在坐标轴的两边，认为中心区域现在通常被称为宗教旅游。这样，游客和朝圣者寻求相同的体验也共享相同的基础设施。因此，很难区分这两类旅行者。只不过对于朝圣者来说，宗教是他们选择目的地的主要因素；而游客虽然也进行朝圣活动，但他们的动机可能与宗教无关。他们的统计和普通的旅游类似，动机可以是纯粹的娱乐。这样，旅游和朝圣之间的界线变得模糊了。

朝圣Pilgrimage		朝圣旅游Pilgrimage tourism		旅游 Tourism
a	b	c	d	e
神圣Sacred		信仰/非宗教 Faith/profane 基于知识的 Knowledge-based		世俗 secular

图4 朝圣旅游者路径

出处：Smith, V. L. (1992). Introduction: The quest in guest. Annals of Tourism Research, 19（1），1–17.

虽然对宗教旅游的概念有着激烈的争论，但朝圣（pilgrimage）已无可争议地逐渐从纯粹的宗教起源转变为世俗活动（Badone & Roseman, 2004）。"朝圣和旅游"这两个词反映了对圣地朝圣行为的旅游应用（Smith, 1992），朝圣被认为是最早的旅游类型（Cohen, 2003; Jiang, Rvan, & Zhang, 2018; Singh, 2005）。因此，在现代旅游中的圣地巡礼已经成为一种重要的文化现象，是促使游客前往宗教旅游景点的主要因素（Griffiths, 2011）。最终的结果是，朝圣旅游者中，不仅包含有宗教信徒，而且还包含了很多的现代游客（Griffiths, 2011），类似的宗教景点已成为有影响力的旅游景点。

在分类上，Finney, Orwig和Spake（2009）就把朝圣游客分为四类：（1）莲花食客（lotus-eaters）、（2）朝圣者（pilgrimage）、（3）寻求者（seeker）和（4）偶然游客（accidental tourists）。莲花食客是寻欢乐的人，他们只去旅游景点，只想看世俗的地方；朝圣者参观的是纯粹的神圣地方，是典型的宗教游客，是宗教旅游景点的理想客户；寻求者对在世俗场所以及神圣场所的各种体验都感兴趣，他们的注意力可能会被分散。偶然的游客没有明确的意图去参观这两种类型的地点，但是当一个地方感觉"就像家一样"时，他们会很高兴。

这样看来，现代的朝圣游客以一种自主（autonomous）、独立（individualized）和个性（personalized）的精神参与到朝圣活动中，而他们并不涉及宗教的传统（Reader，2007）。这样，各种各样的朝圣旅游变得流行起来（Gibson，Willming，& Holdnak，2003）。朝圣旅游和一些其他的文化旅游形式有交集的部分，比如，志愿者旅游（volunteer tourism）可以理解为一群致力于朝圣的人（Mustonen，2007），而体育旅游（sport tourism）也被认为是现代朝圣的另一种形式，因为这种活动极大地吸引了世界各地的体育爱好者，为举办国家或城市的经济和城市发展提供了旅游活动的便利。因此，体育旅游与朝圣旅游有很多共同点，都被归为一次性的活动（Kim et al.，2015）。

（七）社区旅游（community-based tourism，CBT）

社区旅游可以促进当地社区的参与，实现更加公正和整体的发展，因此社区旅游被认为是基于可持续发展理念的旅游形式（Stone & Stone，2011）。从目标来说，社区旅游与可持续发展相似，都是致力于长期实现社会公平，以及生态健康和经济上的可持续（Ruiz-Ballesteros，2011）。

社区旅游的发展无形中增加了设施、道路、公园以及娱乐和文化景点的数量，这也有利于提高当地居民的生活质量，也让他们感到自己的文化受到了尊重（Brunt & Courtney，1999）。这样，旅游业的发展为居民提供了重振当地生态系统和本地文化的机会，同时也就提高了社会生态系统的可持续性（Ruiz-Balesteros，2011）。在原住民社区，居民利用社区旅游的发展，实现了当地的传统和文化的恢复，并向外界的游客宣传和展示了其文化（Lee, Jan, & Yang, 2013；Wearing, Wearing, & McDonald, 2010）。此外，丰富的自然资源、独特的地形、美丽的风景以及独特的动植物种类提高了居民的环保意识，从而带来了更好的环境保护，以期提供高质量的娱乐体验（Lee, 2011；Lee et al., 2013；Lee, Jan, Tseng, & Lin, 2018；Lepp, 2007）。由于社区旅游有助于社区发展，从而保证了社区的可持续性，起到了旅游扶贫的作用。

社区旅游（CBT）在许多国家，已经被学者广泛认为具有改善地方经济的能力（Dodds, Ali, & Galaski, 2018；Lee, 2013；Lepp, 2007）。尤其是在一些具有传统特色的地方，像乡村地区（rural communities）(Wang, Cater, & Low, 2016）、渔场地区（fishing communities）(Thompson, Johnson, & Hanes, 2016）、岛屿地区（small island）(The & Cabanban, 2007）和原住民地区等（aboriginal communities），都可以开展社区旅游以改善其经济。另一方面，由于产生了更加深入的"地方交互"（local interaction），从游客角度来讲，也实现了"文化体验"。因此，社区旅游可以被认为是一种实现文化旅游体验的方法。

（八）研学旅游（field trip tourism）

研学是一种"实地体验"的传统，类似于科学研究中"田野调查"的概念，最早来自科学教育领域（Braund & Reiss, 2004）。进行实地考察的原因是我们对自然的认知，需要借助具体的经验，而这种直接的接触有助于在更抽象的层次上实现对特定现象的认知水平的提高。实地考察促进了人们对抽象概念的理解和建构，并对人的长期记忆产生了积极的影响（Morag & Tal 2012）。此外，这些相关经验无法在教室或实验室等其他环境中复制，因此有必要将其纳入课堂以外的体验活动。除了可以提高认知水平，这种实地考察的活动还提供了心理上的好处。

因此，实地考察可以提高个体能力、情感和认知领域之间的联系和影响，为通往更有意义的学习体验提供桥梁。因此，研学旅游是一种实地考察的类型，能给学习者提供一种与课堂上的授课和讨论不同的学习体验（Arcodia & Dickson，2013；Ettenger，2009）。这种体验可以帮助学习者将课题上的理论知识与实践联系起来，达到增强学习效果的作用（Gretzel，Jamal，Stronza，& Nepal，2008）。不仅如此，当实地考察的活动涉及团队合作时，学习者还有机会培养出宝贵的团队合作和人际交往能力，如建立社交关系、发展团队合作精神等（Arcodia & Dickson，2009；Jakubowski，2003；Xie，2004）。

研学旅游使学生们能够真实地掌握和扩展课堂知识，从而获得独特的学习体验（e.g. Petcovic，Stokes，& Caulkins，2014）。然而，该领域也是一个复杂的学习环境，有许多复杂的变量不存在或者是不太普遍存在于课堂环境中。为获得良好学习成果，开展实地考察需要仔细选择合适的环境，需要设计最大化学术特征（例如，适当的内容和难度水平），以及后勤挑战（例如，体力消耗和访问、住宿、旅行距离）（Gold et al.，1991）。后者通常受到健康和安全要求以及部门预算的影响（Boyle，Ryan，& Stokes，2009）。实地考察有吸引学生的影响，各部门可能有一种实地考察的文化需要在课程中促进（Harland et al.，2006）。研究表明，与地球和生态的联系，对特定地方的依恋，以及对地球美学的欣赏，有助于学生将情感、态度和价值观带入地球科学课堂，并有助于他们增强学习地球科学的动机（LaDue & Pacheco，2013）。

（九）遗产旅游（heritage tourism）

根据联合国教科文组织（2010）的说法，遗产是我们过去遗留下来的财产，是我们今天生活在一起的东西，也是我们传给后代的东西。遗产旅游可以被简单地定义为参观和体验具有历史重要性和意义的地方。作为一个宽泛的定义,它体现了遗产有形和无形的特性。在今天,世界上许多旅游业都是以文化遗产为基础的,无论是有形的还是无形的,遗产旅游都是旅游的重要组成部分,因为它涵盖了广泛的景点,如工业考古、豪宅、美术馆、古战场、城堡、大教堂、历史水道、古代遗址、史前遗址和博物馆等。

与纯粹以娱乐为基础的景点相比,遗产景点鼓励游客游览目的地的时间更长,因为它们鼓励人们进行深刻的文化探索。老城区的遗产旅游吸引了游客在文化、历史和民俗方面的兴趣,激发了游客的想象力,鼓励游客与当地人以及他们的直接环境进行互动。基于这些特点,遗产型旅游目的地是旅游营销的适宜对象。遗产旅游激发了游客、事件和过去的个人经历之间的联系,鼓励了怀旧和多愁善感的情绪,从而导致对这个地方和人的深刻感受、反思和解释(Davis,1979)。在这种方式下,怀旧可能会积极影响遗产目的地的营销(Bandyopadhyay,2008;Vesey & Dimanche,2003)。

另外,遗产类旅游体验的形成在很大程度上是依靠了"解说"。只有良好的解说体验,才能产生良好的旅游体验,让人们觉得遗产可接近(Hede,2007)。帮助"解说"的材料包括(1)导游或讲解员,这是最直接的人际互动;(2)录音(让参观者了解一个地点或人工制品的历史背景);(3)导览图册;(4)触摸屏(游客可以选择问题的答案,按下按钮来照亮某个遗址或人工制品的特定方面,或者观看短片并与之互动)。开发这些讲解材料是一项费时费力的艰巨任务(Hede,2007)。

(十)原住民旅游(Indigenous tourism)

在文化旅游中,还有一类较为特殊的类别被称为"原住民旅游"(Indigenous tourism)。在很早的时候,原住民就被不同程度地带入旅游业，包括斯堪的纳维亚（Scaninavia）的萨米人（Sami）、蒙塔格纳德人（Montagnards）以及亚洲的一些少数民族（PATA，2014）。

在这些地方，游客能够体验到被称为"corroborees"的文化仪式（Cahir & Clark，2010）。另外，加拿大的一些原住民也在早期担任过向导、猎人和口译员的工作，协助一些早期旅行者和移民（Nicholson，2001）。随着外来人口的潜入，他们也开始在尼亚加拉大瀑布周围地区生产和销售旅游纪念品，满足旅行者对原住民物品的收藏需求（Philips，1998）。

原住民旅游是一种全球现象，展现了种族特色，吸引游客获得跨文化体验（cross-culture experience），并为"游客凝视"（tourist gaze）提供了让人愉悦的外部环境（Urry，1990）。原住民旅游现象的产生是基于"异域"（exotic）以及"他人"（other）的概念，表现了游客对差异性（differentness）和真实体验（authentic experiences）的追求（Whitford & Ruhanen，2016）。因此，原住民旅游被视为文化旅游的一部分，是将文化和自然资源结合在一起的旅游形式。宣传时，往往会贴上"古朴"（quaint）的标签，旅游体验的核心是当地的原住民文化。

旅游者对原住民旅游的兴趣事实上是游客对新奇和真实文化体验的渴望。学者们认为，原住民旅游的特点是其丰富的文化资源，以及准确而有趣地对原住民文化的表现（Pabel et al.，2017）。随着人们旅行的增多，倾向于用一种有意义的方式去了解一个特别的地方，而不是漫无目的的旅行（Lord，1999）。这也就成为文化旅游发展的契机，研究表明，与一般游客相比，文化游客往往花费更多的钱，旅行的时间更长（Silberberg，1995）。而且，当代生活节奏的加快有助于创造对空闲时间的需求和对过去的保存（Richards，2001），而通过文化旅游来建立自我认同也成为文化游客的主要动机（Quan & Wang，2004）。根据Bachleitner和Zins（1999）的说法，文化旅游为旅行者打开了个性化的倾向，然后逆转休闲时间中加速的体验，寻求一场沉思式的冒险之旅，回到过去。从这个角度来说，文化旅游无疑是一种有效方法，游客自己的身份是经过重新设计的，而且文化作为个人的体验是一种定制化和独特的感受。

除了原住民旅游之外，寻根旅游（diaspora tourism）也是一种文化旅游的形式。"寻根旅游"（diaspora tourism）也被翻译为移民旅游，一般指前往祖籍地的旅游（Huang et al., 2016）。寻根旅游代表了一个细分的旅游市场，他们由分散的群体组成，回到自己的国家或地区旅行，访问之前祖先的定居点（Otoo et al., 2020）。因此，针对文化旅游的这一主题的研究大多集中在希望回到"家"的"回家"游客身上，并对其家族史感兴趣（Tie et al., 2015）。这样的旅游活动也以家庭为导向，具有归属感和文化认同感（Graf, 2017）。

Li、McKercher 和 Chan（2019）开发了一个概念框架，从需求和供应方面理解散居旅游。需求侧的因素包括旅游者的移民背景、身份、地方感；供给侧要素则包括目的地提供的产品和服务，旅游目的地的管理者如何处理不同类型的游客，以及不同的参与者如何互动和合作。这些因素共同塑造了游客的旅游相关动机和体验。

寻根类旅游的研究表明，此类游客有的是为了寻找怀旧感（Kim et al., 2019），为了找到与"根"连接（connecting）和再连接（reconnecting）的感觉，产生情绪连接（emotional connectedness）（Otoo, Badu-Baiden, & Kim, 2019）。其他的一些因素包括，文化发现（discovery of culture）、自我认同（self-identity）（Corsale & Vuytsyk, 2016）、访问祖先故土的自豪感（sense of pride）（Lev Ari & Mittelberg, 2008）、收集当地口述历史、参观与祖先有关的景点、维护文化身份（cultural identity）以及参加节庆活动、家庭团聚活动等（Huang et al., 2016; Weaver et al., 2017）。

表3 文化活动类型概要

类型	实例/类型	特点
志愿者旅游	• 生物保护项目 • 农业、建筑、教育方面	• "直接互动体验""超越表面的互动" • 个人价值变化
义工旅游	• "工作假期" • 类似于背包旅游、间隔年旅游	• 兼有工作和旅游的双重性 • 免费住宿、食物等 • 提高个体的个性和视野
创意旅游	• 课程学习 • 当地手工艺、绘画 • 厨艺学习	• "共创"(co-creation)程度高 • 常和非物质文化遗产相关联
探险旅游	• 攀岩、帆板等 • 航海、越野驾驶	• 类似概念：体育旅游（sport tourism）、健康旅游（wellness tourism）
康养旅游	• 温泉、瑜伽、健身	• 类似于健康旅游、美容旅游、医疗旅游
朝圣旅游	• 也称为"宗教旅游"	• "寻求崇拜对象的相遇" • "阈限"的旅游体验
社区旅游	• 乡村旅游 • 渔场地区旅游 • 原住民地区旅游	• 可持续旅游的形式
研学旅游	• "田野调查" • "自然、森林实地学习"	• 培养团队合作、处理能力 • 获得和地球与生态的联系
遗产旅游	• 工业考古 • 豪宅、旧居 • 美术馆、博物馆 • 历史水道 • 古代遗址、史前遗址	• 有历史意义和重要性的地方
原住民旅游	• 原住民旅游 • 寻根旅游	• 文化目的地的探访

来源：作者归纳总结

三、文化旅游的场景

文化旅游中物理和服务的属性相交互，形成了不同情境下的"文化旅游场景"。在这部分，我们会首先讨论"场景"的基本概念，随后会具体讨论文化旅游活动中的具体场景。这些具体场景主要包含了历史文化场景、故事讲述场景以及电子故事讲述场景。本部分的内容从最基本的概念谈起到最复杂的多维度综合场景，都体现了场景概念的发展与变化。但是，无论这些概念随着时间的变化发展到多么复杂，其本质仍然是服务提供商所营造的"背景+演员"要素的互动。

（一）场景的基本概念

场景（scape）这个词最早应用于服务零售领域，并创造出场景（servicescape）的概念，指的是"服务过程发生的地方"。Bitner（1992）作为此概念的提出者，在理论框架中描述了客观环境是如何在服务提供者的控制之下，影响顾客和服务人员的认知、感情、心理以及行为反应的。像这样的商业化服务环境主要指物理环境方面的因素，前期的研究涉及环境条件、空间、功能、符号、形象、工艺品等细节因素；研究结果也都表明上面这些因素会影响顾客的行为。

Clarke 和 Schmidt（1995）把服务场景的概念引入旅游领域。他们发现服务场景在服务接触的情况下，其中的物理维度并不是特别适用。在融合了营销学、地理学、心理学、社会学等学科知识之后，服务场景引入了"去体验地点"的要素，作为一个全面的服务系统，综合了环境接触。这样，"自然环境（natural environment）"和周边的"人工环境（man–made environment）"被认为是服务场景中的重要维度。之后的研究中，Quan 和 Wang（2004）以及 O'Dell（2004）把体验场景（experiencescape）框架引入到旅游领域。而 Mossberg（2007）把体验场景的概念扩展到了旅途中的活动。从这些研究可知，体验其实是以目的地场景为背景的一种感官体验（Sensory Experiences）。事实上，不少的研究者从感官角度出发提出了很多类似的概念，如味觉场景（tastescape）（Hjalager & Richards, 2002）、嗅觉场景（smellscape）、声音场景（soundscape）等。这些体验和游客相互作用，形成了整体旅游体验。

形成良好的服务体验往往始于设计和构建一个有吸引力的情景（setting）。根据环境心理学的研究，人们会对所处的环境产生一个总体评价和反应（Mehrabian & Russell, 1974）。服务场景指的是可以商业交换，同实际环境（substantive staging）和交流环境（communicative staging）互动的场所（Arnould, Price, & Tierney, 1998）。根据Bitner（1992）的研究，服务场景要素有三个方面。（1）环境条件；（2）空间布局和功能；（3）符号、艺术品。这些属性被认为可以同时影响人的心情状态，以及顾客和服务人员的态度。最终，这些状态引发了接近（approaching behavior）或回避（avoiding behavior）的行为。

Berry，Wall和Carbone（2006）基于游客体验和服务体系，使用隐藏在服务场景中的线索测量体验。在近一些的研究中，Dong和Siu（2013）把服务场景归纳为两部分：（1）实际场景（substantive staging）；（2）交流场景（communicative aspects）。总的来说，实际场景指的是服务中的"功能性线索（functional clues）"，交流场景指的是"人的线索（human clues）"。

表4 不同产品情境下服务场景的定义和组成

研究者	产品情境	服务场景定义	服务场景维度
Kotler（1973）	一般服务概念	（气氛）设计出能产生情感效果的具体购买环境，这种情感可以提高购物者的购买可能	嗅觉 味觉 听觉 视觉
Bitner（1992）	一般服务概念	"建造的环境"（人造的物理环境，是与自然社会环境相对的概念）	环境条件 空间布置和功能符号、象征物、艺术品等

续表

研究者	产品情境	服务场景定义	服务场景维度
Arnould et al.(1998)	野外	产品的管理策略和顾客相结合；是通过实际阶段（substantive staging）和交流阶段（communicative staging）形成体验	实际阶段 交流阶段
Tombs & McColl-Kennedy (2003)	一般服务概念	是一种通过直接或间接的互动，影响顾客行为的服务情境。 社会服务情境包含五个方面的要素：（1）购买场景（情境）；（2）社交密度（物理要素）；（3）他人展现出的情绪（社交要素）；顾客情感反应（内在反应）；（5）顾客认知反应（顾客意向或实际行为）	购买场合 社交密度 他人情感展现
Hightower (2003)	一般服务概念	在既定时刻物理展现给个体一切事物	环境条件 社交要素 社会交互要素
Rosenbaum & Massiah (2011)	一般服务概念	社会的、象征的、自然刺激的要素都可以包含在服务场景中，这种场景可以提高或抑制服务人员和顾客的接近或规避行为，以及社会互动行为（social interaction behavior）	物理维度 社会维度 象征维度 自然维度

出处：Pizam, A., & Tasci, A. D. (2019). Experienscape: expanding the concept of servicescape with a multi-stakeholder and multi-disciplinary approach. *International Journal of Hospitality Management*, 76, 25-37.

从文献来看，"场景"（scapes）是一个多维度的复杂概念，它反映了物理属性和服务属性的互动，通过人的五种感知（视觉、听觉、嗅觉、味觉、触觉）得到了不同的感受。事实上，与外部环境相关的心理已被环境心理学深入研究，人的感官是接收外界信息的生物学基础，是对更加复杂场景感知的基础。

(二) 历史文化场景 (cultural landscape)

文化旅游的途中往往包含历史的相关场景。比如在美国66号公路的旅游宣传册中，游客可以知道66号公路承载了美国历史的一些重要方面，包括道路建设实践的演变、本土建筑风格的演变、美国向西迁移的历史，以及美国地区形势的变化。66号公路是一个走廊，而不是单一的地点，它由较小的区域和地方组成，每个地方都有自己独特的历史。

在美国，66号公路的游客都表达了对历史的兴趣，认为这是他们旅行的一个推动因素，并认为他们从这次经历中获得了自己感兴趣的领域的历史知识。游客们了解历史的机会并不局限于在公路廊道上所参观的展览，很多游客通过自身的体验，加深了对历史事件的理解。比如游客可以理解当时为什么许多人选择在夜间行驶66号公路的沙漠地带。因为那个时候的汽车，还没有安装空调，人们为了躲避天气的炎热。对于那些摩托车骑行者来说，可以想象他们当时面临的挑战，必须想尽一切办法降温，比如把湿毛巾放在脖子上，把冰块放在衣服和靴子里等（Caton & Santos, 2015）。在现实中，有很多游客利用公路来学习历史。这些路上的旅行者是非常积极的参与者，他们会反思自己读到的、听到的、经历的，并将他们获得的知识与自己的生活经历结合起来。当他们开车、体验景观时，这些历史信息马上就变得鲜活起来。积极学习的历史知识与自己在公路上的体验结合起来，很多旅行者觉得自己从旅行中获得了更多的历史观点。总体上，这些游客是学习体验的积极创造者。

(三) 故事讲述场景 (storyscape)

讲故事（storytelling）是"我们生活中至关重要的一部分"（Bolton, 2010），可以让我们的旅游体验变得有意义，并强加了"一种结构（a structure），一种令人信服的现实（a compelling reality）"（Bruner, 2002, Bolton, 2010）。故事可以帮助人们深入理解路途中所发生的现象的复杂性和本质。正因为如此，在规划旅游目的地以及旅游品牌推广时，讲故事作为重要的手段必不可少（Chambers & Airey, 2001; Dredge, & Jenkins, 2011; Stevenson, Airey, & Miller, 2008）。

目的地本质上可以被认为是一种故事情景，故事可以将原本冷漠的空间转变为有吸引力的旅游目的地（Chronis, 2005）。故事可以让目的地看得见，也很独特（Hsu, Dehuang, & Woodside, 2009）。然而，目的地营销者不是将目的地确定为故事的主角，而是将目的地定位为使游客成为主角的推动者（Woodside & Megehee, 2009）。因此，游客是目的地管理组织上演的叙事的中心人物，利益相关者和营销者可能会利用古典民间故事的结构来创造一个梦幻世界，让游客可以沉浸其中（Mossberg, 2008）。因此，对旅途中的主人公讲故事可以被目的地管理组织用来推销目的地，因为它唤起了观众的情绪和能量（Woodside & Megehee, 2009）。归根结底，旅游目的地叙事性陈述的成功与否取决于游客参与故事体验的程度、意愿和能力（Chronis, 2012）。

旅游的相关研究已经证实了旅游景点和目的地可以利用讲故事的方式来吸引游客，其主要的原理是故事增强了人的真实体验（authenticity），创造出难忘体验（memorable experience）。这种讲故事的方式通常涉及导游和游客之间的共同创造，因为在跟随的过程中，听众不断地填补叙事空白，根据他们自己的经历重新语境化叙事事件，并积极地发挥他们的想象力（Chronis, 2005）。想象一下，如果我们去可口可乐博物馆参观，通过了解品牌背后的故事往往会有更多的难忘体验。游客们不仅爱听故事，有时甚至会和其他游客分享他们的个人故事和体验。这样，品牌以讲故事的方式塑造了传统博物馆中艺术的意义（Hollenbeck et al., 2008）。讲故事不仅是一种传播知识的工具，通过故事帮助人们分享经验或观点，更是一种从他人的经验和观点中学习和借鉴的方法

(Mandelbaum, 1991; Myers & Kitsuse, 2000)。

（四）数字故事讲述（digital storytelling）

数字化的故事讲述无疑是一种丰富游客体验的特殊场景。在当代科技场的帮助下，通过导游、讲解员或者文字和视频等资料的传统"故事讲解"将被一系列现代的技术改变，这种新的方式被学者们称为"数字故事讲述"（digital storytelling）（Spohrer, 1999）。很久以来，讲故事是人类社会和文化的基本元素（Langhof & Guldenberg, 2019）。传统的讲故事主要侧重于听和读（口头和书面），而数字讲故事则更关注技术的层面，比如互动行为（inter-activity）、促进技术参与度等（Couldry, 2008; Eagleman, 2012）。因此，"数字讲故事"（digital storytelling）的概念是指"通过数字形式讲述个人故事，在互联网中进行储存和交换，由于数字媒体的修复能力，有传播的多种可能性（Couldry, 2008）"。因此，数字化讲故事可以发挥用户生成内容（user-generated context）的优势，结合选择主题、研读、编写脚本等传统的流程，并利用一些基于计算机的图形、录制的音频、视频剪辑和音乐等媒体技术手段（Robin, 2008）。

故事叙述的成分比较复杂，包含了视角（point of view）、戏剧性问题（dramatic question）、情感内容（emotional context）、配音（voice）、配乐（soundtrack）和故事节奏（rhythm）等（Lambert, 2015）。而对应线上环境，数字故事叙述（digital storytelling）也分为故事（story）（故事的目的、情节、叙事、戏剧性问题、故事角色、语言使用和情感内容）、数字创造（digital creation）（故事内容、制作和呈现）和组合元素（combined elements）（细节和评价）（Smeda, Dakich & Sharda, 2010）。

在这些研究的基础上，数字故事叙述的维度也被学者们概括为感知美学（perceived aesthetics）、叙事（narrative structure）和自我参照

(self-reference)（Manning & Bejarano, 2017; Kim & Hall, 2020）。（1）感知美学是对人、自然以及工艺品的感觉，具有"艺术上美丽的、令人愉悦的外观"（Lavie & Tractinsky, 2004）。美学方面的要素能够显著影响人的行为（Freedberg & Gallese, 2007）；（2）叙述结构具有时间（即开始、中期和结束）、关系上的因果等元素（Delgadillo & Escalas, 2004）。故事的叙事结构会影响读者的情感反应（Escalas & Stern, 2003）；（3）自我参照（self-reference）指的是"观众过去的经历或记忆，能够引起情感共鸣"（Hsiao, Lu & Lan, 2013）。自我参照所包含的戏剧或故事元素唤起了观众个人过往的记忆，人们可能会将自己投射到故事的情境中，体验到类似于角色的情感（Freedberg & Gallese, 2007）。

在用途上，电子故事叙述尤其在社交媒体（social media）和景区（旅游目的地）的讲解中扮演着至关重要的营销角色。社交媒体通常由文字和图像组成，旅游者可以通过这些文字和图像讲述故事，交流想法，产生自我表现。在博物馆、美术馆和文物遗址等地，数字故事叙述在学习中也起着非常重要的作用（Nack & Waern, 2012）。在这些地方，故事不仅提供了额外的个人诠释（Hall & McArthur, 1998），同时旅游者也受到了数字故事讲述的影响（Klimmt et al, 2012）。例如，人们发现，数字故事讲述可以提高旅游景点的声誉，并激励游客通过数字媒体分享他们的旅游体验（Bassano et al., 2019）。

四、文化旅游中的游客行为

（一）感官刺激行为（sensation-seeking）

对于积极参与探险旅游的人来说，他们都表示这类旅游的体验可以称之为类似"冲击"（rush）的概念。"冲击"是指在非常有利的条件下，一个已经熟练并受过相关活动训练的人，以个人能力的极限，在一项特定冒险活动中表现出来的一种特殊的兴奋感（Buckley，2012）。"冲击"的机会往往与高风险活动有关；但是"冲击"和风险是完全不同的，在探险活动中，冲击不是风险，而是一种吸引力。在一些极限运动中，如翼装跳伞（wingsuit skydive）、滑雪（snowboard）、滑板（skate board）等运动中，这种冲击的体验都有被提及（Buckley，2012）。

也有学者认为，"冲击"同时包含类似刺激（thrill）和心流（flow）的体验（Buckley，2012）。虽然这种"兴奋"和"流动"并不能充分表达"冲击"的体验，但这是最接近的一种表达。其中，"心流"的概念（Csikszentmihalyi & Csikszentmihalyi，1990）广泛适用于任何形式的熟练活动，在这些活动中，精神焦点与他们的身体练习完全重合，因此，是一种"高度专注"的体验（Heo，Lee，McCormick，& Pederson，2010）。一些特有的职业，如音乐家、外科医生、瑜伽师或厨师都能体验到心流。而刺激（thrill）的概念是指一种纯粹的基于肾上腺素的生理反应。蹦极或中彩票的人，可能会体验到这种刺激。一些研究也表明，赌博和暴力犯罪也会产生上瘾的刺激（Lyng & Snow，1986）。

类似的刺激体验还有"刀刃作业"（Edgework）。该概念最初是由汤普森（Thompson，1971）撰写的一本有关休闲毒品滥用的经典著作衍生而来。之后，又由 lyng 和 Snow 最终引入了学术研究的文献中（Lyng & Snow，1986；Lyng，1990）。"刀刃作业"的基本概念说的是有一些人会喜欢那种"无限接近死亡，然后仍然能逃脱"的刺激体验。从本质上来讲，这种"刀刃作业"在很多从事高风险运动或冒险的人群中都存在。比如，服用酒精或药物的人，故意进入暴力和武装冲突地区的人，在高速公路上非法驾驶汽车的人等。这类人群被学者们形象地比喻为"与死亡调情"（flirting with death）（Midol & Broyer，1995；Schrader & Wann，1999）。在冒险行为的休闲和旅游相关的文献中，尤其是在登山探险的相关文献中，都有类似记载（Krakauer，1996）。

（二）互动行为（interaction）

在很多的文化活动中，由于消费行为需要游客和服务提供者同时出现在服务环境中才能发生，所以服务提供者和游客的互动就成为服务体验的重要影响因素。在服务学的文献中，游客与员工在服务接触中互动的重要性已经得到了证明。比如 Hartline 和 Ferrell（1996）很早就认为互动是"员工—客户的交互"（employee - customer interface）；Zeitham 等（2006）也把这种交互行为称为"真实时刻"（moment of truth）。而 Carbone 和 Haeckel（1994）将其称为"人文"（humanics），认为这种互动行为是通过定义和安排员工与客户打交道时的行为而设计的。在此背景下，"人文"描述的是服务人员给消费者的感觉（Yuan & Wu, 2008），他们的表现可以影响消费者的体验（Ap & Wong, 2001）。在对这一概念及其对服务客户的结果的进一步发展中，Arnould 和 Price（1993）描述了互动产生的情感结果，这种结果与消费者和服务提供者之间的特殊体验相关。

另外，文化活动的互动行为还存在于游客和游客之间。比如在主题乐园中，尤其是在大型游乐设施上，游客们常常需要"集体消费"。因为客户之间的联系程度很高，因此相应的旅游体验会影响同行游客的满意度和愉悦感（Grove&Fisk, 1997；Mossberg, 2007）。这种现象也非常符合社会比较理论（social comparison theory）的说法（Jani & Han, 2013；Festinger, 1954）。

学者们已经从认知和情感两个角度探讨了其他顾客在服务环境中的影响。社会比较理论假设游客在一定环境中会把他人的行为与理想客户的行为进行比较（Huang & Hsu, 2010）。同时，情感的角度与群体中的情感传染有关（Tombs & McColl - Kennedy, 2013），服务环境中游客所流露的情感会参考其他游客，并引发相似的情感。在一些文化活动情境中，游客们之间的活动可以看成一种学习和情感的交流。

比如在探险旅游中相互交流经验。这些交流往往还能带来一种人际间的真实（intra-authenticity），带来共融（communitas）的体验。

（三）主动参与（active participation）

指游客进入体验之中，在体育活动和认知活动中表现出自己的能力和需求（Bertella，2014；Mkono，2012；Prebensen et al.，2013）。从本质上看，互动产生情感的体验。比如，游客在旅途中和自己的家人以及动物互动（Bertella，2014）；或者和其他的游客互动（Rihova et al.，2013），也可以通过互动学习到新的知识（Richards，2010）。

除了游客的参与和互动行为，类似的概念还有群组接触（Intergroup contact）。群组接触的概念是从 Allport（1979）的"接触假说"（contact hypothesis）发展而来。"接触假说"指的是群体间联系可以提升关系，给群体中的人们带来诸如平等地位（equal status）、共同目标（common goal）、群体合作（cooperation between groups）等益处。Allport的接触理论激发了很多相关研究（Pettigrew & Tropp，2006）。在旅游的情境下，研究表明个体如果有比较多的群体接触（质和量两个方面）的话，倾向于有更好的态度感知（Luo et al.，2015）。在文化活动中，旅游者一般会有更多的群组接触。比如义工旅行者会在某一个旅游目的地停留较长的时间（一周以上），这些旅游者可以更加融入当地社会，这样也就带来对当地社会更多的文化、社会、经济方面的接触（Clarke，2004；Ho et al.，2014）。在其他一些研究中，也证实了义工旅行者同一般旅行者相比，与当地人和当地事有着更多的接触（Meng & Han，2018）。

（四）涉入（involvement）

文化活动的"涉入"可以定义为一个人将自己与活动或产品联系起来的程度（Zaichkowsky，1985）。这样的定义着重于产品与人的相关性，是基于个人的需求、兴趣和价值的。"涉入"（involvement）的心理概念描述了一个人对产品信息处理的精神过程（Zaichkowsky，1985）。

涉入可以分为两种类型，分别是"情境的涉入"（situational）和"持久的涉入"（enduring）。具体来看，"情境涉入"是指由特定情况（如，购买时机或选举）引起的短期唤醒；而"持久涉入"则反映了对产品类别的普遍和永久性关注（Laurent & Kapferer，1985）。

文化旅游的游客可能会更加享受在一个更"私人的环境"中吃饭，最重要的是当旅行者沉浸在当地人的世俗生活中，扮演主动或被动的角色时，这种环境可以帮助游客更好地体验目的地。文化游客的沉浸行为有赖于其物理环境的私密性。这种私密性不仅出现在无组织的环境中（如海滩、林荫小道和公园），也出现在为当地人服务的有组织环境中（如食品市场、农贸市场和市场大厅）。无论是哪种场所，隐私感来自远离专门为游客设计的环境。沉浸与文化场所的消费（Rakic & Chambers，2012），以及感知的真实性（Pearce，2012）相互联系。

表5 文化活动行为概要

类型	实例/类型	特点
感官刺激	• 冲击（rush）、刺激的体验如翼装跳伞 • "刀刃作业"（edgework）体验	• 含有高度专注的心流体验 • "与死亡调情"
互动行为	• 员工—客户的交互 • 客户—客户的交互	• 含有"人际真实""共睦"的特点 • 有满足感、愉悦感
主动参与	• 群组接触 • 市民行为	• 可以学习到新的知识 • 较长的停留时间
涉入	• 两个维度 　情境涉入（一时需要） 　持久涉入（兴趣） • 四个维度 　兴趣/重要性 　冒险/可能性 　危险回避 　地位价值	• 食物的涉入是兴趣的表现 • 提高涉入行为 　免费参与 　定期文化节事活动 　橱窗展示

来源：基于文献归纳总结

五、文化旅游中的体验

（一）真实体验（authenticity）

在很多的旅游活动中，都可以体现出"内在真实"（internal authenticity）的体验。这种"内在真实"的体验在典型的文化活动中体现得尤为明显。内在真实可以作为自我认同的一部分来认识。比如，人们可能渴望冒险，可能认为自己是一个大胆的冒险家，喜欢新鲜刺激的经历。然而，在他们的日常生活中，可能只能在办公室隔间度过他们的一天。因此，人们会有一种失落感，以及自我认同和实际生活之间的不协调感。

对许多人来说，旅行是一种连接这种认知失调的方式。人们可能决定在热带雨林进行高空滑索冒险，攀登具有挑战性的高山，或在假期跳伞，从而实现他或她在日常生活中缺失的部分自我身份。这样，很多的民宿活动可以帮助人们连接到真实的自我，拥有高水平的内心真实感。

在朝圣旅游中也体现了"真实性的体验"。Andriotis（2011）把真实性分为五类，分别是自然的（natural）、原始的（original）、特殊的（exceptional）、参照的（referential）、有影响力的（influential）。这些原真性的类型最后与朝圣经历联系在一起。从体验的角度来看，Gilmore 和 Pine（2007）的真实性类型同样适用于朝圣旅游体验中真实性的各个方面。与其他类型的旅游相比，朝圣场景的真实性对于重新确认个人与目的地的关系十分重要。

（二）怀旧体验（nostalgia）

Stern（1992）将怀旧定义为一种情绪的状态。在这种状态中，个体对以前的时光有一种"理想化"（idealized）或"净化过"（sanitized）的渴望。文化旅游中的怀旧吸引力通常与举办相关的体育成就纪念活动有关。通过名人体育大厅或博物馆（Snyder，1991）、举办体育遗产活动（Pinson，2016），以及通过镜头和叙事颂扬运动员或国家过去的成就（Fairley & Gammon，2005）。

　　Cho 等学者（2017）提出，在体育以及旅游活动情境下，怀旧可以分为体验的怀旧（experience – based nostalgia）、身份的怀旧（identity – based nostalgia）、客体的怀旧（object – based nostalgia）和人际关系的怀旧（interpersonal relationship – based nostalgia）。在文化旅游活动的情境下，我们可以借用"体育旅游怀旧量表"（Nostaliga Scale for Sport Tourism，NSST）（Cho et al.，2017）来理解文化活动怀旧的维度。从"体育旅游怀旧量表"来看，怀旧体验由运动队的怀旧（nostalgia of sport team）、环境（environment）、社交（socialiation）、个人认同（personal identity）和集体认同（group identity）五个维度构成。

　　这里的运动队怀旧和环境怀旧归属于前面说的"体验怀旧"，是指运动员、运动队、体育设施（如场地、体育场）、氛围等运动物体引起的怀旧回忆；而社交怀旧强调了与团队成员的社交体验所唤起的怀旧记忆；个人认同怀旧与群体认同的怀旧是由体育观众已确立的个人认同与群体认同诱发的怀旧情绪。最后，个人身份的怀旧指的是对团队或运动员的身份认同水平，体育观众可以使用团队和运动员来构建他们的个人身份（Smith & Stewart，2007）。另一方面，群体认同是指对一个群体的认同程度。也就是说，个体可以通过与他人一起参加体育赛事来建立集体记忆，这反过来又有助于构建他们的群体身份（Fairley，2009）。

　　各种文化活动中也都可以体现出怀旧的体验。比如，在研学的旅行中当时访问过的地方可以作为体验怀旧的要素，而同行的伙伴、指导的教师等可以认为是个人认同怀旧和群体的怀旧。在志愿者活动中,当时一起做过的富有意义的事情(如帮助当地发展)等也可构建身份怀旧。

(三)精神体验(spirituality experience)

圣地巡游的旅游形式是探索宗教(religion)、灵性(spirituality)和消费(consumption)之间的关系。宗教的世俗化和大众化吸引着越来越多的游客前往宗教目的地进行深度体验(Wang et al.,2020)。圣地巡游通过敬拜(worship)、庆祝(celebrations)、仪式(rituals)等方式,为信徒提供一种精神体验,满足他们对身体健康(physical health)、正念(mindfulness)、精神体验(spiritual experience)、社交(socialization)、与自然的联系(connectedness)等需求,可视为一种精神上的幸福旅游(spiritual well-being)。

比如,Willson,McIntosh 和 Zahra(2013)对旅游和精神(spirituality)进行了现象学的分析。人的个体可能从旅行的体验中获得一种以超越性(transcendence)和连通性(connectedness)为特征的精神体验。Buzinde,Kalavar,Kohli 和 Manuel-Navarrete(2014)将朝圣体验分为两类:"精神"(spirituality)和"社会统一"(social unity)的。"精神体验"与朝圣游客所感知到的神性(divinity)相关,而"社会统一"则是没有社会地位的约束。

在朝圣旅游的体验研究方面,Cohen(1979)确定了现代旅游与朝圣的五种旅游体验模式,并对其进行了排名:(1)休闲模式(recreational mode),(2)迁移模式(diversionary mode),(3)体验模式(experiential),(4)实验模式(experimental mode),(5)存在模式(existential mode)。首先,休闲模式是对社会的分析,它是一种与娱乐相关的体验,是宗教旅行过程中世俗化的过程,可以恢复游客的身心力量,提高心理幸福感。在迁移模式中,游客"只是从日常生活的无聊和无意义中逃离,进入度假的遗忘中,这可能会治愈身体和抚慰精神"（Cohen，1979，pp. 185-186）。尽管传统的朝圣与娱乐是分离的，但在纯粹的迁移模式中，娱乐从技术上来说是不存在的，在这种模式中，朝圣的游客试图逃避日常生活的单调，以治愈身体的虚弱，找到精神上的平静。体验模式是旅游者走出家门，在不同的生活和文化中寻求一种真实的体验；它本质上是一种宗教追求（MacCannell，1973），以吸引在其他风景中寻求新奇事物的游客（Cohen，1972）。实验模式中，"人们不再坚持自己的精神中心，而是在许多不同的方向上寻求另一种选择"（Cohen，1979，p. 189），就像性格不同的流浪者（Erik，1973）探索各种宗教一样。存在模式表明，人们希望有归属感，并致力于自己的精神中心，参加定期朝圣，获得精神食粮（spiritual sustenance）。

总的来说，朝圣可以被理解为一种高峰旅游体验（peak experience），而不仅仅是一种旁观者的体验。寻找可以参观的独特地点，参加可以创造价值的、难忘的、温暖人心的体验活动或事件（Lee et al.，2015）。

（四）地方感（sense of place）体验

尽管地方感体验在"文化地点"的相关章节已经出现过，但文化活动中的地方感主要存在于以研学旅游为代表的旅游形式中。人文地理学、环境心理学和人类学等学科的大量文献都试图解释场所是如何通过人类对空间或物理位置的体验而形成。地方感从本质上来说是文化的，因为它们的存在只是因为人类的感知。当我们参与和学习我们的环境时，我们建立了自己的"地方感"，意义和忠诚的集合（Halpenny，2010；Massey，2005；Semken & Butler Freeman，2008）。

"地点意义"（place meaning）是人们归因于地点的描述（Gustafson，2001）。它们包括自然和文化方面，并与物理环境有着千丝万缕的联系（Gustafson，2001；Stedman，2003；Young，1999）。例如，一名进行实地考察的学生可能会形容该地区"美丽""地质意义重大""令人精疲力竭"或"势不可挡"。然而，归属意义并不完全局限于那个地方，因为环境可能会唤起源自其他地方的经验或记忆（Greider & Garkovich, 1994）。例如，在陡峭的山脉中进行实地考察的学生可能会被提醒他们小时候喜欢在山里徒步旅行，并可能会将田野地区描述为"令人安慰的"或"熟悉的"。虽然已经开发了用于地点意义的有效调查工具（Semken & Butler Freeman, 2008；Young, 1999），但它们的特定地点性质往往需要在访谈环境中进行探索（Gustafson, 2001）。

地点依恋（place attachment）描述了一个人与某个场所的联系程度（Lewicka, 2011）。依恋是由一个人对某些功能的依赖和对它的情感认同构成的（Williams & Vaske, 2003）。例如，一个参加实地考察的学生可能对一个领域有很高的依恋，因为他们依赖这个领域来学习地球科学，并且该区域塑造了他们作为一名地球科学家的身份。地点依恋已被广泛应用于理解环境管理，特别是在娱乐和旅游领域（Kyle, Graefe, Manning, & Bacon, 2004）。研究表明，社区意识可以增强依恋，在文化共享群体中可能存在共享意义（Scanell & Gifford, 2010）。沉浸在风景中会增强人们对周围环境的关注，而与他人共享的散步节奏和经验可能会进一步强化这一点（Lee & Ingold, 2006）。这一体验可能有助于将人们彼此联系在一起，也有助于将地点联系在一起。研学教育中的学生体验具有很强的社会性，包括同伴和教师之间的互动（Streule & Craig, 2016）。这些社交不仅对动机和学习很重要（Streule & Craig, 2016），还有助于培养地方感（Russ, Peters, Krasny, & Stedman, 2015）。

（五）学习体验（learning experience）

文化旅游的学习场景，可以被归纳为一种"质变学习"（transformative learning)。比如，在关于志愿者旅游的文献综述中，Coghlan 和 Gooch（2011）确定了 Mezirow 的质变学习的不同阶段。他们注意到，个体的"迷惑困境"（disorienting dilemmas）会引发"游客强烈的情感反应"。这一特征可以刺激和引发志愿旅游参与者的质变学习。这些刺激包括文化冲击（culture shock），是个体对陌生的文化、社会、自然环境的冲击体验。像志愿者旅游这样的文化活动有着改变生活的影响力（Wearing, Devile, & Lyons, 2008；Zahra, 2011；Zahra, & McIntosh, 2007）。如，Zahra（2011）的研究显示，志愿游客会遇到那些极端贫困、生活在种姓制度和宗教下的人们的生活。和这些人的交往会改变旅游参与者对世界的认识。志愿旅游的参与者会变得不那么以自我为中心，不那么物质主义，更意识到家庭和社区的重要性，更多地参与倡导社会正义。

在其他文化旅游的形式中，如义工旅行以及研学旅游，参与者必须要学会如何处理人际关系（relationship skills）、团队合作（teamwork），以及情绪管理（emotion regulation）等内容；通过这样的文化旅游活动，参与者往往可以获得自信感（confidence）、责任感（responsibility），以及对自我身份的认知（self-identity）。Wilson 等（2019）对露营者的学习体验进行研究后发现，人际关系技巧是最常被提及的学习领域，也是最受重视的学习领域。露营者在营地学习如何交朋友和建立关系。一名参加者说："作为露营者，我学到的最好的东西是我的人际交往能力。我已经很习惯认识新孩子，和别人交朋友了。"这些技能可以应用到他们的日常生活中；正如一位受访者所言："露营教会了我什么是真正深厚的友谊，在参加过夏令营之后，在高中的时候，我知道了我想要的那种关系，如何追求它们，如何交朋友，如何拓展自己。"

另外，在朝圣旅游中的体验可以增强游客的文化差异感（Hottola, 2004）。朝圣游客可以通过参与当地人和信徒的实践，探索他们在家里不太可能遇到的个人体验的意义（Thomasetal.，2018），这样便建立起对当地文化的认识。因此，朝圣是一种身体运动，提供学习机会，帮助朝圣者发现关于自己和自己身份的新信息（Mazumdar & Mazumdar，2004），同时也得到了精神上的满足（Geertz，1966）。

（六）自我/社会身份（self/social-identity）

自我意识涉及个人自我的两个基本方面，私人自我（private self）和公共自我（public self）（Simon，2004）。在一些文化旅游活动中，比如背包客们，作为个体可以获得一种自我和社会的身份。尤其是"背包客"这个标签对于一些独立旅行者来说是有意义的，因此，可以理解为自我的一个组成部分或者社会身份。社会身份是通过自我分类的过程来构建的，通过自我分类，人们将自己标记为一个特定的社会群体或类别的成员（Tajfel & Turner 1979）。背包客对标签的选择不仅让这些旅游者产生身份感，加强了自己的旅游活动的注意力，而且也能把他们与其他人区分开来。因此，这种身份是象征性的和社会构建的（Lamont and Fournier，1992），给了背包客一种认同感，强化了他们的行为，让他们认识到自己的背包客身份才是真正的自我。在背包客的旅游活动中，研究者研究了个人发展中至少三个基本方面的自我意识改变（Chen & Huang 2017）。包括自我认识（self-knowledge）和自我身份（self-identiy）的变化，自信的提高（self-confidence），自律性的提高（self-discipline）（Chen & Huang，2017）

另外，在研学旅游的露营活动中，学生露营者（campers）在参加夏令营的过程中可以形成自我认同（self-identity）。比如，露营者普遍认为，他们学会了如何成为一个独立的个体。在夏令营通过和朋友们的交往，成为真正的自己。由于在夏令营里没有任何外界压力，学生们可以不用费心思适应学校给予的社会规范。在夏令营里，这些学生认为他们能够真正知道自己想成为的人，并参与那些有意义的活动。对自己身份的认识在日常生活中是有用的，也有的学生表示，在营地可以摘下面具，做自己，没有人会评头论足。因此，夏令营让这些参与者对未来的生活更有信心（Wilson，Akiva，Sibthorp，& Browne，2019）。

（七）个人发展/成长（personal development/growth）

在背包客、义工旅行、志愿者旅行这些文化活动中，"个人发展"的体验最为常见。比如，背包客个人发展（Backpacker personal development，BPD）被广泛定义为"背包客在他们的背包旅行中以及之后自己感知到的一系列变化"（G. Chen，Bao，& Huang，2014）。旅游学者认为个人发展至少可以在（1）能力（capability），（2）技能（skill），（3）世界观（worldview）等方面体现（Chen，Huang，& Hu，2019）。

能力方面。旅游文献中已有证据显示，背包客可以在相关旅游体验之后，提高个人能力（Pearce，Murphy，& Brymer，2007）。这些个人能力包括有效沟通（effective communication）(Chen，Bao，& Huang，2014）、决策制定（decision–making）（Pearce and Foster，2007）、适应性（adaptability）、认识和解决问题的能力（identify and resolve problem）。

技能（skill）。在心理学文献中，技能是指通过训练和反复练习而学习和获得的技术（Chen et al.，2019）。旅游研究人员已经证实，像背包客这样的文化旅游者，可以提高金钱和时间管理（money and time management）、压力管理（stress management）（Pan，2017）、自我激励（self–motivation）等技能（Pearce & Foster，2007）。

世界观（worldview）。文化旅游者的世界观也会在很多方面发生变化。如价值观改变（value change），道德标准的提高（moral standard enhancement），生活观念和态度的转变（transformations in views and attitudes towards life）等。

自尊（self-esteem）。自尊被定义为对一个人的自我价值的全面评价（Rosenberg，1965）。在先前的文献中，学者们发现自尊是很多学习活动的积极结果。比如，Riggio，Throckmorton 和 Depaola（1990）的研究就发现，在美国本科学习的设置中，社交技能/社交能力与自尊呈正相关。在自我意识方面，Belgrave et al.（1994）发现非裔美国五年级学生中，非洲中心价值观与 SE 呈负相关，而黑人身份与自尊水平呈正相关。同样，Rowley 等人（1998）证实了，非裔美国大学生的私人关注（例如"我很高兴我是黑人"）与个人自尊呈正相关；而种族中心主义缓和了这种关系。

表6 文化旅游体验要素

类型	实例/类型	特点
真实体验	• "内在真实" • 自然真实、原始真实、特殊真实、参照真实、有影响力的真实	• "认知失调" • 朝圣旅游中多有体现
怀旧体验	• 体验怀旧、身份怀旧、客体怀旧、社交怀旧、人际关系怀旧、个人认同和群体认同	• 对以前时光"理想"和"净化"的渴望
精神体验	• 高峰体验（peak experience） • 精神体验、学习体验、帮助体验、不愉快体验	• "超越"和"连通" • 宗教场景多有体现 • 归属感
地方感体验	• 地点意义、地点依恋	• 多见于研学活动中
学习体验	• 质变学习体验	• 获得自信感、责任感等
自我/社会身份	• 私人自我、公共自我	• 自我认识、自我身份、自信的提高，自律性提高
个人发展/成长	• 能力、技能、世界观、自尊	

来源：基于文献归纳总结

参考文献

[1] Andriotis, K. (2011). Genres of heritage authenticity: Denotations from a pilgrimage landscape. *Annals of Tourism Research*, 38 (4), 1613 – 1633.

[2] Arcodia, C., & Dickson, C. (2009). ITHAS: An experiential education case study in tourism education. *Journal of Hospitality & Tourism Education*, 21 (1), 37 – 44.

[3] Arcodia, C., & Dickson, C. (2013). Tourism field studies: Experiencing the carnival of Venice. *Journal of Hospitality and Tourism Education*, 25 (3), 146 – 155.

[4] Arnould, E. & Price, L. (1993). River magic: Extraordinary experience and the extended service encounter. *Journal of Consumer Research*, 20 (1), 24 – 45.

[5] Belgrave, F. Z., Cherry, V. R., Cunningham, D., Walwyn, S., Letdaka – Rennert, K., & Phillips. F. (1994). The Influence of Africentric Values, Self – Esteem, and Black Identity on Drug Attitudes among African American Fifth Graders: A Preliminary Study. *Journal of Black Psychology* 20 (2), 143 – 156.

[6] Bowers, H., & Cheer, J. M. (2017). Yoga tourism: Commodification and western embracement of eastern spiritual practice. *Tourism Management Perspectives*, 24, 208 – 216.

[7] Buckley, R. C. (2010). Communications in adventure tour products. *Annals of Tourism Research*, 37, 315 – 332.

[8] Buckley, R. (2012). Rush as a key motivation in skilled adventure tourism: resolving the risk recreation paradox. *Tourism Management*, 33 (4), 961 – 970.

[9] Buzinde, C. N., Kalavar, J. M., Kohli, N., & Manuel –

Navarrete, D. (2014). Emic understandings of Kumbh Mela pilgrimage experiences. *Annals of Tourism Research*, 49, 1–18.

[10] Carbone, L. P., & Haeckel, S. H. (1994). Engineering customer experiences. *Journal of Marketing Management*, 3 (3), 8–19.

[11] Cheer, J. M., Belhassen, Y., & Kujawa, J. (2017). The search for spirituality in tourism: Toward a conceptual framework for spiritual tourism. *Tourism Management Perspectives*, 24, 252–256.

[12] Chen, G., Bao, J., & Huang, S. S. (2014). Developing a scale to measure backpackers' personal development. *Journal of Travel Research*, 53 (4), 522–536.

[13] Chen, G., Huang, S., & Hu, X. (2019). Backpacker personal development, generalized self-efficacy, and self-esteem: testing a structural model. *Journal of Travel Research*, 58 (4), 680–694.

[14] Chronis, A. (2005). Coconstructing heritage at the gettysburg storyscape. *Annals of Tourism Research*, 32 (2), 386–406.

[15] Cohen, E. (1972). Toward a sociology of international Tourism. *Social Research*, 39 (1), 164–82.

[16] Cohen, E. (1979). A Phenomenology of Tourist Experiences. *Sociology*, 13 (2), 179–201.

[17] Filep, S., & Laing, S. J. (2019). Trends and directions in tourism and positive psychology. *Journal of Travel Research*, 58 (3), 343–354.

[18] Finney, R. Z., Orwig, R. A., & Spake, D. F. (2009). Lotus-eaters, pilgrims, seekers, and accidental tourists: How different travelers consume the sacred and the profane. *Services Marketing Quarterly*, 30 (2), 148–173.

[19] Frauman, E., & Banks, S. (2011). Gateway community

resident perceptions of tourism development: Incorporating importance – performance analysis into a limits of acceptable change framework. *Tourism Management*, 32 (1), 128 – 140.

[20] Gilbert, D., &. Abdullah, J. (2004). Holidaytaking and the sense of well – being, Annals of Tourism Research, 31 (1), 103 – 121.

[21] Griffiths, M. (2011). Those who come to pray and those who come to look: Interactions between visitors and congregations. *Journal of Heritage Tourism*, 6 (1), 63 – 72.

[22] Halpenny, E. A. (2010). Pro – environmental behaviours and park visitors: The effect of place attachment. *Journal of Environmental Psychology*, 30, 409 – 421.

[23] Hartline, M. D., & Ferrell, O. C. (1996). The management of customer – contact service employees: An empirical investigation. *Journal of Marketing*, 60 (4), 52 – 70.

[24] Henderson, J. (2004) Healthcare tourism in Southeast Asia. *Tourism Review International*, 7, 11 – 121.

[25] Hinch, T., & Higham, J. (2001) Sport tourism: a framework for research. *International Journals of Tourism Research*, 3, 45 – 58.

[26] Hjalager, A. M., Tervo – Kankare, K., & Tuohino, A. (2016). Tourism value chains revisited and applied to rural well – being tourism. *Tourism Planning & Development*, 13 (4), 379 – 395.

[27] Hollenbeck, C. R., Peters, C., & Zinkhan, G. M. (2008). Retail spectacles and brand meaning: insights from a brand museum case study. *Journal of Retailing*, 84 (3), 334 – 353.

[28] Hottola, P. (2004). Culture confusion: Intercultural adaption in tourism. *Annals of Tourism Research*, 31 (2), 447 – 466.

[29] Hsu, S., Dehuang, N., & Woodside, A. G. (2009). Storytelling research of consumers′ self – reports of urban tourism experiences in China. *Journal of Business Research*, 62, 1223 – 1254.

[30] Huang, J. & Hsu, C. H. C. (2010). The impact of customer – to – customer interaction cruise experience and vacation satisfaction. *Journal of Travel Research*, 49 (1), 79 – 92.

[31] Jakubowski, L. M. (2003). Beyond book learning: Cultivating the pedagogy of experience through field trips. *The Journal of Experiential Education*, 26 (1), 24 – 33.

[32] Jarvis, J., & Peel, V. (2013). Tourists for hire: International working holidaymakers in a work based destination in regional Australia. *Tourism Management*, 37, 114 – 124.

[33] Jiang, T., Rvan, C., & Zhang, C. (2018). The spiritual or secular tourist? The experience of Zen mediation in Chinese temples. *Tourism Management*, 65, 187 – 199.

[34] Joppe, M. (2010). One country's transformation to spa destination: The case of Canada. *Journal of Hospitality and Tourism Management*, 17 (1), 117 – 126.

[35] Kim, W., Jun, H. M., Walker, M., & Drane, D. (2015). Evaluating the perceived social impacts of hosting large – scale sport tourism events: Scale development and validation. *Tourism Management*, 48, 21 – 32.

[36] Kyle, G., Graefe, A., Manning, R., & Bacon, J. (2004). Effects of place attachment on users' perceptions of social and environmental conditions in a natural setting. *Journal of Environmental Psychology*, 24, 213 – 225.

[37] Lengieza, M. L., Hunt, C. A., & Swim, J. K. (2019).

Measuring eudaimonic travel experiences. *Annals of Tourism Research*, 74, 195 – 197.

[38] Lepp, A. (2007). Residents´attitudes towards tourism in Bigodi village, Uganda. *Tourism Management*, 28, 876 – 885.

[39] Lehto, X. Y., Brown, S., Chen, Y., & Morrison, A. M. (2006). Yoga tourism as a niche within the wellness tourism market. *Tourism Recreation Research*, 31 (1), 25 – 35.

[40] Loker – Murphy, L., & Pearce, P. L. (1995). Young budget travelers: Backpackers in Australia. *Annals of Tourism Research*, 22 (4), 819 – 843.

[41] Lyng, S. (1990). Edgework: a social psychological analysis of voluntary risk taking. *American Journal of Sociology*, 95, 851 – 856.

[42] Major, B. C., Kaiser, C. R., O´Brien, L. T., & McCoy, S. K. (2007). Perceived discrimination as worldview threat or worldview confirmation: implications for self – esteem. *Journal of Personality & Social Psychology*, 92 (6), 1068 – 1086.

[43] MacCannell, D. (1973). Staged authenticity: Arrangements of social space in tourist settings. *American Journal of Sociology*, 79 (3), 589 – 603.

[44] Mazumdar, S., & Mazumdar, S. (2004). Religion and place attachment: A study of sacred places. *Journal of Environmental Psychology*, 24 (3), 385 – 397.

[45] Meng, B., & Han, H. (2018). Working – holiday tourism attributes and satisfaction in forming word – of – mouth and revisit intentions: impact of quantity and quality of intergroup contact. *Journal of Destination Marketing & Management*, 9 (September), 347 – 357.

[46] Pine, B. J., & Gilmore, J. H. (1998). Welcome to the ex-

perience economy. *Harvard Business Review*, 97 – 105.

[47] Pizam, A., Uriely, N., & Reichel, A. (2000). The intensity of tourist – host social relationship and its effects on satisfaction and change of attitudes: The case of working tourists in Israel. *Tourism Management*, 21 (4), 395 – 406.

[48] Riggio, R. E., Throckmorton, B., & Depaola, S. (1990). Social skills and self – esteem. *Personality & Individual Differences*, 11 (8), 799 – 804.

[49] Ryan, R. M., & Deci, E. L. (2000). Self – determination theory and the facilitation of intrinsic motivation, social development, and well – being. *American Psychologist*, 55 (1), 68 – 78.

[50] Scannell, L., & Gifford, R. (2010). Defining place attachment: A tripartite organizing framework. *Journal of Environmental Psychology*, 30, 1 – 10.

[51] Schrader, M. P., &Wann, D. L. (1999). High – risk recreation: the relationship between participant characteristics and degree of involvement. *Journal of Sport Behaviour*, 22, 426 – 441.

[52] Sin, H. L. (2009). Volunteer tourism: "Involve me and I will learn"? *Annals of Tourism Research*, 36 (3), 480 – 501.

[53] Stern, B. B. (1992). Historical and personal nostalgia in advertising text: Thefin de siècle effect. *Journal of Advertising*, 21 (4), 11 – 22.

[54] Smith, A. C. T., & Stewart, B. (2007). The travelling fan: Understanding the mechanisms of sport fan consumption in a sport tourism setting. *Journal of Sport & Tourism*, 12 (3 – 4), 155 – 181.

[55] Thomas, S., White, G. R. T., & Samuel, A. (2018). To pray and to play: Post – postmodern pilgrimage at Lourdes. *Tourism*

Management, 68, 412 - 422.

[56] Uriely, N. (2001) . 'Travelling worker' and 'working tourists': Variations across the interaction between work and tourism. *International Journal of Tourism Research*, 3 (1), 1 - 8.

[57] Uysal, M., Sirgy, M. J., Woo, E., & Kim, H., (2016) Quality of life (QOL) and well - being research in tourism. *Tourism Management*, 53, 244 - 261

[58] Voigt, C., Brown, G., & Howat, G. (2011) . Wellness tourists: In search of transformation. *Tourism Review*, 66 (1/2), 16 - 30.

[59] Vogt, J. W. (1976) . Wandering: Youth and travel behavior. *Annals of Tourism Research*, 4 (1), 25 - 41.

[60] Wang, C. C., Cater, C., & Low, T. (2016) . Political challenges in community-based ecotourism. *Journal of Sustainable Tourism*, 24 (11), 1555 - 1568.

[61] Wearing, S. L., Wearing, M., & McDonald, M. (2010) . Understanding local power and interactional processes in sustainable tourism: Exploring village - tour operator relations on the kokoda track, Papua New Guinea. *Journal of Sustainable Tourism*, 18 (1), 61 - 76.

[62] Willson, G. B., McIntosh, A. J., & Zahra, A. L. (2013) . Tourism and spirituality: A phenomenological analysis. *Annals of Tourism Research*, 42, 150 - 168.

[63] Wu, C. H. J. & Liang R. D. (2011) . The relationship between white - water rafting experience formation and customer reaction: A flow theory perspective *Tourism Management*, 32 (2), 317 - 325.

[64] Yang, X., & Wen, B. (2016) . A study on the motivations and experience value of Chinese working holiday maker in New Zealand.

Journal of Service Science & Management, 09 (5), 247 – 360.

[65] Zahra, A., & McGehee, N. G. (2013). Host perceptions of volunteer tourism: A community capital perspective. *Annals of Tourism Research*, 42, 22 – 45.

山西乡村旅游板块协同开发研究

山西大学历史文化学院、山西大学旅游研究中心副教授　张海鸥

在乡村振兴战略的背景下，山西省乡村旅游开发提到重要日程上。山西省乡村地域蕴含着丰富的历史文化、农耕文化和民俗文化，具有开发乡村旅游的条件和优势。为了促进山西省乡村旅游的发展，改变区位经济弱势的情形，应结合山西省三大旅游板块开发的机遇，确立山西乡村旅游板块协同开发的战略方针，在黄河、长城和太行旅游板块区域明确重点乡村旅游资源，设计三大板块乡村旅游线路，并通过集散体系加以推广。

一、黄河旅游板块协同发展

（一）研究意义和价值

1. 研究意义

2017年9月22日，山西省旅游发展大会上提出打造黄河、长城、太行三大旅游板块的方略，以推动山西文化旅游大发展。本课题将山西乡村旅游与山西黄河板块旅游进行融合研究，在山西黄河旅游开发的大格局下，充分发挥山西黄河地域深厚的乡村文化底蕴和独特的乡村旅游资源优势，推进山西黄河乡村旅游创新发展，以适应山西经济转型升级和国家全域旅游示范省创建需要，形成山西黄河旅游板块的

乡村旅游长效发展机制，贯彻落实乡村振兴的战略部署。

2. 学术价值

学术价值体现在，以可持续发展思想为指导，挖掘黄河旅游板块乡村地域的历史文化、农耕文化和民俗文化内涵，充分展现世界四大流域文明的华夏大河文明，传承中华精神的魂脉。以黄河独特的自然景观和文化内涵价值为依托，将乡村旅游开发与黄河旅游板块开发相结合，充分发挥乡村旅游发展的协同耦合效应，突出乡村特色资源，完善乡村旅游产业链条。

3. 应用价值

结合各市县乡村旅游发展现状与资源配置情况，分析乡村旅游发展的支撑因素和依托资源，因地制宜地确立黄河旅游板块内乡村旅游开发的战略定位，设计各市县乡村旅游线路，加强乡村旅游与黄河旅游的深度融合，推进美丽乡村建设。

（二）研究对象

山西黄河旅游板块的西口文化、红色文化和中国古代文化底蕴深厚，蕴含着黄河古堡遗址、黄河峡谷地貌、吕梁山风光和黄河湿地风光等诸多旅游资源。在山西黄河旅游大开发背景下，应依托其文化旅游资源，开发乡村旅游特色元素、培育乡村旅游产业体系、落实乡村振兴战略部署。

1. 山西黄河板块乡村旅游资源

山西省黄河旅游板块上乡村地域辽阔，自然景观壮美秀丽、乡村聚落丰富多样，蕴含着深厚的农耕文化、民俗文化和历史文化，具有发展乡村旅游的资源条件。研究山西黄河板块乡村旅游资源可确定重要乡村旅游目的地，并为乡村旅游线路设计奠定基础。

2. 山西黄河板块乡村旅游线路

在山西黄河板块乡村旅游资源调查的基础上，设计山西黄河板块乡村旅游线路，借力于旅游集散体的市场导流作用，及山西省黄河旅游板块的协同功效，为山西黄河乡村旅游发展注入持久活力。

（三）山西黄河旅游板块分析

1. 发展战略

（1）总体战略

紧紧把握旅游发展态势，努力满足旅游市场需求，建设黄河板块交通网络大格局，以整合提升建设龙头、重点和特色景区，塑造板块旅游新驱动力为主线，推动旅游供给侧革命，让新项目、新产品和新业态成为黄河板块的亮点和品牌，打造黄河板块文化旅游在国内外的特色和影响力，拓展市场的吸引力，成为"山西特有"和"美丽中国"的名片。

（2）战略重点

以展现"黄河之魂在山西"为战略重点，打造水陆空全面发展的黄河旅游风景廊道，建设充分体现文旅融合、独具创意、具备国内外巨大影响力的爆破性、导引性项目，借此使黄河板块旅游走出山西、推向全国。

（3）发展路径

山西黄河板块旅游的发展路径是：以战略重点项目为引领，以多姿多彩的黄河旅游风景廊道建设为串联，全面完善旅游基础服务和智慧设施建设，推动区域乡村振兴和生态环境改善，加快关键性项目建设，形成板块全域旅游发展的大格局、大趋势、大繁荣的跨越发展态势。

2. 战略措施

（1）构建大廊道

依托山西省黄河一号国家旅游专用公路，沿路布置服务区、驿站、停车区、观景台、自驾车营地、自行车慢享车道等服务设施，将黄河板块内的文化元素融入其中，同时精品化打造黄河沿线景区及通过支线、环线串联的景区，以线串点，形成"珍珠璎珞"式的精品旅游廊道。

（2）开发新业态

结合资源特色，积极开发当今受到游客欢迎、景区能够产生效益的旅游新业态，将低空旅游、地面旅游、水上旅游、冰雪旅游、夜间旅游、农业旅游、工业旅游等新型旅游产品和新业态融入黄河板块，形成全季、全域、全要素、全方位的立体式旅游。

（3）完善全服务

构建完善的"吃、住、行、游、购、娱"旅游服务体系，以"安、顺、诚、特、需、愉"六字要诀为根本要求，全面提升黄河板块的旅游服务设施水平。其中，贯彻智慧旅游理念和提供智慧服务则是重中之重，是旅游服务体系的龙头工作。

（4）拓展大市场

紧跟旅游发展大趋势，根据市场需求开展各类营销活动，让黄河板块的旅游走出山西，面向全国甚至全球进行营销。以黄河板块文化特色为营销主题和名片，参加国内外的各类推介会、展销会，按照国别、地区和专业人群分类营销，以智慧旅游、手机终端、即时服务营销和以名人代言等方式推销黄河板块旅游特色；尽快推出具有山西黄河文化底蕴的专题片，策划推出具有强大影响力的演艺和实景剧。

（5）拟定好政策

在一定程度上，黄河板块的发展依赖于积极的发展政策。当前，国家和山西省各个部门出台了一系列有利于旅游发展的优惠政策，但是，根据黄河板块的区域发展特点及社会经济发展状况，在黄河板块的旅游发展过程中，必须出台能够针对板块发展实际并与国家各类法律法规相协调的配套优惠政策和促进措施。其重点在投融资、市场化、村镇建设、土地、水务、环境治理、省际协作等方面。

3. 规划范围

山西黄河段始于偏关县，止于垣曲县，山西黄河板块划分为主体区和关联区。

（1）主体区

主要涉及山西省黄河沿岸地区的19个县（市），分别为忻州市的偏关、河曲和保德县；吕梁市的兴县、临县、柳林和石楼县；临汾市的永和、大宁、吉县和乡宁县；运城市的河津市和永济市两个县级市，以及万荣、临猗、芮城、平陆、夏县和垣曲县。

（2）关联区

主要为主体区之外的吕梁山区和中条山区，涉及30个县（市），分别为忻州市的静乐县（部分）；吕梁市的离石区、岚县、方山县、交城县、文水县、汾阳市、中阳县、孝义市、交口县；晋中市的平遥县（部分）、介休市（部分）、灵石县（部分）；太原市娄烦县（部分）、古交市、清徐县（部分）、晋源区、尖草坪区、万柏林区；临汾市的隰县、汾西县、蒲县、洪洞县（部分）、尧都区（部分）、襄汾县（部分）、霍州市（部分）；运城市的稷山县、新绛县、闻喜县、盐湖区。

4. 空间布局

（1）总体布局

黄河板块总体分为"西口文化与黄河古堡休闲片区、黄河峡谷与红色文化旅游片区、吕梁山生态康养休闲度假片区、黄河湿地和古中国文化休闲片区"四大功能片区。

a. 西口文化与黄河古堡休闲片区

片区范围：包括忻州市的河曲、保德和偏关三县。旅游形象：黄河黄，边堡耸，西口风情浓。

b. 黄河峡谷与红色文化旅游片区

片区范围：晋陕黄河峡谷与红色文化交汇区，南起河津龙门，北至兴县，包括紧靠黄河边的兴县、临县、柳林、石楼、永和、大宁、吉县和乡宁在内的八个县。旅游形象：瀑布曲峡长流，蕴含中华河魂。

c. 吕梁山生态康养休闲度假片区

片区范围：岚县以南、汾河以西的吕梁山区。旅游形象：山乡林深酒香，浓情康养吕梁。

d. 黄河湿地和古中国文化休闲片区

片区范围：黄河板块河津市、稷山县以南的运城市域。旅游形象：古中国，华夏风，情满晋之南。

（2）主体区布局

a. 一条黄河廊道

即将沿黄1225千米公路建成"山西省黄河一号国家旅游专用公路"，形成板块南北畅通、旅游服务设施齐全、景观优美的国家级风景廊道。

b. 四大旅游核心

即将偏关老牛湾、黄河壶口、碛口古镇和永济华夏经典文化旅游区建成板块的四大旅游集散核心。

c. 四个旅游名县（市）

即河曲、临县、吉县、永济四个县（市）。

d. 六大主题游线

即黄河水上、峡谷自驾、红色经典、黄河文明、西口古道、低空观光等六大主题游线。

e. 八大特色景区

即河曲西口风情旅游区、黄河奇湾、乾坤湾、云丘山、世界大河文明博览园、中条山山地康养运动旅游区、大禹渡—圣天湖—永乐宫—印象风陵、大历山旅游区等八大特色景区。

(3) 关联区布局

a. 两个中心支撑

将吕梁市离石区和运城市盐湖区打造成区域旅游中心。其功能包括旅游集散节点、智慧旅游中心、美食购物特色街区、区域休闲度假、旅游信息咨询、旅游商品生产、旅游人才培养等。

b. 四大景区引领

将关帝山、关帝庙—盐湖景区、汾酒酒文化休闲体验博览园及姑射山仙洞沟景区建成示范性景区，以康养、研学、文化体验和特色旅游商品销售为主产品和业态。

(四) 山西黄河板块乡村旅游资源分析

1. 主体区乡村旅游资源

黄河旅游板块主体区涉及山西省黄河沿岸地区的19个县（市），分别为忻州市的偏关、河曲和保德县；吕梁市的兴县、临县、柳林和石楼县；临汾市的永和、大宁、吉县和乡宁县；运城市的河津市和永济市两个县级市，以及万荣、临猗、芮城、平陆、夏县和垣曲县。

(1) 忻州市黄河板块乡村旅游资源

截至2021年5月，有3个山西省3A级乡村旅游示范村：忻州市偏关县万家寨镇老牛湾村（第一批）、忻州市河曲县楼子营镇柏鹿泉村、忻州市河曲县土沟乡榆岭洼村（第二批）。

(2) 吕梁市黄河板块乡村旅游资源

截至2021年5月，有1个山西省4A级乡村旅游示范村：吕梁市柳林县三交镇三交村（第一批）。

8个山西省3A级乡村旅游示范村：吕梁市柳林县薛村镇军渡村、吕梁市柳林县三交镇三交村（第一批）；吕梁市兴县蔡家崖乡蔡家崖村、吕梁市临县安业乡前青塘村、吕梁市临县林家坪镇南圪垛村、吕梁市柳林县柳林镇于家沟村、吕梁市柳林县留誉镇刘家圪垯村、吕市石楼县罗村镇泊河村（第二批）。

（3）临汾市黄河板块乡村旅游资源

截至2021年5月，有1个全国乡村旅游重点村：临汾市乡宁县关王庙乡坂儿上村（第一批）。

6个山西省3A级乡村旅游示范村：临汾市永和县阁底乡东征村、临汾市乡宁县关王庙乡坂儿上村（第一批）；临汾市永和县阁底乡石家湾村、临汾市永和县阁底乡霍家沟、临汾市吉县屯里镇桑峨村、临汾市乡宁县台头镇嘉和村（第二批）。

（4）运城市黄河板块乡村旅游资源

截至2021年5月，有1个全国乡村旅游重点村：运城市永济市开张镇东开张村（第二批）。

12个山西省3A级乡村旅游示范村：运城市河津市清涧街道办龙门村、运城市永济市蒲州镇西厢村、运城市永济市开张镇东开张村、运城市万荣县高村乡闫景村、运城市万荣县万泉乡北涧村、运城市夏县泗交镇王家河村（第一批）；运城市永济市城西街道水峪口村、运城市万荣县皇甫乡袁家村、运城市平陆县杜马乡东坪头村、运城市垣曲县历山镇同善村、运城市垣曲县新城镇左家湾村、运城市垣曲县历山镇历山村（第二批）。

2. 关联区乡村旅游资源

关联区主要为主体区之外的吕梁山区和中条山区，涉及30个县（市），分别为忻州市的静乐县（部分）；吕梁市的离石区、岚县、方山县、交城县、文水县、汾阳市、中阳县、孝义市、交口县；晋中市的平遥县（部分）、介休市（部分）、灵石县（部分）；太原市娄烦县（部分）、古交市、清徐县（部分）、晋源区、尖草坪区、万柏林区；临汾市的隰县、汾西县、蒲县、洪洞县（部分）、尧都区（部分）、襄汾县（部分）、霍州市（部分）；运城市的稷山县、新绛县、闻喜县、盐湖区。

截至 2021 年 5 月，在上述区域内，有 4 个全国乡村旅游重点村：吕梁市汾阳市贾家庄镇贾家庄村、晋中市平遥县段村镇横坡村（第一批）；晋中市介休市龙凤镇南庄村、太原市娄烦县天池店乡河北村（第二批）。

1 个山西省 4A 级乡村旅游示范村：晋中市平遥县段村镇横坡古村（第一批）。

41 个山西省 3A 级乡村旅游示范村：吕梁市离石区信义镇永红村、吕梁市离石区信义镇任家沟村、吕梁市离石区信义镇归化村、吕梁市汾阳市贾家庄镇贾家庄村、晋中市平遥县段村镇横坡村、晋中市平遥县岳壁乡梁村、晋中市介休市张兰镇张村、晋中市介休市龙凤镇南庄村、太原市娄烦县米峪镇乡下石村、太原市娄烦县天池店乡河北村、太原市娄烦县静游镇峰岭底村、太原市清徐县徐沟镇西怀远村、太原市清徐县孟封镇杨房村、临汾市襄汾县新城镇丁村、运城市稷山县西社镇马跑泉村、运城市闻喜县东镇上镇村（第一批）；忻州市静乐县丰润镇庆鲁村、吕梁市离石区交口街道办高家沟村、吕梁市离石区信义镇王村、吕梁市离石区信义镇严村、吕梁市岚县河口乡王家村、吕梁市方山县北武当镇来堡村、吕梁市方山县圪洞镇前东旺坪村、吕梁市交城县庞泉沟镇苏家湾村、吕梁市中阳县下枣林乡神圪垯村、吕梁市中阳县车鸣峪乡弓阳村、吕梁市孝义市新义街道办贾家庄村、吕梁市孝义市胜溪湖街道办曹溪河七村联片乡村旅游区、吕梁市离石区交口街道办高家沟村、晋中市平遥县朱坑乡六河村、太原市古交市岔口乡关头村、太原市晋源区晋祠镇赤桥村、太原市尖草坪区柏板乡宇文村、临汾市洪洞县兴唐寺乡兴唐寺村、临汾市洪洞县甘亭镇南羊獬村、临汾市洪洞县赵城镇永乐村、临汾市洪洞县曲亭镇上寨村、临汾市尧都区枕头乡枕头村、运城市稷山县太阳乡石佛沟村、运城市盐湖区上王乡牛庄村、运城市盐湖区泓芝驿镇王过村（第二批）。

（五）山西黄河乡村旅游产品设计

山西黄河旅游板块由北向南的功能分区依次体现为西口文化与黄河古堡休闲片区、黄河峡谷与红色文化旅游片区、吕梁山生态康养休闲度假片区、黄河湿地和古中国文化休闲片区，在这些区域蕴涵着丰富的乡村景观和乡村文化，具有开发乡村旅游的资源优势。贯穿南北的黄河旅游公路可将重点旅游乡村串联，增强黄河乡村旅游的可进入性。

1. 山西黄河乡村旅游业态规划

（1）自驾徒步乡村旅游

以山西省黄河一号国家旅游专用公路为轴，串联山西黄河板块内的乡村旅游景区、景点及乡村特色景观，开发中条山穿越探险线路、黄河湿地观光体验线路、黄河峡谷穿越探险线路、红色经典教育体验线路、西口古道商贸体验线路和关帝山穿越康体线路等自驾和徒步穿越为主的乡村旅游线路。

（2）康体养生乡村旅游

充分结合黄河板块的乡村旅游资源，助力打造"夏养山西"康养品牌，开发以黄河峡谷运动康养、关帝山（含庞泉沟、北武当山等）道教文化和森林康养、云丘山中和文化—中医药康养、汾酒酒文化和戎子酒庄葡萄酒体验康养、中条山运动和温泉康养为主题的乡村康养旅游产品。

（3）户外运动乡村旅游

以"拥抱乡村、怡享自然、挑战自我"为主题，充分利用现有乡村旅游资源，打造以黄河漂流、冬季冰雪运动、山西省黄河一号国家旅游专用公路自行车骑行、中条山和关帝山山地越野（骑行）、黄河峡谷低空飞行、中条山攀岩、黄河栈道探险、孟门至龙门水上观光、黄河峡谷马拉松、碛口铁人三项等具有挑战性和刺激性的山西黄河乡村运动旅游产品。

（4）研学体验乡村旅游

在黄河旅游板块的乡村地域，以黄河文化、古中国文化、中原文化、走西口文化、晋商文化、红色文化以及农耕文化为背景，策划大河文明主题研讨和体验、世界青少年汉学夏令营、晋蒙粮油故道和盐运古道研学体验、黄河地质科考研学、红色文化教育以及国学夏令营等活动为主的系列乡村研学旅游产品。

（5）休闲度假乡村旅游

在山西黄河旅游板块内的乡村地域，以黄河湿地、国家森林公园、黄河古堡和古村、黄土原乡等旅游资源为依托，以建设森林生态旅游度假区、历史文化名村度假地、黄河湿地度假区等项目为重点，大力推进休闲度假、康养运动、黄河自然湿地观光等乡村旅游产品。

2. 山西黄河乡村旅游线路设计

综合山西黄河板块主体区与关联区的乡村旅游资源，在忻州市、吕梁市、临汾市和运城市的近黄河区域规划黄河板块的乡村旅游线路。

（1）忻州市黄河板块乡村旅游线路

老牛湾村—老牛湾景区—乾坤湾景区—万家寨风景区—柏鹿泉村—榆岭洼村—王化沟村—芦芽山风景区—宋家沟村—东风水库—宁化村—宁化古城—忻州市静乐县丰润镇庆鲁村—庆鲁沟。

（2）吕梁市黄河板块乡村旅游线路

北线：王家村—蔡家崖纪念馆—黑茶山庄—四八烈士纪念馆—前青塘村—前东旺坪村—北武当山风景区—苏家湾村—庞泉沟自然保护区—来堡村—任家沟村—归化村—永红村—严村—王村—吕梁市—于家沟村—军渡村—碛口国家级风景名胜区—南圪垛村。

南线：吕梁市—高家沟村—神圪垯村—三交村—刘家圪垯村—泊河村—弓阳村—金龙山风景名胜区—贾家庄村—山西孝河湿地公园—

胜溪湖森林公园—胜溪湖。

（3）临汾市黄河板块乡村旅游线路

石家湾村—乾坤湾景区—东征村—红军东征永和纪念馆—霍家沟村—桑峨村—台头村—坂儿上村—云丘山景区—临汾市丁村民俗博物馆—丁村—丁村遗址—枕头村—姑射山—临汾市—南羊獬村—上寨村—永乐村—兴唐寺村—陶唐峪风景区。

（4）运城市黄河板块乡村旅游线路

北线：马跑泉—龙门村—古渡龙门风景区—北涧村—孤峰山景区—阎景村—李家大院—袁家村—王过村—张董村—牛庄村—石佛沟村—上镇村。

南线：鹳雀楼—西厢村—普救寺—水峪口村—神潭大峡谷—东开张村—东坪头村—王家河村—泗交旅游风景区—左家湾村—同善村—历山村—历山风景区。

全国重点旅游村和山西省乡村旅游示范村均可作为乡村旅游元素，纳入山西黄河旅游板块的旅游线路中，毗连地区可以进行区域线路组合和拆分。以乡村振兴为主旨，以凸显黄土原乡文化、农耕文化、渔猎文化为主，通过景区带动、特色乡村（黄土人家和黄河人家）旅游发展的方式，积极开发田园观光和采摘、民宿体验、休闲度假、乡村美食、品尝购物、康体运动、教育研学和民俗文化等多种类型的乡村旅游产品。关于山西黄河旅游板块的乡村旅游市场客流调节，可依托山西黄河旅游板块的集散中心和集散点，开设山西黄河乡村旅游事业部窗口，形成山西黄河乡村旅游集散体系，宣传介绍板块内的乡村旅游资源和乡村旅游线路，为板块内乡村游客提供展示推介服务、集散导流服务、交通接续服务、线上信息服务、线下综合服务、预警救援服务。

二、长城旅游板块协同发展

(一) 研究意义和价值

1. 研究意义

山西省将文化旅游产业确立为山西战略性支柱产业,积极推进黄河、长城、太行三大旅游板块建设,将进一步形成"乐水、尚城、崇山"的旅游品牌体系。十九大报告明确提出了实施乡村振兴战略,而乡村旅游的综合带动效应,可有效促进农村一二三产业融合发展。本课题将山西乡村旅游与山西长城板块旅游进行融合研究,在山西长城旅游开发的大格局下,推进山西长城乡村旅游创新发展,大力发展长城乡村休闲旅游产业,坚持突出特色、注重内涵、协调发展,在山西长城旅游板块的乡村地域,结合乡村田园风光和长城边塞、军事、农牧、贸易等历史文化元素,打造一批国内一流的长城文化旅游村镇,带动当地群众产业致富,推动山西长城区域乡村振兴战略的实施。

2. 学术价值

乡村旅游从最初农家乐的简单形态逐渐向产业形式多元化转变,乡村旅游的活跃区域也从大都市的近郊逐渐向大都市远郊、中小城市郊区以及生态文化资源富集的偏远乡村区域扩展。山西长城旅游板块的区域与乡村地域高度重合,山西长城乡村旅游有了初步发展,但由于区位经济弱势、地理位置偏远、基础设施落后、科学规划滞后、管理服务粗放和有效监管不足等原因,出现了产品质量低下、同质竞争严重、产业协同不足和持续增长乏力等问题,导致需求侧满意度不高、重游率较低,在供给侧反映为千村一面的孤岛效应,以及经营不善、间或经营,甚至关门歇业的现象。本课题的研究将针对上述问题,借助山西长城旅游板块开发契机,着力于山西长城乡村旅游开发的研究。研究的学术价值体现在,在山西长城乡村旅游产品提档升级的基础上,优化乡村旅游客流分配体系,发掘基于板块协同效应的乡村旅游发展的持续动力。本课题的研究虽然立足于山西省长城旅游板块的乡村旅游,但其发展中存在的问题有许多是全省全国共性问题,故本课题的研究结果可为其他地区提供借鉴。

3. 应用价值

十九大报告指出,要实施乡村振兴战略,必须始终把解决好"三农"问题作为全党工作重中之重。要坚持农业农村优先发展,按照产业兴旺、生态宜居、乡风文明、治理有效、生活富裕的总要求,建立健全城乡融合发展体制机制和政策体系,加快推进农业农村现代化。深化农村土地制度改革,完善承包地"三权"分置制度。培育新型农业经营主体,健全农业社会化服务体系,促进农村一二三产业融合发展。又逢山西长城旅游板块建设强势推进,故山西长城乡村旅游开发面临重大历史机遇。本课题研究的应用价值体现在,借力山西长城旅游板块开发的支撑来完善乡村旅游产品布局,深入研究山西长城区域民俗村、特色小镇、田园综合体等多种发展模式的应用,促进休闲农业开发和美丽乡村建设取得长足发展,以乡村旅游为抓手实施乡村振兴战略。本课题研究对于促进山西长城旅游板块的农业供给侧结构性改革,加强农业与旅游深度融合,推进美丽乡村建设,实施旅游富民工程,提升乡村生活品质,具有重要的应用价值。

(二) 研究对象

1. 山西省长城板块乡村旅游

山西长城地域的乡村旅游面临着诸多发展困境。存在的问题可总结归纳为以下六点:第一,基础设施落后。经济区位弱势,基础设施不完善,网络信息化建设不足,辅助旅游供给水平较低。公共服务短缺和交通可进入性差成为突出问题。第二,专业人员匮乏。农民参与积极性较弱，旅游管理人才匮乏，服务人员素质不高，加之乡村旅游人才培训机制不足，成为制约山西长城乡村旅游发展的瓶颈和短板。第三，调控职能缺失。单体规模较小，协同功效不足，产业扩张受限制。各自为政的现象较普遍，资源和资金没有形成有效合力，乡村旅游没有形成完整的产业链条和产业体系。第四，管理水平偏低。缺乏科学规划和管理，零乱无序开发普遍存在。法制观念不强、可持续发展理念缺位，致使生态环境受到破坏。第五，服务功能不足。服务设施不完善，服务意识不到位，缺少便捷化服务和个性化服务，忽略了乡村游客体验需求。环境不整洁、卫生不达标，成为服务质量的突出问题。第六，营销意识淡薄。市场定位模糊，目标市场不明确。产品雷同，同质化严重。缺乏创新设计和深度加工，长城文化内涵的融入与展现不足。精品意识和品牌意识不强，游客满意度不高，重游率较低。明确上述问题，有助于本课题的研究更具有针对性，进一步打造山西长城乡村旅游集群。

2. 山西长城乡村旅游耦合要素

首先是板块联动的耦合。山西长城旅游视域下的乡村旅游开发，应以长城旅游板块开发为依托，推动沿长城地区乡村旅游资源的内涵开发，实现长城旅游资源与周边乡村旅游资源的有机融合，在优化长城旅游产业结构的同时，提高乡村旅游经济收益，促进乡村产业融合，实施乡村振兴战略。其次是特色构建的耦合。山西长城旅游板块上乡村地域辽阔，自然景观壮美秀丽、乡村聚落丰富多样，蕴含着独具特色的边塞文化、军事文化、贸易文化、农牧文化、民俗文化和历史文化，具有发展乡村旅游和休闲农业的资源条件。第三是乡村旅游市场的耦合。在山西省长城旅游板块开发的基础上，对原有市场进行乡村旅游导流，扩大长城板块乡村旅游的市场影响力。

(三) 研究重点和目标

1. 研究重点

第一，山西长城乡村旅游与山西长城板块旅游的空间一致性分析。在综合分析部分，通过分析山西长城乡村旅游现状与山西长城旅游板块布局规划，寻找出两者重叠部分，即山西长城乡村旅游与山西长城旅游板块布局在地域方面的一致性内容。总体来看，山西长城均位于北部，集中在忻州、朔州和大同三市之内，大部分地区位于乡村地域，其自然风光、农耕文化和历史文化交相辉映，蕴含着丰富的旅游资源，具备乡村旅游开发的条件。第二，山西长城乡村旅游产品设计。深入挖掘山西长城区域内乡村聚落的典型旅游资源，加以提炼升华并形成乡村旅游产品和旅游线路。第三，山西长城乡村旅游集散体系设计。运用旅游市场集散理论建立山西长城乡村旅游集散体系，实现乡村旅游市场分流、乡村旅游形象建设、乡村旅游质量监督、乡村旅游产业优化和乡村旅游区域融合功能。

2. 主要目标

本课题的研究目标在于以山西长城旅游板块大发展为契机，发挥长城乡村旅游与长城旅游板块协同功效，促进山西长城乡村旅游的协调发展，推进山西长城乡村旅游集群建设，有效实施山西省乡村振兴战略。

(四) 山西长城旅游板块分析

1. 目标市场

山西长城旅游板块全力开辟省内市场，重点突破周边省份市场，积极拓展京津冀、长三角市场，努力探索境外市场。

（1）核心市场

以省内游客，国内外文化旅游游客为主。

(2) 基础市场

三小时车程内的周边省份短程游客,以及通过高铁带来的京津冀、长三角区域的中长程游客。

(3) 高潜力市场

以港澳台地区、境外地区游客,以及广东省、福建省、云南省、海南省等较远省份为主。

2. 总体定位

(1) 山西世界级文化遗产旅游目的地

山西保留了战国到明朝等各个历史时期的长城遗址,见证了历史上匈奴、鲜卑、党项、沙陀等多个民族逐渐融合的过程,是山西作为民族熔炉的历史象征和文化地标,它既是祖先遗留下来的宝贵遗产,也是华夏文明的载体,是山西厚重文化底蕴的象征。山西长城包括墙体、关堡、敌楼、马面、烽火台、城楼、壕沟、挡马墙等多种建筑遗存,这些建筑遗存许多分布在险峻雄奇的地理环境之中,凝固了军事文化、边贸文化、民俗文化、地域文化等多种历史文化元素,通过深度挖掘山西长城的历史文化内涵,科学保护、维护管理与合理利用,凝练爱国主义、民族融合主题,结合晋中、晋北地区已有的五台山、平遥古城、云冈石窟三处世界级文化遗产,逐步将山西长城打造为世界级文化遗产旅游目的地。

(2) 山西长城生态文化旅游经济带

长城分布区域以山地、贫困地区居多,通过长城旅游带的打造,可推动长城沿线整体经济、社会、文化、生态全方位发展。以长城本体文化及周边地域文化的提炼梳理为线索,构筑长城文化带。结合乡村旅游与乡村振兴建设,促进长城沿线地区经济发展,保护优先、生态为重、适度开发、合理利用、可持续发展,有重点、有步骤、差异化打造以长城为核心的生态文化旅游经济带。

3. 发展策略

（1）保护优先，合理发展

（2）品牌优先，合理定位

（3）文旅融合，多元叠加

（4）区域协同，重点突破

（5）旅游阻贫，乡村振兴

关于区域协同和重点突破，在坚持总体品牌形象的前提下突出地方特色、注重差异规划，推动板块之间、板块内部资源之间的统筹协调发展，打造有机整体，避免同质化恶性竞争。打破长城旅游线型开发的传统观念，从区域和板块角度统筹考虑，共同构建山西世界级文化遗产旅游目的地。在此基础上，重点布局项目节点，实施重点项目引领，组织规划实施一批提升产品品质和服务功能的重点项目；加强旅游交通路网建设，促进城乡、城景相连，构建以长城为核心的山西长城生态文化旅游经济带。

4. 空间布局

通过对现有交通网络进行重新规划组织，带动旅游景区串联为整体；通过完善服务体系等级，提升游客体验。长城板块划分为主体区和关联区（见图6-1 山西长城旅游板块空间范围）。

（1）主次区域划分

其中，主体区涉及3市（地级）30县（县级市、区），是长城主体资源在山西省集中分布的区域；关联区涉及5市14县（县级市、区），是长城主体资源分布地区的延伸区域。

a. 长城旅游板块主体区

图6-1 山西长城旅游板块空间范围
来源：山西省长城板块旅游发展总体规划

包括大同市10区县（平城区、云冈区、云州区、新荣区、天镇县、阳高县、左云县、广灵县、灵丘县、浑源县）；朔州市6区县（朔城区、平鲁区、右玉县、应县、山阴县、怀仁县）；忻州市14区市县（忻府区、原平市、繁峙县、代县、宁武县、神池县、偏关县、河曲县、岢岚县、五台县、五寨县、静乐县、保德县、定襄县）。

b. 长城旅游板块关联区

包括吕梁市（兴县）；阳泉市（郊区、平定县、盂县）；晋中市（左权县、和顺县、昔阳县）；长治市（黎城县、壶关县）；晋城市（泽州县、陵川县、高平市、沁水县）。

（2）主体区空间结构

长城板块总体布局形成"一主一副多点，两轴一带四片"的空间架构（见图6-2 山西长城旅游板块布局结构）。

a. 一主一副多点

选取经济发展突出、交通区位便利、板块文化交融、长城资源丰富的区域，构建多级高效的长城旅游服务中心体系。

一主：长城旅游服务主中心。依托大同市的经济、区位与交通优势，建设长城旅游服务核心基地，结合新荣区得胜堡、方山北魏文化遗址、大同古城、大同火山群等周边丰富的旅游资源和生动文化内涵，成为对接京津冀的桥头堡，辐射带动整个长城旅游片区发展。

一副：长城旅游服务次中心。依托雁门关、新旧广武城的丰富长城遗存，以忻州代县—朔州新旧广武城作为长城板块旅游服务的次中心，服务于内长城沿线及周边区域的旅游片区发展。

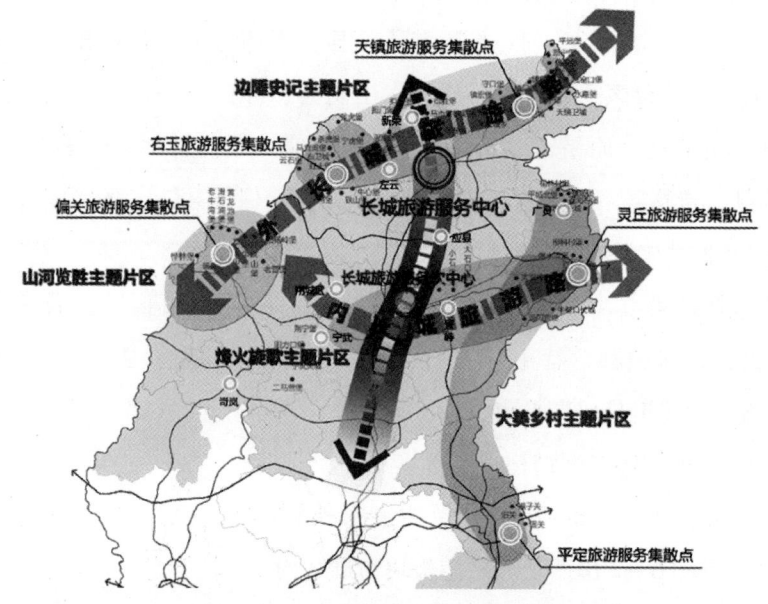

图 6-2 山西长城旅游板块布局结构

来源：山西省长城板块旅游发展总体规划

b. 两轴一带四片

两轴：内外长城路。依托长城旅游公路，沿内外长城展现长城文化脉络，串联沿线主要关、城、寨、堡、台、墩，打造两条长城黄金旅游带。

一带：中部联动带。长城主体区所在的大同市、忻州市、朔州市，旅游资源丰富，包括云冈石窟、五台山、恒山、芦芽山、应县木塔、万年冰洞等景区；依托现状二广高速与大张高铁、大西高铁的快速联系，南北向串联重要交通通道与长城旅游公路，形成客流、交通流、信息流的互联互通，构建长城景点与周边重要景区的联动发展。

四片：四个重要主题片区。依托长城遗存资源，打造边陲史记主题片区（沿外长城布局，保留外长城黄土夯路的景色特质，发展以堡群游览、边贸互市体验、温泉康疗度假、徒步探险为主的旅游主题）；

烽火旋歌主题片区（沿内长城布局，以雄奇险峻长城观览、军事文化、红色文化体验为主的旅游主题）；山河览胜主题片区（选取内长城、外长城、黄河的交会点，打造与北京长城"北京结"对应的"山西结"，突出内外长城交会处的重要性，以偏关为中心，依托丰富的长城景观资源，打造以大地景观、水陆空360度全角度多方式游览体验为主的旅游主题）；大美乡村主题片区（选取长城与太行山的交会段，依托自然景观资源，结合长城地域文化、红色文化与新时代精神体现，与美丽乡村、乡村振兴建设联动发展）。

（3）关联区产品布局

除了主体区的大同市、朔州市、忻州市三市及关联区的阳泉市外，长城还在吕梁市、晋中市、长治市、晋城市有所分布。这些区域长城年代跨度大，作为长城旅游关联功能区，主要承担山西长城全域旅游功能的拓展与辐射，与主体区共同构成山西长城全域旅游的全系统架构。关联区发展重点为阳泉市平定县、晋中市左权县；以娘子关、固关景区等为统领，结合周边旅游资源，与太行山板块交融、联动发展，打造以长城为核心的旅游产品。

(五) 山西长城板块乡村旅游资源分析

1. 主体区乡村旅游资源

（1）大同市长城板块乡村旅游资源

大同有众多深藏在乡野的古村落、古堡、老街巷，还有不少依山傍水的美丽乡村，这都是可以挖掘的乡村旅游资源。

广灵壶泉镇涧西村以保存完好的古民居吸引了众多游人；浑源神溪村的律吕神祠和湿地景观十分独特；灵丘上下北泉村优美的山水景观和碧水环绕的集装箱营地让游客流连忘返，上北泉村今年还增设了铁匠、麻绳匠、剪纸等非遗展区和打树花演出区，下北泉村集装箱营地增设了树屋、水系。还有一些乡村景观也成为人们探秘休闲的好地方，比如灵丘赵北乡安庄村的冰河峡谷，给人一种"铁马冰河入梦来"的感觉，被网友认为是清凉胜地。广灵的长江峪峡谷两侧峰峦叠嶂、峪中溪泉瀑布相得益彰，这都是尚未开发的自然资源，以其原生态和野性美为一些旅游者青睐。灵丘车河有机社区、浑源神溪村等有着恬静的田园风光、优美的生态环境，还有遍布乡野的特色民居，成为市民和周边城市游客的首选。

灵丘县上下北泉村远峰突兀、河水绕村、杨柳拂岸、倒影横斜，入夏可以赏花、看草、听泉、观荷、垂钓、漂流。每年从夏初起，每到周末，在村庄的荷花池畔、集装箱营地等处，村民们身着表演服进行说唱表演和实景演出，整个村庄热闹起来，也让游客参与其中嗨起来。除了实景演出外，村民们的生活场景也呈现在乡村大景区内，演员们拿着道具筐，盛放着花椒、核桃、苦荞等当地的土特产品进行展示，做起家乡特产的代言人。游客不仅能在现场体验石碾碾玉米的有趣过程，还可以订购这些产品，倍感新鲜。

大同市众多乡村有丰富的文旅资源和独特的非遗资源，不少乡村将旅游与民俗融合起来，通过实景演出的形式呈现乡村景观并与游客互动，还将传统美术、传统技艺和传统手工艺品的制作、生产、表演、销售搬进景区，取得了良好效果。浑源县神溪村日前将大型实景演出改编为白天版，在村子里的荷花湖、律吕神祠等景点进行演出，红红火火的文旅项目带火了乡村游。灵丘县红石塄乡龙渠沟社区居民表演的《龙渠沟的老百姓》，融合了迎亲、敬酒、舞龙、秧歌等民俗项目，反映出乡亲们的幸福生活。此外，灵丘车河有机社区也启动了实景表演。这些融合乡村文化的实景剧，是一部部探路乡村振兴、丰富旅游资源、演绎乡风乡俗的文旅融合作品，为乡村旅游锦上添花。

为推进农旅融合产业发展，近年来，大同市大力实施休闲农业和乡村旅游精品工程，深入推进特色旅游乡镇、特色旅游村建设试点，大力发展集观光、游览、采摘、休闲、度假于一体的农旅融合新业态，把发展生态旅游与振兴乡村结合起来，把田园风光、秀美乡村变成聚宝盆，让游客到乡村可观花、赏景、采摘、玩冰雪，而且一年四季皆可游赏。有着黄花小镇美称的云州区，凭借黄花的美名和火山群、土林地貌、昊天禅寺、吕家大院等一大批自然人文旅游资源和土堡、土窑洞、石头垒砌的村庄等遗存吸引着众多游客。春季，在云州区唐家堡村附近的忘忧大道上，道路两旁大片绿油油的黄花长势喜人，沿途人群纷纷赏景拍照。阳高县以温泉、古长城等旅游资源而闻名，近年来大力发展农家生态采摘园、杏果采摘园、无公害蔬果采摘园等，不同的季节可以采摘到不同的果蔬，众多游客来此垂钓漂流，品尝农家美食，深感不虚此行。农旅融合既可以带动农民增收，又可以吸引市民休闲养生。大同市众多乡村走"以农促旅、以旅兴农"的农旅融合发展之路，不仅提高了农旅融合的附加值，也实现了农旅融合产业的多重效益。

截至 2021 年 5 月，大同市有 1 个全国乡村旅游重点村：灵丘县红石塄乡下车河村（第二批）。有 1 个山西省 4A 级乡村旅游示范村：灵丘县红石塄乡下车河村（第一批）。有 16 个山西省 3A 级乡村旅游示范村：灵丘县红石塄乡上北泉村、灵丘县独峪乡花塔村、灵丘县红石塄乡下车河村、新荣区堡子湾乡得胜堡村、云冈区口泉乡杨家窑村、广灵县壶泉镇涧西村、云冈区高山镇高山村、浑源县永安镇神溪村、浑源县南榆林乡北紫峰村（第一批）；云州区西坪镇唐家堡村、云州区西坪镇坊城新村、新荣区郭家窑乡助马堡村、灵丘县武灵镇东福田村、广灵县南村镇白羊村、左云县管家堡乡黑土口村、天镇县逯家湾镇李二口村（第二批）。

（2）朔州市长城板块乡村旅游资源

朔州市着力打造休闲观光和农事体验型特色旅游村，依托各乡村的区位条件、资源特色和市场需求，打造不同类型的乡村旅游产品。朔州市的具体做法：围绕田园生态和农业生产，着力打造休闲观光和农事体验型特色旅游村。如朔城区司马泊村（神海湿地公园）、平鲁区大辛窑村（明海湖景区）、怀仁县鲁沟村（鲁沟生态旅游园区）、应县中曹山村（天喜农业庄园）、右玉县樊家窑村（杏林沟）等。2015年，朔州市纷纷推出住农家院、吃农家饭、赏景、采摘、种植、垂钓等项目，节日期间前来游乐、摄影、绘画、DV创作的游客络绎不绝；围绕历史文化和名人古迹，着力打造现代新村观光型和人文气息型特色旅游村。如朔城区青钟村、吉庄村、山阴县河阳堡村、右玉县杀虎口村等。2015年，青钟村开发了百亩水上乐园、采摘、烧烤、垂钓等农家乐服务平台；吉庄村被评为"山西省休闲农业与乡村旅游示范点"；河阳堡村王家屏纪念园的游客服务中心和魁星楼均已建设完成；杀虎口村建起的仿古民居已成为发展乡村旅游的餐饮商贸集聚区，同时，还完善了停车场、厕所、游客信息咨询中心等设施，越来越多的游客慕名前来；围绕原生态古村落、民俗村堡的文化特色，着力打造古村落观光度假型特色旅游村。如平鲁区凤凰城、山阴县旧广武村、右玉县马营河村。2015年，马营河村完成了古乐楼、五神庙修复，并配套完成上下水、供电、道路硬化、绿化美化等工程，村容村貌发生明显变化，受到了很多自驾游、自行车俱乐部的青睐，吸引了大量游客。

  朔州市联合策划专题栏目，积极开展美丽乡村建设工作。2015年，朔州旅游局联合市农委、市广播电视台，打造了一档大型旅游专题栏目"美丽乡村看朔州"。该栏目计划走访52个村庄，完成52期节目的录制，通过常态拍摄、季节性拍摄、大型航拍等方式，全景展示朔州乡村自然和人文画卷，立体呈现朔州乡村旅游文化坐标。目前，栏目已录制完成25期。在市广播电视台播出的基础上，充分利用网站、移动客户端、微信平台等新媒体进行广泛推广，并同期制作了图书影像资料，多渠道宣传朔州美丽乡村。在全国脱贫之前，朔州市按照省旅游局和省扶贫办安排，积极开展乡村旅游扶贫试点村申报工作。右玉县的樊家窑村、常门铺村、甘泉庄村、马营河村、高墙框村、金牛庄村、麻滩村、牛心堡、破虎堡等9个村，曾经被国家定为乡村旅游扶贫重点村进行扶持，并帮助符合条件的乡村申请省旅游局扶持乡村旅游发展专项资金，组织相关人员参加各类乡村旅游专题培训班，有效提升乡村旅游从业人员及管理人员素质。目前这些贫困村已经全面脱贫，在乡村振兴的进程中，继续开展乡村旅游建设。朔州市积极开展乡村旅游标准化示范点建设工作，按照国家和省级标准要求，借鉴其他省、市乡村旅游示范村评定标准、农家乐旅游服务质量等级评定标准等，朔州市制定了当地的乡村旅游质量标准。精心挑选旅游资源禀赋高、基础条件好、市场需求旺、资金和人才比较有保障、具有一定开发价值的乡村作为试点，联合相关部门，推进乡村旅游试点建设，以点带面发展乡村旅游，并从资金、技术等方面予以扶持，稳步推行标准化建设、标准化服务和标准化管理。

2016年，右玉县打造张千户岭和常门铺村乡村旅游项目，实施特色窑洞工程。应县重点实施总投资70亿元的南山生态旅游区项目。该项目集中在应县小石峪，涉及小石口、山岔、天井、双钱树等11个村庄。除此之外，朔州市还依托朔州生态观光旅游公路，将沿线的乡村旅游景点统一规划，连点成线，打造旅游线路，实现乡村旅游发展的最佳生态效益、经济效益与社会效益。

2019年度，朔州市把加强组织领导作为推动全市农村环境集中整治、建设美丽乡村的重要保证，要求各县区抓紧成立领导组，党政主要负责人深入一线，确保农村环境治理、美丽乡村建设工作取得实效。该市把加大资金投入作为推动工作的重要措施，推动桑干河沿线的5个县区、17个乡镇、70个村率先实现垃圾有效治理、污水有序排放。全市以"四治"，即治乱、治垃圾、治污水、治农业面源污染为重点，开展全面集中整治行动；实现"四无"，即无乱搭乱建乱占、无垃圾杂物乱堆乱放、无污水废水乱排乱放、无农业生产废弃物乱丢乱埋，彻底解决农村脏乱差现象，从根本上改善农村环境面貌。朔州市还把乡村旅游开发与美丽乡村提质结合起来，从绿色生态、历史文化、观光旅游、休闲度假、名人效应、农事体验等方面挖掘开发旅游资源，整体联动推进美丽乡村建设，打造宜居宜游、独具特色的美丽乡村。市农业农村局、市文旅局牵头制定全市乡村精品旅游点"农家乐"、民宿客栈的标准和规范，市县两级政府在政策上给予鼓励，在资金上进行补贴奖励，整合各个乡村旅游精品旅游点的旅游资源。

怀仁市马辛庄乡鲁沟村开展"凝聚新力量、筑梦新时代"助力2020年朔州市美丽乡村旅游季系列活动。鲁沟村是一座在中国北方难得一见的美丽乡村，这里绿树环抱，湖光潋滟，"大美鲁沟村，塞上小江南"的美名，早已在北方地区远近闻名。鲁沟村里，居民住宅整齐明亮，道路宽敞整洁；村子里东西各有一处园子：西边生态园，波光粼粼，垂柳依依，悠然舒心；东边德孝苑，古色古香，拱桥流水曲径通幽，假山瀑布水帘飞溅，各种花卉争奇斗艳。南有龙泉湖，中有银玉湖等景观。鲁沟村被评为AAA级乡村旅游示范村，先后荣获全国文明村镇、山西省最美旅游村、山西省生态村、山西省科普示范基地、山西省法制建设先进单位、山西省文化示范村等众多称号。鲁沟村挖掘本村独有的佛教、民俗、历史文化，与旅游居住相嫁接，营造了"诗酒田园"的环境，打造了全龄、全季利于养心的精神层面的旅游产品，使游客在获得文化体验的同时享受自然生活的健康乐趣，受到广大游客的青睐。鲁沟村美丽乡村建设的先进经验，为建设"乡村美、产业兴、村民富"的新农村贡献了智慧和力量。

截至2021年5月，朔州市有1个全国乡村旅游重点村：怀仁市马辛庄乡鲁沟村（第二批）。11个山西省3A级乡村旅游示范村：朔城区神头镇东神头村、右玉县杀虎口风景名胜区杀虎口村、怀仁市马辛庄乡鲁沟村、山阴县张家庄乡广武村、右玉县杀虎口风景名胜区二十五湾村、右玉县杀虎口风景名胜区马营河村（第一批）；朔城区南榆林乡青钟村、朔城区神头镇西神头村、朔城区小平易乡林家口村、平鲁区凤凰城镇凤凰村、右玉县丁家窑乡云石堡村（第二批）。

(3) 忻州市长城板块乡村旅游资源

忻州市积极推进乡村旅游开发，展示我省"看得见山水、记得住乡愁、留得住乡情"的乡村旅游新形象。

北合索村位于忻州城区西 8 公里处，距二广高速忻州出口仅 8 分钟里程，忻黑线、合奇线环抱，交通便利；陀罗山、国保级寺庙金洞寺、双乳湖等山水寺庙环绕，风景优美。2010 年承担了忻府区西部山区 22 个村 110 户 315 人的移民任务，是忻府区西部移民安置点；2013 年荣获山西省休闲农业与乡村旅游示范点；2015 年被评为中国最美乡村；2016 年被评为山西省四星级休闲农业示范村。北合索村以"健康养生、休闲娱乐"为主题，突出"温泉养生游""运动娱乐游""休闲度假"三大特色，以建立温泉休闲娱乐区、温泉养生体验区、会议商务区、创意文化孵化区、养老公寓区和生态农业观光区七大区块为目标，满足游客的不同需求。如今的忻府区北合索村正高举共同富裕的旗帜，向着以温汤立村、旅游兴村、产业富村，打造宜居温泉特色小镇迈进。

保德县故城村位于山西省忻州市保德县城西 10 公里处，与陕西府谷县城隔黄河相望，宽广的迎宾大道与沧榆高速在这里交会，独特的区位优势带来了蓬勃的发展生机。这里是汉代古城，历史文化名村，黄河入境第一村，全国百家星级旅游村，山西省 AAA 级乡村旅游示范村，是保德县历史建筑景观和乡村生态旅游方面一颗璀璨的明珠。沿旅游公路登上村口的制高点，环顾四周、眺望远方，绵延数十公里的黄土高原地貌尽收眼底，中华民族的母亲河——黄河，千百年来奔流不息地从故城山脚下缓缓流过；黄河岸边的枣林像绿毯一样伸向远方，一眼望不到边际；身后"印象故城"四个字古色古香，引人注目。

吴家庄村在岢岚县南约 20 公里处，通过移民搬迁、产业开发，走出了一条发展现代农业、建设社会主义新农村的好路子。由远而近，一排排别墅式新房敞亮夺目，一条条街道干净整齐，一座座大棚瓜菜喜人。与这充满现代气息的新村落形成鲜明对比的，是村后面半山坡上散落着的一眼眼破败不堪的旧窑洞，讲述着这个小山村的沧桑巨变。

忻府区庄磨镇、原平崞阳镇、五台县灵境乡均蕴含着丰富的乡村旅游资源，历史文化和农耕文化交相辉映。五台县东冶镇永安村，是徐向前元帅的故居。五台县灵境乡灵境村有灵境寺，周边山灵水秀，处处显现着大自然的灵气。河边镇是定襄县历史文化名镇，在这里可游览民国时期任山西省督军、省长及北方国民革命军总司令阎锡山的旧居，感受阎府五盔四盘的特色饮食文化。忻州市定襄县宏道镇，有古迹洪福寺，2000年被国务院公布为国家级重点文物保护单位；此地还有深厚的头盔制作、戏服制作、木雕、石雕、八音会、面塑、剪纸等民间工艺文化。

截至2021年5月，忻州市有2个全国乡村旅游重点村：岢岚县宋家沟乡宋家沟村（第一批）、忻府区合索乡北合索村（第二批）。有1个山西省4A级乡村旅游示范村：岢岚县宋家沟乡宋家沟村（第一批）。有20个全省3A级乡村旅游示范村：岢岚县宋家沟乡宋家沟村、保德县杨家湾镇故城村、宁武县涔山乡王化沟村、忻府区合索乡北合索村、偏关县万家寨镇老牛湾村、繁峙县东山乡伯强村、岢岚县大涧乡吴家庄村、定襄县晋昌镇西河头村、代县枣林镇鹿蹄涧村、岢岚县王家岔乡王家岔村（第一批）；忻府区合索乡黄龙王沟村、原平市楼板寨乡大龙门村、原平市大林乡西神头村、宁武县化北屯乡宁化村、代县上磨坊乡新城村、繁峙县繁城镇赵家庄村、五台县东冶镇永安村、静乐县丰润镇庆鲁村、河曲县楼子营镇柏鹿泉村、河曲县土沟乡榆岭洼村（第二批）。

2. 关联区乡村旅游资源

(1) 吕梁市兴县

兴县处于山西省长城和黄河旅游板块的重叠地区。兴县围绕红色旅游开发，重点打造以晋绥革命纪念馆为核心的晋绥边区首府旅游区和以"四八"烈士纪念馆为核心的黑茶山景区两个4A级景区，完成了北坡晋绥分局旧址修缮布展，实施了对晋绥日报社旧址、西北农民银行旧址、358旅旅部旧址等红色旅游景点的初步打造。该县持续推进乡村旅游建设，依托特有的自然景观、民俗文化和红色文化遗址，逐步打造了"晋丰山庄""黑茶山庄""绿生态休闲谷""蔡家崖红色印象""印象农家"等多个乡村旅游景点和乡村旅游客栈。

(2) 阳泉市3区县

a. 郊区

全国乡村旅游重点村1个：郊区平坦镇桃林沟村（第二批）。

山西省3A级乡村旅游示范村3个：郊区平坦镇桃林沟村（第一批）；郊区旧街乡南沟村、郊区西南舁乡大洼村（第二批）。

b. 平定县

全国乡村旅游重点村1个：平定县娘子关镇娘子关村（第一批）。

山西4A级乡村旅游示范村1个：平定县娘子关镇娘子关村（第一批）。

山西省3A级乡村旅游示范村13个：平定县娘子关镇娘子关村、平定县冠山镇宋家庄村、平定县东回镇七亘村、平定县岔口乡红岩岭村、平定县巨城镇南庄村（第一批）；平定县冠山镇杨家沟村、平定县张庄镇南阳胜村、平定县张庄镇宁艾村、平定县娘子关镇新关村、平定县娘子关镇下董寨村、平定县巨城镇西岭村、平定县巨城镇移穰村、平定县岔口乡甘泉井村（第二批）。

c. 盂县

山西4A级乡村旅游示范村1个：盂县孙家庄镇王炭咀村（第一

批）。

山西省3A级乡村旅游示范村9个：盂县孙家庄镇王炭咀村（第一批）；盂县仙人乡垴上村、盂县孙家庄镇禅房村、盂县梁家寨乡骆驼道村、盂县梁家寨乡御枣口村、盂县梁家寨乡大崔家庄村、盂县梁家寨乡灯花村、盂县梁家寨乡猫铺村、盂县秀水镇泥河村（第二批）。

(3) 晋中市3县

a. 左权县

山西省3A级乡村旅游示范村4个：左权县桐峪镇上武村、左权县麻田镇泽城村（第一批）；左权县石匣乡赵家庄村、左权县麻田镇南会村（第二批）。

b. 和顺县

山西省3A级乡村旅游示范村3个：和顺县松烟镇许村、和顺县平松乡小南会村、和顺县松烟镇南天池村（第二批）。

c. 昔阳县

全国乡村旅游重点村1个：昔阳县大寨镇大寨村（第一批）。

山西省3A级乡村旅游示范村1个：昔阳县大寨镇大寨村（第一批）。

(4) 长治市2县

a. 黎城县

山西省3A级乡村旅游示范村5个：黎城县停河铺乡霞庄村、黎城县黄崖洞镇佛崖底村（第一批）；黎城县洪井乡孔家峧村、黎城县东阳关镇后峧村、黎城县西井镇卜牛村（第二批）。

b. 壶关县

全国乡村旅游重点村1个：壶关县桥上乡大河村（第二批）。

山西4A级乡村旅游示范村1个：壶关县大峡谷镇大河村（第一批）。2020年4月2日，桥上乡更名为大峡谷镇。

山西省3A级乡村旅游示范村4个：壶关县桥上乡大河村、壶关县石坡乡南平头坞村（第一批）；壶关县大峡谷镇桥上村、壶关县集店乡岭东村（第二批）。

（5）晋城市4县市

a. 泽州县

全国乡村旅游重点村1个：金村镇东六庄村（第二批）。

山西省3A级乡村旅游示范村6个：泽州县金村镇东六庄村、泽州县大东沟镇贺坡村（第一批）；泽州县高都镇北街村、泽州县北义城镇西黄石村、泽州县山河镇青龛村、泽州县周村镇石淙头村（第二批）。

b. 陵川县

全国乡村旅游重点村1个：陵川县附城镇丈河村（第二批）。

山西省3A级乡村旅游示范村1个：陵川县附城镇丈河村（第一批）。

c. 高平市

山西省3A级乡村旅游示范村1个：高平市原村乡良户村（第一批）。

d. 沁水县

山西省3A级乡村旅游示范村1个：沁水县土沃乡南阳村（第一批）。

（六）山西长城乡村旅游产品设计

在山西省长城板块旅游发展总体规划13条总体定位中，提及建设山西长城生态文化旅游经济带要结合山西乡村旅游发展，促进乡村振兴战略实施，山西省长城旅游板块的乡村旅游产品设计对于建设宜居、宜业、宜游的新农村格局，实现村美、业兴、民富的乡村建设目标具有重要意义，将进一步推进产业兴旺、生态宜居、乡风文明、治理有效、生活富裕的乡村振兴内涵建设。

1. 山西长城乡村旅游产品分类

（1）长城人家乡村旅游产品

结合乡村振兴战略的实施，在长城沿线重点打造美丽乡村，在节点地区打造特色小镇及历史文化名村镇，用长城旅游带动经济发展。长城人家旅游产品主要集中在长城资源周边的村镇，特别是长城附近历史上的贫困县等，发展长城边塞客栈、农家乐、长城特色民宿、写生摄影基地、农果采摘、特色手工作坊等类型丰富多样的体验活动；美丽乡村建设要紧扣长城人家主题，产品类型突显长城文化，为长城特色浓厚的乡村申报历史文化名村。

（2）节事体验乡村旅游产品

根据长城沿线乡村大量独具特色的地域文化资源，打造深入体验式的乡村节日和文娱活动，传承当地传统文化，带动村镇经济发展。节事体验乡村旅游产品主要涉及文化领域，包括平鲁尉迟恭传说、门神文化、右玉精神、西口文化，此外还有丝路文化、红色文化，以及独具晋北特色的民俗文化、非物质文化遗产等手工艺传承文化。

（3）边贸风情乡村旅游产品

根据古代长城所体现的万里茶路、通商互市等商贸文化，结合历史典故、现存长城遗址及乡村旅游资源，建设具有山西长城特色的边贸风情乡村旅游产品。通过重现古代榷场、互市的繁荣，设立乡村地域的边贸集市，重走古代驼队路线，规划建设马市博物馆，外贸特色小镇等，使游客感受古代长城内外各民族交融繁盛的古代商贸文化。边贸风情旅游产品主要涉及的龙头项目为大同市得胜堡群景区，依托得胜口长城堡群和饮马河湿地森林，联动周边其他古堡群和乡村旅游景点，将散布的"点"串成"线"，延伸旅游路线，丰富边贸风情乡村旅游的内涵。

（4）文化研学乡村旅游产品

在长城旅游板块的乡村地域，组织旅游者研学活动，开展科研考察，感受长城的军事文化、商贸文化、边塞文化以及乡村地域的饮食文化、建筑文化、农耕文化、民俗文化。大同市新荣区谢家场村、下深涧村、西梁村及南郊区云冈镇白庙村共计12000多米的早期长城宜作为专业性考古基地。考古研学旅游产品使游客在考察游览过程中感受长城的内在文化及史诗风貌。在长城研学的基础上，去乡村体验研学课程，去乡村做公益服务，体验乡村文化的丰厚内涵，关注美丽乡村建设。

（5）康养会奖乡村旅游产品

依托山西长城旅游板块乡村地域的聚落、建筑、温泉、山林和田园风光等资源，体验晋北原生态的乡村人文和自然环境，策划康养度假和会议会奖相结合的乡村旅游产品，促进"长城＋林泉康养＋田园风光"的乡村旅游产业发展。康养会奖旅游产品主要包括温泉疗养基地、度假村、森林休闲游、高端论坛、企业培训等休闲体验类旅游产品。开发林泉康养基地包括大同市的大洼、恒山、云西茶坊、镇房、桦林背、白羊峪、黑龙寺；朔州市的黄花梁、冠庄、小盐坊、九连山；忻州市的海子坪、芽儿沟、大盘盈、馒头山、白人岩、大南背；阳泉市的药林寺、莲花掌、木口、狮脑山。在此基础上，将乡村旅游元素融合发展。

2. 山西长城乡村旅游线路设计

（1）山西长城旅游主体区乡村旅游线路

a. 大同市长城乡村旅游线路

在山西长城旅游板块的格局中，明确大同市"古堡山峦的乡土"乡村旅游主题，设计中西线和东南线两条主干线路。中西线：云冈区高山镇高山村—新荣区堡子湾乡得胜堡村—阳高县下深井乡大泉山村—天镇县新平堡。东南线：云州区大同火山群—浑源县永安镇神溪村—广灵县壶泉镇涧西村—灵丘县红石塄乡下车河村。以全国重点旅游村和山西省乡村旅游示范村为主体，在山水明丽的自然风景衬托下，展示丰富的乡村人文特色，为游客提供踏青郊游和乡村旅游的目的地。

b. 朔州市长城乡村旅游线路

明确朔州市"塞上绿洲的田园"乡村旅游主题，着力打造西北线和东北线两条主干线路。西北线：平鲁区下木角乡上木角村—平鲁区双碾乡泉盛庄村—平鲁区阻虎乡迎恩堡村—平鲁区凤凰城镇六百户村—右玉县杀虎口风景名胜区杀虎口村—右玉县杀虎口风景名胜区二十五湾村—右玉县杀虎口风景名胜区马营河村。东北线：山阴县下喇叭乡榆树洼村—应县镇子梁乡镇子梁村—应县大临河乡北楼村—应县大临河乡北楼口村—应县白马石乡界河村—应县白马石乡跑马梁。

c. 忻州市长城乡村旅游线路

在山西长城旅游板块中，忻州市的乡村旅游资源禀赋与总量位居首位。明确忻州市"观山望水的乡愁"乡村旅游主题，以忻州古城为出发点，设计西线和东线两条主干线路。西线：忻州古城—忻府区合索乡北合索村—岢岚县大涧乡吴家庄村—岢岚县王家岔乡王家岔村—岢岚县宋家沟乡宋家沟村—保德县杨家湾镇故城村—偏关县万家寨镇老牛湾村—宁武县潜山乡王化沟村—宁武县化北屯乡宁化村。东线：忻州古城—原平市大林乡西神头村—代县枣林镇鹿蹄涧村—繁峙县东山乡伯强村—五台县驼梁—定襄县晋昌镇西河头村。

（2）山西长城旅游关联区乡村旅游线路

从山西长城旅游板块来看，兴县关联区独立在山西西部，晋城市关联区独立在山西东南部，阳泉市、晋中市和长治市的关联区相连在山西东部。

a. 兴县长城乡村旅游线路

兴县处于长城和黄河旅游板块的重叠处，应紧抓山西省锻造长城和黄河旅游板块的历史机遇，把红色文化与乡村旅游要素融合起来，开发打造特色更鲜明、个性更突出的乡村旅游产品。兴县乡村旅游线路依托境内的沿黄旅游公路，将乡村旅游景点串联。

b. 阳泉市长城乡村旅游线路

长城关联板块阳泉市乡村旅游的主题可明确为"太行长城乡村美"，设计南线和北线。南线：阳泉郊区平坦镇桃林沟村—阳泉城区义井镇小河村—平定县巨城镇移穰村—平定县巨城镇西岭村—平定县娘子关镇娘子关村。北线：郊区咀子上村—盂县孙家庄镇王炭咀村—盂县藏山翠谷—盂县大氽古村。

c. 晋中市长城乡村旅游线路

长城关联板块晋中市乡村旅游的主题可明确为"长城太行人家"，设计由北向南的一条Z字形路线：昔阳县大寨镇大寨村—和顺县平松乡小南会村—和顺县松烟镇南天池村—和顺县松烟镇许村—左权县石匣乡赵家庄村—左权县桐峪镇上武村—左权县麻田镇泽城村—左权县麻田镇麻田村（麻田八路军总部纪念馆）。

d. 长治市长城乡村旅游线路

长城关联板块长治市乡村旅游的主题明确为"上党多彩乡村游"，设计南北两条线路。南线（壶关县境，依托太行大峡谷景区）：壶关县集店乡岭东村—壶关县石坡乡南平头坞村—壶关县大峡谷镇桥上村。北线（黎城县境，依托黄崖洞景区）：黎城县黄崖洞镇佛崖底村—黎城县东崖底镇下赤峪村（黄崖洞景区）—黎城县西井镇卜牛村—黎城县洪井乡孔家峧村—黎城县停河铺乡霞庄村—黎城县东阳关镇后峧村。

e. 晋城市长城乡村旅游线路

长城关联板块晋城市乡村旅游主题确定为"古堡太行乡村游"，设计西线、东线和北线三条主体线路。西线：泽州县大东沟镇贺坡村（或泽州县山河镇青龛村）—泽州周村镇石淙头村—阳城县北留镇郭峪村—阳城县润城镇砥洎城—沁水县土沃乡南阳村。东线：泽州县金村镇东六庄村—陵川县附城镇丈河村—陵川县夺火乡凤凰村（凤凰欢乐谷景区）—锡崖沟村（王莽岭景区）。北线：泽州县高都镇北街村—泽州县北义城镇西黄石村—高平市原村乡良户村—丹朱岭旅游区。

全国重点旅游村和山西省乡村旅游示范村均可作为乡村旅游元素，纳入山西长城旅游板块的旅游线路中，毗连地区可以进行区域线路组合。在山西长城旅游板块大发展的推动下，该区域的乡村旅游将进一步提升品牌影响力，为丰富山西旅游业的内涵奠定基础。

（七）山西长城乡村旅游集散体系

1. 山西长城乡村旅游事业部设置

（1）长城旅游板块集散体系

在山西长城旅游板块总体规划中提及，主要旅游集散中心是长城板块的旅游集散枢纽中心、游客服务中心，以及旅游交通设施调度中心。依托大同市旅游服务核心地位，将主要旅游集散中心安置于大同市。为凸显忻州代县—朔州新旧广武城旅游服务次中心的地位，将次要旅游集散中心安置于忻州代县和新旧广武城。选取天镇县、灵丘县、右玉县、偏关县、平定县5处重要节点作为长城旅游片区重要旅游服务集散点。

（2）乡村旅游事业部集散体系

为促进山西长城旅游板块乡村旅游的发展，可依托山西长城旅游板块的集散中心和集散点，开设山西长城乡村旅游事业部窗口，形成山西长城乡村旅游集散体系，宣传介绍板块内的乡村旅游资源和乡村旅游线路，为板块内乡村旅游业引导客流，激活山西长城旅游板块内乡村旅游市场活力。

2. 山西长城乡村旅游集散功能

（1）乡村旅游市场分流

乡村旅游集散体系通过把分散的游客（包括自驾游客对接）聚集

起来，集约分配到各旅游线路，减少了分散游客独自出游的成本，还能减少自驾车对城市或景区的交通压力，节约停车场用地，有效减少环境污染，节约能源。

(2) 乡村旅游形象建设

游客对目的地的印象往往来源于个人的主观体验。一些直接和顾客接触的环节往往成为其对整个目的地印象的全部内容和合理的依据。乡村旅游集散体系通过周密的规划与设计，为游客提供规范和优质的服务，使得旅游市场有序运行，对于在游客心目中树立目的地的良好印象有至关重要的作用，这也是旅游整合营销的一个重要环节和内容。

(3) 乡村旅游质量监督

规范乡村旅游集散体系的管理和服务，将旅游投诉应对与旅游市场整治紧密结合，督导乡村旅游行业和从业人员的经营行为，保障旅游者的合法权益与旅游安全。积极建设乡村旅游供给方诚信认证体系，对经营者诚信级别进行信用评价并公示，向高级别诚信商家与从业人员发放"诚信护照"。

(4) 乡村旅游产业优化

作为旅游资源整合系统，乡村旅游集散体系的地位会随着其功能的完善不断得到提升。通过游客组织、乡村景点（景区）管理、乡村旅游资源整合的工作创新，特别是通过乡村旅游集散体系的运作，加强与乡村景点（景区）的配合，实现旅游信息的分享，使得乡村旅游行业管理中的不确定性问题、资源利用效率不高的问题得到化解。这必然对乡村旅游资源的优化配置起到促进作用，有利于乡村旅游业健康发展。

(5) 乡村旅游区域整合

乡村旅游集散体系在市场力量驱动下，可以打破山西长城旅游板块内的行政区划，扩大乡村旅游横向合作的范围，把乡村旅游目的地延伸到周边不同地区。不同地区可以通过乡村旅游集散体系作为执行主体开展旅游合作，为区域乡村旅游合作搭建平台，从而有利于促进山西长城旅游板块的乡村旅游资源整合。

3. 山西长城乡村旅游集散服务

（1）交通接续服务

乡村旅游集散体系派出的新能源旅游车（大巴、商务车、轿车），为游客提供绿色旅游交通服务。以免费送车或者送车+司机的形式，直接对接高铁、民航、客运、酒店、旅行社、交通枢纽、乡村旅游景区（景点）服务中心等交通节点的散客或者团队，实现乡村游客的全场景交通接续。

（2）集散导流服务

对于中转团队游客，就地换乘旅游专线新能源大巴后再去往乡村旅游目的地。对于散客，可派用新能源小车，顺利直通各主要乡村旅游景点景区。新能源轿车还可对接私家车游客，减少旅游用车污染物排放。对于外地逗留游客和本地居民，乡村旅游集散体则是"食、住、行、游、娱、购"齐备的休闲目的地。乡村旅游集散体系还是旅游活动的组织者，吸引兴趣相同的游客组团出行，为游客提供专业导游。

（3）线上信息服务

随着信息环境不断改善，旅游者倾向于通过网络智慧旅游平台自助安排旅游行程。乡村旅游集散体系要不断完善OTA旅游平台建设，为游客提供线上综合咨询服务和电子商务交易服务，帮助游客了解乡村旅游产品、制定乡村旅游计划、预订乡村产品，以个性化服务实现旅游散客长尾效应，以针对性服务实现乡村旅游订制的高端市场收益，还需加强移动端智慧乡村旅游平台建设，通过手机的便携性实现自助游客便捷的信息感知与消费决策。

（4）线下综合服务

乡村旅游线下业务与网络业务并举，提供高效优质的O2O对接服务，以业务流程再造实现乡村旅游产业转型升级。对接游客线上预订的内容，帮助游客实施旅游计划，为游客提供旅游消费过程中的全要素服务。增强ICT与线下服务的融合度，以便捷服务提升游客消费体验度。完善线下服务网点，将乡村旅游事业部的集散节点延伸到酒店、景区、交通枢纽、大型商业场所、大型社区以及各大停车场区。

（5）展示推介服务

建设多媒体乡村旅游资源展示平台，重点宣传长城旅游板块的乡村旅游资源和线路。为满足游客个性化需求订制，推介休闲旅游、度假旅游、森林旅游、康养旅游、农业旅游、研学旅游、体育旅游、会奖旅游等乡村旅游项目。定期举办乡村旅游主题活动，搭建乡村旅游景点（景区）旅游宣传主会场，向游客介绍各类乡村旅游线路和旅游目的地，实现山西长城旅游板块内乡村旅游业点面结合的良性发展。

（6）预警救援服务

建设乡村旅游应急指挥体系，建立覆盖主要旅游目的地的实时数据和影像采集系统，建立上下联通、横向贯通的旅游网络数据热线，实现对乡村旅游景点（景区）、旅游集散地、线路和区域突发事件的应急处理及运营预测预警。24小时全天候为游客的紧急求助提供救援服务。

针对山西长城乡村旅游目前存在的产业协同不足和持续增长乏力等问题，将山西长城乡村旅游发展与山西长城板块旅游开发战略相融合，可确立山西长城乡村旅游全景化、全业化、全时化的区域旅游开发理念，有效解决基础设施落后、科学规划滞后、管理服务粗放和有效监管不足等问题，特别是要解决产品质量低下、市场供需脱钩、同质竞争严重的问题，进一步推进山西长城乡村旅游供给侧结构性改革。在此基础上，针对山西长城乡村旅游区位经济弱势、地理位置偏远等问题,以板块联动、特色构建、智慧旅游、多模式发展、品牌塑造等耦合要素,推动山西长城乡村旅游的可持续发展,落实美丽乡村建设和旅游富民工作,全面落实乡村振兴战略。借力于山西长城旅游板块开发的协同效应,可完善全生态、全链条、全体验、全层次的山西长城乡村旅游产业集群构建,要利用山西长城区独特的地形、气候、饮食、医药和文化资源,进一步挖掘乡村旅游发展的动力因素,提高游客满意度和重游率,加快培育山西长城乡村旅游发展新动能。

三、太行旅游板块协同发展

(一)研究意义和价值

1. 研究意义

2017年9月22日,山西省旅游发展大会上提出要打造黄河、长城、太行三大旅游板块,以期加快构建山西文化旅游发展大格局升级版。本课题将山西乡村旅游与山西太行板块旅游进行融合研究,在山西太行旅游开发的大格局下,推进山西太行乡村旅游创新发展,大力发展太行乡村休闲旅游产业,坚持全域统筹、彰显特色、龙头带动、保护优先和改革创新的原则,在山西太行旅游板块的乡村地域,结合乡村田园风光和太行优质旅游资源,打造一批国内一流的太行文化旅游村镇,开发基于乡村旅游产业的全生命周期康养产品,建设一批乡村康养小镇和乡村康养度假区,打造一批国内一流的文化旅游村镇。利用集散综合体进行旅游市场导流,落实乡村振兴战略部署,实现村美、民富、业兴的局面。

2. 学术价值

研究的学术价值体现在,基于山西太行旅游板块开发战略,借力旅游板块开发的支撑来完善乡村旅游产品布局,深入研究山西太行山区域民俗村、特色小镇、田园综合体等多种发展模式的应用，促进休闲农业开发和美丽乡村建设取得长足发展。在山西太行乡村旅游产品提档升级的基础上，优化乡村旅游客流分配体系，发掘基于板块协同效应的乡村旅游发展的持续动力。山西省太行旅游板块乡村旅游发展中存在的问题有许多是全省全国共性问题，故研究结果可为其他地区提供借鉴。

3. 应用价值

2016年12月7日，国务院印发《"十三五"旅游业发展规划》，明确提出要培育跨区域的特色旅游功能区，其中包括太行山生态文化旅游区。2017年9月22日，山西省旅游发展大会上提出要打造黄河、长城、太行三大旅游板块。2017年10月，十九大报告指出，要实施乡村振兴战略，完善承包地"三权"分置制度，健全农业社会化服务体系，促进农村一二三产业融合发展。2020年10月，经国务院同意，国家发展改革委、文化和旅游部联合印发了《太行山旅游业发展规划（2020—2035年）》。该规划由北京市、河北省、山西省、河南省人民政府组织实施；国家发展改革委、文化和旅游部负责对规划实施情况的跟踪分析和督促检查、实施进展情况评估、问题研究。山西省太行旅游板块区域，既是山西省乡村聚落密集的区域，也是历史上山西省连片特困地区集中分布的区域，同时分布有诸多革命老区，红色旅游胜迹众多，与乡村地域高度重合。故山西太行乡村旅游开发面临重大历史机遇。本研究对于促进山西太行山区农业供给侧结构性改革，加强农业与旅游深度融合，推进美丽乡村建设，实施旅游富民工程，提升老区人民生活品质，打造融旅游、居住、养生、医疗、护理为一体的山西太行康养产业集群，努力构建山西太行休闲康养大格局，都具有重要的应用价值。

（二）研究对象

山西太行区域由于长期处于经济弱势地区，故其乡村旅游产业存在基础设施不完善、公共服务短缺和交通可进入性差等问题，本研究针对山西太行旅游板块乡村旅游的具体问题，结合新时期太行山旅游业发展面临的新形势、新机遇和新挑战，提出大力传承弘扬太行精神、开发乡村旅游特色元素、培育乡村旅游产业体系、打造山西太行乡村旅游集群的建设任务，助推山西太行山区乡村振兴。

1. 山西太行板块乡村旅游资源

山西省太行旅游板块上乡村地域辽阔，自然景观壮美秀丽、气候条件适宜康养、乡村聚落丰富多样，蕴含着深厚的农耕文化、民俗文化和历史文化，具有发展乡村旅游、休闲农业和乡村康养的资源条件。研究山西太行板块乡村旅游资源可确定重要乡村旅游目的地，并为乡村旅游线路设计奠定基础。

2. 山西太行板块乡村旅游线路

在山西太行板块乡村旅游资源评价的基础上，设计山西太行板块乡村旅游线路，借力于旅游集散体的市场导流作用，及山西省太行旅游板块的协同功效，为山西太行乡村旅游、休闲农业和康养产业的发展注入持久活力。

（三）山西太行旅游板块分析

1. 总体定位

立足山西太行板块的内部综合基础条件，将山西太行板块打造成为"国际山岳旅游胜地""避暑康养胜地""神话传奇胜地"。

（1）国际山岳旅游胜地

按照"世界眼光、国际标准、中华精粹、山西特色"的要求和原则，围绕太行板块建设具有国际水准的精品景区、特色产品、精品线路、新兴业态、领军企业，深度挖掘山西太行山地区地域特色，整合各类旅游资源要素，不断提升其中国文化精粹承载地、中国山岳文化地标的地位作用，打响"大美太行在山西""大美太行、康养山西"

的品牌宣传口号，将其打造成为"国际山岳旅游胜地"。

（2）避暑康养胜地

紧紧依托山西太行板块在清凉气候、青山绿水、传统医药、有机食品、历史文化等方面的独特优势，深度挖掘太行板块的避暑度假旅游资源，加快开发避暑度假旅游产品，鼓励支持在陵川、平顺、黎城、左权、盂县、和顺、五台等地打造一批避暑度假基地，规划建设融旅游、居住、养生、医疗、护理为一体的康养产业集群，重点发展乡村康养、森林康养、温泉康养、中医药康养和康养地产等新业态，加快建设一批康养旅游城市、一批康养小镇、一批康养产业园、一批康养度假区，从而使山西太行板块成为养心、养眼、养生、养志、养趣的康体养生胜地。

（3）神话传奇胜地

充分利用"精卫填海""女娲补天""羿射九日""神农尝百草""愚公移山"等神话故事起源于太行山，且在上党地区极为流行的优势，加快融入AR、VR等现代科技手段，加强文化创意产品设计，创造独特观光体验，打造神话探秘、奇幻山水旅游产品。同时，以上党神话为主题，创意打造一台具有标志性的演艺活动，培育山西太行板块旅游产品新亮点，将太行板块打造成为新产品新业态最集聚、最好玩、穿越感体验性最强的旅游目的地，最终将其打造成为不朽的"神话传奇胜地"。

2. 发展目标

以创新、协调、绿色、开放、共享发展理念为引领，以创建全域旅游目的地为目标，按做好顶层设计、明确实施主体、突破重点项目、完善基础设施、彰显品牌营销、抓好实施保障，将太行旅游板块建设成为基础设施功能完善、公共服务水平优质、标杆性龙头景区带动效应明显、旅游产品供给丰富、旅游市场文明规范、业态发展多元，在国内外知名度和美誉度高、品牌影响力大的旅游品牌集群。

3. 板块特点

全国太行山主体在山西，山西因居太行山以西而得名，大美太行在山西，集山水、历史、红色、康养、乡村等旅游资源于一体。山西省太行山板块山水风光雄奇秀丽、历史文化厚重、民俗风情浓郁，又是抗战圣地。山西省太行山板块是雄奇太行，名山荟萃；是秀丽太行，遍布自然风光；是古韵太行，遗迹汇聚；是红色太行，遍布革命旧址、红色遗存；是清凉太行，气候宜人；是康养太行，避暑、温泉、康养旅游资源汇聚。

山西省太行板块旅游资源丰度大、密度高、整体性强、组合度好，全域旅游资源价值巨大。旅游资源品位高，拥有五台山、平遥古城两处世界文化遗产，五台山景区、皇城相府景区、雁门关景区等国家5A级旅游景区，具有垄断性和国际性。旅游资源特色鲜明，中国显性文化遗产高度集中。旅游资源呈现全域分布，各区域均有特色旅游资源。客源市场巨大，区域优势突出，华北地区、长江三角洲地区都是客源市场。旅游产业经济发展迅猛，成为新三板中重要的一大发展极核。景区分布密度大，资源价值品位高，景区开发已形成一定的产业支撑。旅游交通建设不断完善，旅游配套服务要素初见雏形，自然文化遗产保护较好，具备巨大发展潜力。

山西省太行板块是旅游资源富集区，自然旅游资源、红色旅游资源、历史文化旅游资源与民俗非遗旅游资源等多种旅游资源在此富集；是扶贫攻坚区，旅游扶贫实现太行山集中连片特困地区发展；是抗战圣地、革命区，拥有武乡八路军太行纪念馆、麻田八路军总部旧址、黄崖洞八路军兵工厂、百团大战砖壁指挥部旧址等诸多革命纪念地和红色遗存，太行山红色旅游区被列为全国十二个重点红色旅游区之一；是文化遗产、传统村落和民俗文化聚集区，拥有五台山与平遥古城两处世界文化遗产，国家历史文化名城7处，国家历史文化名镇6处，国家历史文化名村16处，88处国家非物质文化遗产；是生态屏障和美丽山西标志区，拥有5处国家地质公园、14处国家水利风景区、16处国家森林公园，具有特殊自然环境造就的天成之美，鬼斧神工，遍布众多自然风光；是名山汇聚区，依托太行山脉，多为山地，中国佛教名山五台山、北岳恒山、中镇霍山和历山等天下名山荟萃于太行之巅。

4. 规划范围

山西省文化和旅游厅于2021年1月进一步明确了太行旅游板块规划范围，涉及山西6市（大同、忻州、阳泉、晋中、长治、晋城）36个县（市、区）。

大同市：浑源县、广灵县、灵丘县、云州区。

忻州市：五台县、定襄县、五台山风景名胜区、繁峙县、忻府区、静乐县、宁武县。

阳泉市：盂县、平定县、阳泉城区、矿区、郊区。

晋中市：昔阳县、和顺县、榆社县、左权县、寿阳县。

长治市：武乡县、沁县、襄垣县、黎城县、平顺县、壶关县、长子县、潞城区、屯留区、上党区。

晋城市：沁水县、阳城县、陵川县、高平市、城区

5. 空间布局

着力构建"一个廊道、三个片区、九个龙头景区、十一个旅游名县、五个旅游名城、百个特色旅游点（基地）"的山西太行板块全域旅游发展大格局。

（1）一个廊道

以纵贯南北的"山西省太行一号旅游公路"为连接和现有各类交通网络为支撑，形成一条连接沿线景区景点、旅游重点县、旅游城镇和重点旅游乡村的旅游风景道，打造形成沿太行山南北贯通的集旅游交通廊、文化景观廊、旅游经济发展廊和旅游体验廊于一体的国家级示范走廊。

(2) 三个片区

将规划区按照太行自然山水划分为三大片区。分别为以晋城、长治为主的南太行片区，以阳泉、晋中为主的中太行片区，以忻州和大同部分县区为主的北太行片区。其中南太行片区与中太行片区以浊漳河为界，北太行片区与中太行片区以滹沱河为界。

a. 南太行突破

发挥南太行山水风光雄奇秀丽、古堡古村落独特罕见、生态环境优越、避暑康养优势突出、太行山品牌形象突出等优势，与河南、河北等相邻区域联动整合打造南太行山水旅游目的地，打造山水旅游新胜地，实现率先突破发展。

b. 中太行崛起

以生态康养为核心，以红色研学为特色，重点发展乡村康养、森林康养和康养地产等新业态，集中力量打造康养旅游品牌，打造抗战圣地品牌，重点建设红色文化资源集中连片保护区，对重点旅游线路进行资源整合，依托晋察冀、晋冀鲁豫、晋绥、太行和太岳抗日根据地等红色文化符号，打造红色旅游精品。

c. 北太行突破

依托五台山、恒山等重量级旅游景区，发挥宗教文化、自然风光、清凉气候等优势，拓展辐射周边，形成涵盖五台、繁峙、代县、定襄的大五台山旅游圈，构建集宗教文化、观光游览、休闲度假、温泉养生为一体的复合型旅游目的地。

三个片区将形成三个旅游圈，即北太行旅游圈、中太行旅游圈、南太行旅游圈，以区域旅游合作促进太行板块旅游大发展，并形成三个合作圈，即北太行旅游圈与长城文化旅游协同形成太行—长城文化旅游合作圈，中太行旅游圈与晋商文化旅游协同形成太行—晋商文化旅游合作圈，南太行旅游圈与黄河文化、汾河根祖文化旅游形成太行—黄河文化、汾河根祖文化旅游圈。

（3）九个龙头景区

山西太行山地区的板块崛起，需要龙头景区的带动。依托太行山主体区主要旅游景区景点，筛选打造九大龙头景区：沁河古堡群、太行山大峡谷群、大王莽岭、中太行山旅游景区（黄崖洞）、左权百里画廊、娘子关、五台山、恒山、昔阳大寨旅游区，形成以沁河古堡群—大王莽岭—太行山大峡谷群为核心的旅游集群，形成以中太行山旅游景区（黄崖洞）—左权百里画廊为核心的旅游集群，形成以娘子关—大寨及其周边为核心的旅游集群，形成以五台山和恒山为核心的旅游集群，以力争在规划期内全部打造成为国家5A级景区或国家级旅游度假区，辐射与带动周边区域其他景区景点的发展。

（4）十一个特色旅游名县

将五台、左权、昔阳、盂县、黎城、平顺、壶关、陵川、浑源、阳城、武乡等旅游资源分布密集，特色优势明显，发展条件良好的县，规划建设为山西太行特色旅游名县。用全域旅游的理念布局产业要素，发挥旅游生产要素对整体产业布局的导向作用，加大旅游产业体系建设，做好以旅游产业为龙头的县域发展规划。在财政、投资、土地、金融等方面对旅游开发、经营予以重点倾斜，推动旅游业与其他关联产业融合，实现旅游业与区域经济和社会事业的全面协调发展，使旅游业实现从点、线到面的飞跃。

（5）五个旅游名城

将晋城、长治、阳泉、忻州和晋中等打造为山西太行五大旅游名城，完善城市旅游服务中心、凸显城市旅游特色、建成服务支撑太行板块旅游发展的中心城市。

（6）百个精品旅游景区

在山西太行板块内遴选和重点打造百个精品旅游景区，按照国家5A级景区、国家4A级景区、国家级旅游度假区、省级旅游度假区标准，规划建设百个不同的精品旅游景区，构建起山西太行板块精品旅游产品体系骨架。

（四）山西太行板块乡村旅游资源分析

1. 大同市太行乡村旅游资源

太行旅游板块涉及大同市的浑源县、广灵县、灵丘县、云州区。

截至2021年5月，在上述区域内，有1个全国乡村旅游重点村：灵丘县红石塄乡下车河村（第二批）。

1个山西省4A级乡村旅游示范村：灵丘县红石塄乡下车河村（第一批）。

10个山西省3A级乡村旅游示范村：灵丘县红石塄乡上北泉村、灵丘县独峪乡花塔村、灵丘县红石塄乡下车河村、广灵县壶泉镇涧西村、浑源县永安镇神溪村、浑源县南榆林乡北紫峰村（第一批）；云州区西坪镇唐家堡村、云州区西坪镇坊城新村、灵丘县武灵镇东福田村、广灵县南村镇白羊村（第二批）。

2. 忻州市太行乡村旅游资源

太行旅游板块涉及忻州市的五台县、定襄县、五台山风景名胜区、繁峙县、忻府区、静乐县、宁武县。

截至2021年5月，在上述区域内，有1个全国乡村旅游重点村：忻府区合索乡北合索村（第二批）。

9个山西省3A级乡村旅游示范村：宁武县涔山乡王化沟村、忻府区合索乡北合索村、繁峙县东山乡伯强村、定襄县晋昌镇西河头村（第一批）；忻府区合索乡黄龙王沟村、宁武县化北屯乡宁化村、繁峙县繁城镇赵家庄村、五台县东冶镇永安村、静乐县丰润镇庆鲁村（第二批）。

3. 阳泉市太行乡村旅游资源

太行旅游板块涉及阳泉市的盂县、平定县、阳泉城区、矿区、郊区。

截至 2021 年 5 月，在上述区域内，有 3 个全国乡村旅游重点村：平定县娘子关镇娘子关村（第一批）；城区义井镇小河村、郊区平坦镇桃林沟村（第二批）。

3 个山西 4A 级乡村旅游示范村：平定县娘子关镇娘子关村、城区义井镇小河村、山西盂县孙家庄镇王炭咀村（第一批）。

27 个山西省 3A 级乡村旅游示范村：平定县娘子关镇娘子关村、城区义井镇小河村、盂县孙家庄镇王炭咀村、平定县冠山镇宋家庄村、郊区平坦镇桃林沟村、平定县东回镇七亘村、平定县岔口乡红岩岭村、郊区西南舁乡咀子上村、平定县巨城镇南庄村（第一批）；盂县仙人乡垴上村、盂县孙家庄镇禅房村、盂县梁家寨乡骆驼道村、盂县梁家寨乡御枣口村、盂县梁家寨乡大崔家庄村、盂县梁家寨乡灯花村、盂县梁家寨乡猫铺村、盂县秀水镇泥河村、平定县冠山镇杨家沟村、平定县张庄镇南阳胜村、平定县张庄镇宁艾村、平定县娘子关镇新关村、平定县娘子关镇下董寨村、平定县巨城镇西岭村、平定县巨城镇移穰村、平定县岔口乡甘泉井村、阳泉市郊区旧街乡南沟村、阳泉市郊区西南舁乡大洼村（第二批）。

4. 晋中市太行乡村旅游资源

太行旅游板块涉及晋中的昔阳县、和顺县、榆社县、左权县、寿阳县。

截至 2021 年 5 月，在上述区域内，有 1 个全国乡村旅游重点村：昔阳县大寨镇大寨村（第一批）。

1 个山西 4A 级乡村旅游示范村：昔阳县大寨镇大寨村（第一批）。

11 个山西省 3A 级乡村旅游示范村：寿阳县宗艾镇下洲村、昔阳县大寨镇大寨村、榆社县河峪乡偏良村、左权县桐峪镇上武村、左权县麻田镇泽城村（第一批）；寿阳县平头镇黑水村、左权县石匣乡赵家庄村、左权县麻田镇南会村、和顺县松烟镇许村、和顺县平松乡小南会村、和顺县松烟镇南天池村（第二批）。

5. 长治市太行乡村旅游资源

太行旅游板块涉及长治市的武乡县、沁县、襄垣县、黎城县、平顺县、壶关县、长子县、潞城区、屯留区、上党区。

截至 2021 年 5 月，在上述区域内，有 2 个全国乡村旅游重点村：武乡县蟠龙镇砖壁村、壶关县桥上乡大河村（第二批）。2020 年 4 月 2 日，桥上乡更名为大峡谷镇。

2 个山西 4A 级乡村旅游示范村：上党区振兴新区振兴村、壶关县大峡谷镇大河村（第一批）。

30 个山西省 3A 级乡村旅游示范村：上党区振兴村、壶关县桥上乡大河村、平顺县石城镇岳家寨村、武乡县蟠龙镇砖壁村、屯留区丰宜镇石泉村、平顺县西沟乡西沟村、壶关县石坡乡南平头坞村、武乡县大有乡李峪村、黎城县停河铺乡霞庄村、黎城县黄崖洞镇佛崖底村、平顺县阳高乡车当村（第一批）；上党区南宋乡东掌村、上党区贾掌镇西岭村、上党区西火镇十泉岭村、潞城区辛安泉镇南流村、平顺县石城镇白杨坡村、平顺县阳高乡东坪村、平顺县虹梯关乡虹霓村、平顺县中五井乡西赛村、平顺县石城镇王家庄村、壶关县大峡谷镇桥上村、壶关县集店乡岭东村、襄垣县古韩镇小垴村、襄垣县下良镇强计村、黎城县洪井乡孔家峧村、黎城县东阳关镇后峧村、黎城县西井镇卜牛村、武乡县大有乡枣烟村、武乡县洪水镇左会村、沁县牛寺乡走马岭村（第二批）。

6. 晋城市太行乡村旅游资源

太行旅游板块涉及晋城市的沁水县、阳城县、陵川县、高平市、城区。

截至 2021 年 5 月，在上述区域内，有 3 个全国乡村旅游重点村：城区北石店镇司徒村（第一批）；陵川县附城镇丈河村、城区钟家庄街道办事处洞头村、阳城县润城镇中庄村（第二批）。

1个山西4A级乡村旅游示范村：城区钟家庄洞头村（第一批）。

13个山西省3A级乡村旅游示范村：晋城市城区北石店镇司徒村、阳城县润城镇中庄村、城区西上庄街道办事处牛山村、高平市原村乡良户村、陵川县附城镇丈河村、沁水县土沃乡南阳村、阳城县蟒河镇邢西村、城区钟家庄街道办事处洞头村（第一批）；阳城县润城镇上庄村、阳城县北留镇皇城村、沁水县嘉峰镇窦庄村、沁水县土沃乡杏则村、阳城县东冶镇独泉村（第二批）。

（五）山西太行乡村旅游产品设计

在山西省太行板块旅游发展总体规划第6条区情特点分析中，指出山西大美太行的旅游资源有五个重要元素：山水、历史、红色、康养、乡村，乡村旅游在太行旅游板块中占有重要地位。第9条面临的发展机遇中，指出山西太行山区曾经是历史上中国连片特困地区，是乡村振兴的主战场，战略发展优势明显。第4条规划思想与原则中，提出打造山西太行旅游板块要助力太行山区乡村振兴事业。山西省太行旅游板块的乡村旅游产品设计对于太行地域美丽乡村建设具有重要意义。

1. 山西太行乡村旅游开发策略

（1）开发乡村康养旅游产品

依托山西太行山夏季清凉、青山绿水、饮食多样、医养资源丰富等优势，大力发展乡村休闲度假产品和乡村康养旅游产品。加快提升完善太行乡村的休闲度假服务功能，积极申报国家级和省级乡村旅游度假区，加快规划一批乡村旅游休闲度假综合体。鼓励支持在陵川、平顺、黎城、左权、盂县、和顺、五台等地打造一批避暑度假基地，发展融旅游、居住、康养、医疗、护理为一体的乡村旅游产业集群，重点发展乡村森林康养、乡村温泉康养、中医药康养和康养地产等新业态，加快建设一批乡村康养小镇、乡村康养产业园、乡村康养度假区，成为养心、养眼、养生、养志、养趣的乡村康体养生胜地，以乡村康养产业拉动旅游全产业链发展。

(2) 建设乡村山岳旅游村镇

地处大山大川或中高山区的山岳型乡村旅游村镇目前已成为度假、休闲、康体治疗等重要的旅游空间。山西太行山区地质地貌的旅游景观丰富多样，多分布在乡村区域，故发展山岳型乡村旅游具有得天独厚的优势。利用丰富的山岳自然景观资源，可以打造良好的乡村景观环境，促进乡村生活环境体系进一步完善，推进以旅游业为抓手的三产融合发展，故山岳型旅游村镇具有广阔的发展前景。建设乡村山岳旅游胜地，可依托山西太行旅游板块具有国际水准的精品景区、特色产品、精品线路和新兴业态，深度挖掘山西太行山地区乡村地域特色，整合各类乡村旅游资源要素，建设山岳型旅游村镇，不断提升其中国文化精粹承载地、中国山岳文化地标的美誉度，实现山岳型旅游村镇与自然的和谐发展。

(3) 打造文化传承精神高地

"精卫填海""女娲补天""羿射九日""神农尝百草""愚公移山"等神话故事起源于山西太行山地域，且在上党地区极为流行。加快融入AR、VR等现代科技手段，加强文化创意产品设计，创造独特观光体验，打造神话探秘、奇幻山水旅游产品。以神话传奇为主题，创意打造具有标志性的演艺活动，培育山西太行板块旅游产品新亮点，将太行板块打造成为新产品新业态集聚且穿越感体验性较强的旅游目的地。山西太行山地域文化内涵丰富，通过加快实施文化遗产保护重点工程、文化遗产开发利用工程、"乡村文化记忆工程"、非物质文化遗产保护工程、戏曲传承振兴工程、文化产业基地建设工程、文旅融合发展工程、红色旅游发展工程等文化保护传承创新工程，打造精神文明高地新载体。

（4）完善乡村旅游空间布局

以纵贯山西太行地域南北的"山西省太行一号旅游公路"连接的各类交通网络为支撑，形成一条连接沿线乡村景区景点和重点旅游乡村的旅游风景道，打造形成沿太行山南北贯通的集农耕文化、民俗文化和历史文化交相辉映的乡村旅游产业集群走廊。在山西北太行乡村地区，依托五台山、恒山等重量级旅游景区，发挥宗教文化、自然风光、清凉气候等优势，拓展辐射周边，形成涵盖五台、繁峙、定襄的大五台山乡村旅游圈，构建集观光游览、休闲度假、温泉养生为一体的复合型乡村旅游目的地。在山西中太行乡村地区，以生态康养为核心，以红色研学为特色，重点发展度假康养、森林康养、康养地产和红色旅游项目，集中力量打造乡村康养旅游和抗战圣地品牌，依托晋察冀、晋冀鲁豫、晋绥、太行和太岳抗日根据地等红色文化符号，打造乡村地区的红色旅游精品。在山西南太行乡村地区，发挥南太行山水风光雄奇秀丽、古堡古村落独特罕见、生态环境优越、避暑康养优势突出、太行山品牌形象突出等优势，与河南、河北等相邻区域联动整合打造南太行乡村地区山水旅游胜地。

2. 山西太行乡村旅游线路设计

（1）大同市太行板块乡村旅游线路

大同市在山西太行旅游板块中处于北太行，涉及大同市的浑源县、广灵县、灵丘县、云州区，其乡村旅游资源主要分布在大同市东南部，具体线路由西北向东南，可设计为：云州区西坪镇唐家堡村—云州区西坪镇坊城新村—云州区大同火山群—浑源县南榆林乡北紫峰村—浑源县永安镇神溪村—广灵县南村镇白羊村—广灵县壶泉镇涧西村—北岳恒山—灵丘县武灵镇东福田村—灵丘县红石塄乡下车河村—灵丘县红石塄乡上北泉村。以全国重点旅游村和山西省乡村旅游示范村为主体，以大同古城、大同火山群和北岳恒山为依托，进行线路组合。

（2）忻州市太行板块乡村旅游线路

忻州市在山西太行旅游板块中处于北太行，涉及忻州市的五台县、定襄县、五台山风景名胜区、繁峙县、忻府区、静乐县、宁武县，其乡村旅游资源主要分布在忻州古城两翼及北部，具体线路以忻州古城为中心由西向东再向北，可设计为：宁武县涔山乡王化沟村—宁武县化北屯乡宁化村—静乐县丰润镇庆鲁村—忻府区合索乡黄龙王沟村—忻府区合索乡北合索村—忻州古城—定襄县晋昌镇西河头村—五台县东冶镇永安村—五台山风景名胜区—繁峙县东山乡伯强村—繁峙县繁城镇赵家庄村—雁门关景区。以全国重点旅游村和山西省乡村旅游示范村为主体，以忻州古城、五台山风景名胜区和雁门关景区为依托，进行线路组合。以上大同市和忻州市的太行乡村旅游线路处于北太行段。

（3）阳泉市太行板块乡村旅游线路

阳泉市在山西太行旅游板块中处于中太行，其太行乡村旅游资源蕴藏量是地级市中较为丰富的，涉及阳泉市的盂县、平定县、阳泉城区、矿区、郊区，拥有3个全国乡村旅游重点村，3个山西4A级乡村旅游示范村，27个山西省3A级乡村旅游示范村。阳泉市太行乡村旅游线路可设计为南线、中线和北线。以全国重点旅游村和山西省乡村旅游示范村为主体，以藏山旅游风景区、大汖古村落、红岩岭自然风景区和娘子关景区为依托，进行线路组合。

北线：郊区咀子上村—盂县孙家庄镇王炭咀村—盂县孙家庄镇禅房村—盂县藏山旅游风景区—盂县大汖古村。

中线：平定县巨城镇南庄村（地道战遗址）—阳泉市郊区西南舁乡大洼村—平定县岔口乡甘泉井村—平定县岔口乡红岩岭村（红岩岭自然风景区）—盂县仙人乡埚上村。

南线：阳泉郊区平坦镇桃林沟村—阳泉城区义井镇小河村—平定县巨城镇移穰村—平定县巨城镇西岭村—平定县娘子关镇下董寨村—

平定县娘子关镇娘子关村（娘子关景区）。

(4) 晋中市太行板块乡村旅游线路

晋中市在山西太行旅游板块中处于中太行，涉及晋中的昔阳县、和顺县、榆社县、左权县、寿阳县，其太行乡村旅游资源主要分布在晋中市东部，可设计一条由北向南的线路：昔阳县大寨镇大寨村—和顺县平松乡小南会村—和顺县松烟镇南天池村—和顺县松烟镇许村—左权县石匣乡赵家庄村—龙泉国家森林公园—莲花岩景区—左权县桐峪镇上武村—左权县麻田镇泽城村—左权县麻田镇南会村—左权县麻田镇麻田村（麻田八路军总部纪念馆）。以全国重点旅游村和山西省乡村旅游示范村为主体，以大寨村、龙泉国家森林公园、麻田八路军总部纪念馆和左权百里画廊为依托，进行线路组合。

(5) 长治市太行板块乡村旅游线路

长治市在山西太行旅游板块中处于南太行，其太行乡村旅游资源蕴藏量是地级市中较为丰富的，涉及长治市的武乡县、沁县、襄垣县、黎城县、平顺县、壶关县、长子县、潞城区、屯留县、上党区，拥有2个全国乡村旅游重点村，2个山西4A级乡村旅游示范村，30个山西3A级乡村旅游示范村。长治市太行乡村旅游线路可设计为北线、中线和南线三条线路，以全国重点旅游村和山西省乡村旅游示范村为主体，以红色文化资源和太行山水景观为依托，进行线路组合。

北线：武乡县大有乡枣烟村—武乡县大有乡李峪村—武乡县韩北乡王家峪村（八路军总部旧址纪念馆）—武乡县蟠龙镇砖壁村（朱德、邓小平、刘伯承旧居）—武乡县洪水镇左会村—黎城县西井镇卜牛村—黄崖洞风景区—黎城县黄崖洞镇佛崖底村—黎城县洪井乡孔家峧村—黎城县停河铺乡霞庄村—黎城县东阳关镇后峧村。

中线：潞城区辛安泉镇南流村—平顺县中五井乡西赛村—太行水乡—平顺县阳高乡车当村—平顺县石城镇王家庄村—平顺县石城镇白杨坡村—平顺县石城镇岳家寨村—平顺县阳高乡东坪村—平顺县虹梯

关乡虹霓村—天脊山风景区—太行大峡谷景区—平顺县西沟乡西沟村—壶关县集店乡岭东村—上党区贾掌镇西岭村。中线线路为环状。

南线：上党区南宋乡东掌村—上党区振兴新区振兴村—上党区西火镇十泉岭村—壶关县石坡乡南平头坞村—太行峡谷国家森林公园—红豆峡—壶关县大峡谷镇桥上村—太行八泉峡景区—壶关县大峡谷镇大河村。

(6) 晋城市太行板块乡村旅游线路

晋城市在山西太行旅游板块中处于南太行，其乡村旅游资源涉及晋城市的沁水县、阳城县、陵川县、高平市、城区。其旅游线路可设计为东线、西北线和西南线，以全国重点旅游村和山西省乡村旅游示范村为主体，以古堡旅游资源和太行山水景观为依托，进行线路组合。

东线：陵川县附城镇丈河村—陵川县夺火乡凤凰村（凤凰欢乐谷景区）—锡崖沟村（王莽岭景区）。

西北线：城区北石店镇司徒村—城区西上庄办事处牛山村—沁水县湘峪村（湘峪古堡）—沁水县嘉峰镇窦庄村—高平市原村乡良户村—丹朱岭旅游区。

西南线：城区钟家庄街道洞头村—阳城县北留镇皇城村—阳城县润城镇中庄村—砥洎城—阳城县头南村（九女仙湖）—阳城县蟒河镇邢西村—阳城县东冶镇独泉村—蟒河国家级自然保护区。

全国重点旅游村和山西省乡村旅游示范村均可作为乡村旅游元素，纳入山西太行旅游板块的旅游线路中，毗连地区可以进行区域线路组合和拆分。在山西太行旅游板块开发进程中，应将发展乡村旅游业作为阻断太行山区返贫的抓手，并成为太行山区乡村振兴的重要支撑，使参与乡村旅游发展的山区人口成为产业致富的实践者和受益者。关于山西太行旅游板块的乡村旅游市场客流调节，可依托山西太行旅游板块的集散中心和集散点，开设山西太行乡村旅游事业部窗口，形成山西太行乡村旅游集散体系，宣传介绍板块内的乡村旅游资源和乡村旅游线路，为板块内乡村旅游业引导客流，激活山西太行旅游板块内乡村旅游市场活力。

山西长城旅游板块高质量发展策略研究

山西大学历史文化学院、山西大学旅游研究中心讲师　李燕燕

长城，华夏民族融合的重要象征，承载着中国一脉相承的文化和精神，可谓中华民族的灵魂所在。党中央、国务院高度重视长城文化旅游并做出重大决策，于2019年审议通过《长城、长征、大运河国家文化公园建设方案》，长城国家文化公园建设正式启动。长城沿线省市高度关注，纷纷发力。我省长城板块旅游建设自2017年起就受到省委、省政府的高度重视，在顶层设计、项目引领、业态融合、基础建设、市场营销等方面抢占先机，全省上下掀起对长城旅游板块开发利用保护与研究的热潮。三大板块旅游品牌的打造，为全省文旅产业高质量发展起到全局牵引性、示范性的重要作用。发展中出现了哪些关键问题，如何精准破题，如何有效提升，成为长城旅游高质量发展的重点所在。本文在梳理长城资源分布、游客群体特征的基础上，就我省长城旅游发展中遇到的问题进行剖析，并提出发展策略，为扎实推进文化和旅游融合提档升级，全面提升山西长城旅游质量做出参考。

一、长城的文化内涵

（一）长城概况

长城是我国现存规模最大的文化遗产，是中华民族的代表性符号

和中华文明的重要象征，在中华文明史和中华传统文化发展史上具有不可替代的重要价值与地位。经过国务院文物主管部门认定公布的我国境内各历史时期的长城资源主要分布在北京市、天津市、河北省、山西省、内蒙古自治区、辽宁省、吉林省、黑龙江省、山东省、河南省、陕西省、甘肃省、青海省、宁夏回族自治区、新疆维吾尔自治区等15个省（自治区、直辖市），404个县（市、区），文物本体包括长城墙体、壕堑/界壕、单体建筑、关堡、相关设施等各类遗存，总计43000余处（座/段）。① 长城始建于春秋战国时期（公元前7世纪），秦朝统一中国之后连成万里长城，汉、明两代又曾大规模修筑。一直到明末（公元17世纪）。历经2000多年持续营造，总长度达21196.18千米，自东向西贯穿了中原与大漠，连接着中国的东端与西部。

1961年3月4日，长城被国务院公布为第一批全国重点文物保护单位。1987年12月，长城被列入世界文化遗产。2019年7月24日，中央深改委第九次会议审议通过《长城、长征、大运河国家文化公园建设方案》，标志着国家文化公园建设正式启动。长城国家文化公园建设涉及15个省，是党中央、国务院做出的重大决策部署，是国家推进实施的重大文化工程。2019年8月20日，习近平总书记在嘉峪关察看关城并听取长城保护情况介绍时强调，长城凝聚了中华民族自强不息的奋斗精神和众志成城、坚韧不拔的爱国情怀，已经成为中华民族的代表性符号和中华文明的重要象征。要做好长城文化价值发掘和文物遗产传承保护工作，弘扬民族精神，为实现中华民族伟大复兴的中国梦凝聚起磅礴力量。2019年1月、2019年11月4日至11日，中国文化遗产研究院发布了《长城保护报告（2017—2018年）》，强

---

① 文化和旅游部、国家文物局：《长城保护总体规划》（来源：中国政府网），www.gov.cn/zhengce/zhengceku/2019 - 12/09/5459721/files/683a92ff615c44788c5ccc378931d2c9.pdf，2019年1月23日。

调长城作为具有世界影响的超级复杂文化遗产在新时代的新历史方位中的重大使命,应当发挥更加突出的"价值引领力、文化凝聚力和精神推动力"。2020年11月26日,经国务院同意,文化和旅游部、国家文物局联合印发了《长城保护总体规划》。按照《长城保护总体规划》要求,国家文物局在充分听取长城沿线15个省(自治区、直辖市)以及中央、国务院相关部门意见和建议的基础上,研究确定了第一批国家级长城重要点段名单。第一批国家级长城重要点段构成以秦汉长城、明长城主线,与抗日战争、长征等重大历史事件存在直接关联,以及具有文化景观典型特征的代表性段落、重要关堡、重要烽燧为主,共计83段/处,其中秦汉长城重要点段12段/处,明长城重要点段54段/处,其他时代长城重要点段17段/处,包括战国秦长城5段,唐代戍堡及烽燧4处,战国燕长城2段,战国齐长城、楚长城、赵长城、魏长城各1段,以及金界壕遗址等具备长城特征的边墙、边壕、界壕重要点段2段。

(二)长城的文化内涵

长城是线性历史文化遗产,是点线相连的建筑群,是古代军队驻扎屯守的军事区,是边贸互通商镇繁荣的经济区,是多元民族融合共处的生活区,是具有多元社会功能的区域。长城有着鲜明的建筑特色、丰富的文化内涵、独特的沧桑美感。长城承载着中华民族坚韧自强的民族精神价值、古代军事防御体系的建筑遗产价值、人与自然融合互动的文化景观价值。

1. 长城是浓墨重彩的建筑史诗

长城遵循"因地形,用制险塞"的原则筑造,长城屹立处,往往是高山深谷、戈壁草原,中国古代劳动人民凭借他们的勤劳与智慧,因地制宜,克服重重困难,代代相继,共同创造出长城这样一个伟大的建筑奇观,在人类建筑史上留下浓墨重彩的一笔。长城的修筑技术在2000余年间不断发展进步。在漫长的历史进程中，多个朝代付出了大量的人力、财力和物力修建长城。其工程之浩繁、气势之雄伟，堪称世界奇迹。我国古代千千万万劳动人民为其贡献了智慧，流尽了血汗，长城才得以成为世界一大奇迹。长城代表着当时建筑技术的高度成就。例如，明朝时期，随着封建经济的高度发展，建筑业也出现了细密严谨的生产流程和比较科学的烧制砖瓦作坊。因此砖制品产量大增，砖瓦已不再是珍贵的建筑材料，所以明长城不少地段的城墙内外檐墙都以巨砖砌筑。在当时全靠人力施工，人工搬运建筑材料的情况下，采用重量不大，尺寸大小一样的砖砌筑城墙，提高了施工效率和建筑水平。其次，许多关隘的大门，多用青砖砌筑成大跨度的拱门，这些青砖有的已严重风化，但整个城门仍威严屹立，表现出当时砌筑拱门的高超技艺。从关隘城楼上的建筑装饰看，许多石雕砖刻的制作技术都极其复杂精细，反映了当时工匠卓越的艺术才华。

2. 长城是凝聚智慧的军事防御体系

在维护我国长期和平、统一的历史上，长城不仅具有举足轻重的战略地位，更发挥了不可替代的重要作用。长城的修筑，源起于我国春秋战国时期（公元前7世纪）部分诸侯国在其边界处修筑连续性防御墙体的传统。在秦汉时期（公元前3世纪至公元3世纪）和明代（公元14世纪至17世纪），因农业和游牧两大文明之间的冲突而促成了两次最大规模的兴建活动。期间，又伴随我国各历史时期的疆域变迁和功能更替，发生过数次小规模修筑、改建或增建，最终形成人类历史上罕见的大型线性军事防御体系遗产。"千古胡兵屈仰止，万重血肉铸安宁。"长城是历代封建王朝巩固政治的军事防御体系，是中原政权安宁的护佑。长城作为伟大的防御工事，基本由关隘、城墙与楼台、烽燧三部分组成。关隘是长城沿线的重要驻兵据点，位置多选择在出入长城的咽喉要道上。整个关隘构造，一般由关口的方形或多边形城墙、城门、城门楼、瓮城组成，有的还有罗城和护城河。墙身是城墙的主要部分，平均高度为7.8米，有些地段高达14米。凡是山势陡峭的地方构筑得比较低，平坦的地方构筑得比较高；紧要的地方比较高，一般的地方比较低。墙的材质是根据当地的气候条件而定的，总观万里长城的构筑方法，包括版筑夯土墙、土坯垒砌墙、青砖砌墙、石砌墙、砖石混合砌墙。墙身是防御敌人的主要部分，其总厚度较宽，基础宽度均有6.5米，墙上地坪宽度平均也有5.8米，保证两辆辎重马车并行。烽燧也称烽火台，是古时最好的通信联络设施，烽火台之间距离约为十里，通常在易于相互瞭望的高岗、丘阜之上建造。不论是连绵不断的城垣、扼居咽喉的关隘，还是狼烟四起的烽火台，都体现了当时设防的战争思想，凝练了古人的智慧。

3. 长城是多元民族融合的重要纽带

长城在相当长的历史时期作为一条民族融合的纽带，见证着不同民族和文明之间的碰撞和交流，深度参与了推进多民族统一国家的形成和发展过程。秦统一六国后，调动巨量的人力物力投入建筑长城。秦王朝还特设管理民族事务的机构"属邦"，政府在相当长的一段时期内允许所属少数民族政权在遵守秦法的前提下享有自治和一定的轻罪赎除之权。秦对少数民族实行的优待政策体现了多民族国家思想。长城是游牧和农耕的过渡地带，有效降低了农牧之间冲突的激烈程度，使农耕与游牧这两种不同的文化形态既彼此对抗，又相互依存，在持续而深刻的交往融合中共同发展。长城对内、外部的社会、经济、政治、文化施以影响，促成了沿线不同文明间的互动、聚集与融合。

4. 长城是中华民族的精神象征

2000多年来，尽管世事变迁，沧海桑田，但雄伟的万里长城始终巍然矗立，是中华民族向心力与凝聚力的精神构筑物。长城承载着深厚的家国情怀，每有思乡之情、报国之志，人们就会想起长城，想起它的雄壮与苍凉，想起世世代代发生在长城脚下的英雄故事。"秦时明月汉时关,万里长征人未还",千年诗词文赋,未曾间断地描绘着长城的模样,长城早已不只是跨越崇山峻岭、莽原戈壁的庞大建筑,更成为属于中国与中国人的文学意象与精神寄托。长城蕴含的家国情怀从中原王朝本位的天下观,逐渐转向由多民族熔铸的中华民族命运共同体的国家观。抗日战争期间,长城抗战激发了全民族团结统一、众志成城的爱国精神,激励了坚韧不屈、自强不息的民族精神。长城成为中华民族抵御外辱、自强不息的精神象征。义勇军进行曲中"把我们的血肉,筑成我们新的长城",凸显了长城作为全国、全民族精神依托的重要地位,中国人的血肉与精神如同铸就了饱经战火而屹立不倒的长城,构成了保家卫国的坚实屏障。现在的中国,独立统一、繁荣富强,今天的中国山河无恙、国泰民安,今天的中国不会忘记那段受尽屈辱的历史,不会忘记那段血雨腥风的艰难岁月,不会忘记无数先辈筑起的坚不可摧的血肉长城,铸就了坚强不屈的民族脊梁,捍卫了中国,成就了中国。长城的形象出现在国歌中,出现在国徽、身份证、护照上,出现在人民大会堂的大厅中。长城成为中国人的身份标识,成了中华民族的情感象征,成为全球华人华侨内心深处寄托的故土情、爱国心。2020年初始,疫情席卷而来,在面对突如其来的重大灾难时,中国14亿人齐心共筑抗疫长城攻克难关。可以看出,在面对艰难险阻时刻,长城是中国克服种种磨难,得以振兴的强大精神动力。长城如同一座精神丰碑,已经深深铭刻在中华民族的血脉记忆中,成为实现中华民族伟大复兴中国梦的强大精神力量,也必将引领着中国人,继续团结一致、自强不息,铸就中华民族伟大复兴的未来。

5. 长城是人类文明史上的奇迹

长城因其独特的历史、艺术和科学价值,于1987年被整体列入《世界遗产名录》。世界遗产委员会评价:约公元前220年,一统天下的秦始皇,将修建于早些时候的一些断续的防御工事连接成一个完整的防御系统，用以抵抗来自北方的侵略。在明代（公元1368—1644年），又继续加以修筑，使长城成为世界上最长的军事设施。它在文化艺术上的价值，足以与其在历史和战略上的重要性相媲美。长城是中国古代的一项伟大工程，是人类历史上宏伟壮丽的建筑奇迹和无与伦比的历史文化景观。中国与古埃及、古巴比伦、古印度并称为四大文明古国。由于外来文化的侵入，四大"原生文明"仅中华文明历经数千年的内忧外患而不倒，文明体系从未中断，成为人类文明史上的奇迹。四大文明古国，都建造过伟大的建筑，古巴比伦的空中花园、古埃及的金字塔、古印度的泰姬陵和中国的万里长城。长城和其他伟大建筑不同，并不是统治者奢华生活的产物；长城是中国古代不同历史时期修建的规模浩大的军事防御工程，历经2000多年建造的人类奇迹，其从产生之初就与国家和社会的稳定发展、人民的安居乐业息息相关。万里长城除保障政权统治的稳定之外，更重要的作用是保障长城内民众的生产和生活安全。"上下两千多年，纵横十万余里"。如此浩大的工程不仅在中国，就是在世界上，也是绝无仅有的，在几百年前就与罗马斗兽场、比萨斜塔等被列为古代世界七大奇迹之一，是人类文明史上的一座丰碑，象征着中华民族的血脉相承和民族精神。

二、山西省境内长城资源分布

1986年，山西省政府将省境内的"历代长城"公布为第二批省级文物保护单位。2001年，国务院公布"雁门关段"长城为全国重点文物保护单位。山西省在2017年9月份召开的旅发大会上，做出锻造黄河、长城、太行三大旅游板块的决策部署。山西省委、省政府高度重视旅游业的发展，旅游等部门更是积极行动，在顶层设计、项目引领、业态融合、基础建设、市场营销等方面纷纷发力，抢占先机，树立品牌，加快构建山西文化旅游发展大格局升级版。2018年3

月，起草《支持黄河、长城、太行三大旅游板块发展的若干政策措施》，6月，《山西省黄河、长城、太行三大板块旅游发展总体规划》审议通过并正式印发。2019年10月，长城新广武村段、荷叶坪—王家岔段、竹帛口段、阳方口段被国务院公布为全国重点文物保护单位。2020年8月，山西省启动《长城国家文化公园（山西段）建设规划》制定工作，稳步推进山西段长城国家文化公园建设。2021年印发新的《山西省黄河、长城、太行三个一号旅游公路规划纲要（2018—2025年）》，规划到2025年年底，打通黄河、长城、太行三大板块旅游大通道，打造一批体现山西特色的精品旅游公路，基本实现"城景通、景景通"一张网，形成"1核1环7射"内联外环的总体路网结构，以支撑我省全域旅游均衡发展。根据新《纲要》，三个一号旅游公路由3条旅游公路主线、389条旅游公路支线、361条旅游公路连接线构成，共13024公里，将有效连接213个A级及以上旅游区，覆盖726个非A级旅游资源点，构筑起全省三大板块"内联网、外循环"慢游网络，形成展示壮美山西的"万里山河路"，与高速公路、国省干线共同形成"城景通、景景通"的快旅慢游体系。长城一号旅游公路全长1198公里，覆盖大同市、朔州市和忻州市，串联大同关堡群、左云右玉关堡群、偏关关堡群等100多个景点。我省境内长城遗迹特征主要有：

第一，总长度位居前列。山西是我国长城遗迹最重要的分布区之一，经国家文物局认定的历代长城共计4266个点、段（不含位于省界上，认定编码为内蒙古、河北的点段），总长1401.23千米，长城点段数量位列全国第三，墙体长度位列全国第五，分布于大同、朔州、忻州、吕梁、晋中、阳泉、长治、晋城等8市39县（市、区）。表里河山的山西，现有遗存主要集中于外长城、内长城、黄河边长城、太行边长城四大遗址带。山西北、东、西三面皆有长城相围。北面有两道连绵不断的明内、外长城与数不清的关隘、古堡结合，构成了一道道纵横交错、互为掎角的严密军事防线；西与黄河天险相携，偏关、河曲、保德一带有明长城、烽燧相护，吉县、乡宁有清长城做障；东面有着巍巍八百里的太行天堑，还在紧要关口设隘建关，在要害部分建城筑墙。

第二，广为流传的长城历史故事。山西长城的修筑涵盖战国、汉、北朝（北魏、东魏、北齐）、隋、五代、明等8个历史时期，几乎涵盖了中国历史上修筑长城的所有时代，有着长城博物馆的美誉，其中东魏北齐长城和明长城体量最大，东汉、东魏、北齐、隋、宋长城为山西独有。山西坐落着雁门关、偏头关、宁武关、娘子关等雄关要塞，发生过李广抗击匈奴、杨家将戍边卫国、赵武灵王胡服骑射、八路军平型关大捷、走西口等脍炙人口的历史故事，堪称半部华夏国防史，见证着中华民族不屈不挠、拼搏进取的精神。

第三，地缘优势遗迹丰富。山西自古以地势险要而著称，被称为"拊天下之背而扼其吭"。作为"治世之重镇，乱世之强藩"，其"治与乱"直接关系到京师之安危。山西作为与京都最近、海拔最高的省份，历来就有"得山西者得中原"的美誉。历朝历代帝王，无一不对山西的军事防御投入了极大的关注，也为山西省境内留下了诸多的文化遗产。长城是一座历史的实物丰碑，关、堡、烽火台、敌台、马面、铺舍、采石场、马市、居住址等形态十分完备，不仅构成了完整的古代军事防御系统，还展现了边贸聚居的生动场景，见证了山西历史变迁中重大的政治、经济、文化事件。山西长城旅游带分布着众多旅游胜地，例如居佛教名山之首的五台山、北岳恒山、道教名山北武当山、世界奇观应县木塔、叹为观止的万年冰洞、最古最大的九龙壁、飞虹琉璃塔等，散落在长城沿线区域的大量古文化遗址、古墓葬、古建筑、石窟寺、石刻及其他文物，这些风景名胜、遗址遗迹都成为长城文化旅游重要的资源支撑。山西有3处世界文化遗产，6座国家级历史文化名城，40个国家级历史文化名镇、名村，国家级重点文物保护单位531处，稳居全国第一。古代壁画、古代彩塑均居全国第一。宋辽金以前的地上木构建筑120座，占全国同期木结构建筑总量的75%。

第四，民族融合的文化地标。山西北部地区是农耕文明与游牧文明冲突与交流的交会地带，留下了各个朝代移民、屯田、远征的历史印记，见证了历史上匈奴、鲜卑、党项、沙陀等多个民族逐渐融合的过程，形成了以汉文化为主，兼有少数民族传统为特征的边塞文化，成为民族融合的历史象征和文化地标。

三、山西长城规划布局

《山西省长城板块旅游发展总体规划（2018—2025）》（以下简称《规划》）重点塑造"表里山河中华魂，长城博览在山西"的品牌形象。抓住山西长城有别于北京、河北长城的文化特征，紧扣"博览"的特质，强调山西保留了从战国到明朝等各个历史时期的长城遗址，见证了历史上民族与文化逐渐融合的过程。到规划期末（2025年），实现两个层次的品牌目标。一是将长城旅游作为山西省形象窗口和品牌载体，二是培育和打造一批长城旅游品牌。

（一）规划布局

《规划》根据地理区域和资源分布情况，将长城板块划分为主体区和关联区。其中，主体区涉及3市31县（市、区），是长城主体资源在山西省集中分布的区域；关联区涉及5市13县（市、区），是长城主体资源分布地区的延伸区域。主体区包括大同市（城区、矿区、南郊区、新荣区、云州区、天镇县、阳高县、左云县、广灵县、灵丘县、浑源县）；朔州市（朔城区、平鲁区、右玉县、应县、山阴县、怀仁县）；忻州市（繁峙县、代县、原平市、宁武县、神池县、偏关县、河曲县、岢岚县、五台县、五寨县、忻府区、静乐县、保德县、定襄县）。关联区包括吕梁市（兴县）；阳泉市（郊区、平定县、盂县）；晋中市（左权县、和顺县、昔阳县）；长治市（黎城县、壶关县）；晋城市（泽州县、陵川县、高平市、沁水县）。

长城板块总体布局形成"一主一副多点，两轴一带四片"的空间架构。

一主一副多点：大同市作为长城旅游服务主中心，忻州代县—朔州新旧广武城作为长城板块旅游服务的次中心，选取大同市的天镇县和灵丘县，朔州市的右玉县，忻州市的偏关县，阳泉市的平定县5处重要节点作为长城板块重要旅游服务集散点。新荣区、广灵县、应县、朔城区、岢岚县、繁峙县、左云县、宁武县、左权县等9地作为二级旅游服务集散地，扩大服务体系网络，实现全域覆盖。

两轴一带四片：沿内外长城展现长城文化脉络，串联沿线主要关、城、寨、堡、台、墩，打造两条长城黄金旅游带。大同市、忻州市、朔州市依托现状二广高速与规划的大张高铁、大西高铁的快速联系，南北向串联交通、景点、景区联动发展。打造边陲史记主题片区、烽火旋歌主题片区、山河览胜主题片区和大美乡村主题片区四大片区。边陲史记主题片区主要是以外长城为主的堡群游览、边贸互市体验、温泉康疗度假、徒步探险游览。烽火旋歌主题片区是沿内长城布局，以雄奇险峻长城观览、军事文化感受、红色文化体验为主的旅游。山河览胜主题片区是选取内长城、外长城、黄河的交会点，以偏关为中心，依托丰富的长城景观资源，打造以大地景观、水陆空360度全角度多方式游览体验为主的旅游主题，大美乡村主题片区选取长城与太行山的交会段，依托自然景观资源，结合长城地域文化、红色文化与新时代精神面貌，与美丽乡村、精准扶贫建设联动发展。

（二）产品打造

《规划》依托长城旅游资源，打造各类旅游产品，包括：长城人家旅游产品、节事体验旅游产品、军事体验旅游产品、边贸风情旅游产品、探奇览胜旅游产品、考古研学旅游产品、康养会奖旅游产品和整合提升旅游产品。长城人家旅游产品主要集中在长城资源周边的村镇，特别是长城附近的贫困县等，发展长城边塞客栈、农家乐、长城特色民宿、写生摄影基地、农果采摘、特色手工作坊等类型丰富多样的体验活动。美丽乡村建设紧扣长城人家主题，产品类型突显长城文化，为长城特色浓厚的乡村申报历史文化名村。节事体验旅游产品主要涉及文化领域包括平鲁尉迟恭传说、门神文化、右玉精神、西口文化，此外还有丝路文化、红色文化，以及独具晋北特色的民俗文化、非物质文化遗产等手工艺传承文化。军事体验旅游产品主要借助山西长城丰富的战争历史背景及战争遗址。山西省长城沿线因其特殊的地理区位和防御功能，自古多发战争，且有众多军事典故的流传。雁门关、金沙滩、平型关等地，均多次发生大型战事。边贸风情旅游产品，根据古代长城所体现的万里茶路、通商互市等商贸文化，结合历史典故、现存长城遗址及旅游资源，建设具有山西长城特色的边贸风情旅游产品。通过重现古代榷场、互市的繁荣，设立边贸集市，重走古代驼队路线，规划建设马市博物馆、外贸特色小镇等，使游客感受长城内外各民族交融繁盛的古代商贸文化。探奇览胜旅游产品，包括自驾徒步、探险寻奇、摄影采风等多种形式，体验原生态的质朴长城风光，感受长城周边瑰丽、壮美的自然景观与奇峻的边塞大地景观。山西的内外长城因所处地理位置不同，导致风格不同，风光景色差异性较大，有较大的猎奇采风价值。考古研学旅游产品，对沿线年代较早的长城遗址、城堡以及关口景区开展科研考察，组织青少年研学活动，感受长城的军事文化、商贸文化及边塞文化。大同市新荣区谢家场村、下深涧村、西梁村及南郊区云冈镇白庙村共计12000多米的早期长城宜作为专业性考古基地。考古研学旅游产品使游客在考察游览过程中感受长城的内在文化及史诗风貌。康养会奖旅游产品，依托长城沿线丰富的火山、温泉、山林等资源，体验晋北原生态人文自然环境，策划高端度假会议休闲旅游产品，促进"长城+林泉康养"的旅游产业发展。主要包括温泉疗养基地、度假村、森林休闲游、高端论坛、企业培训等休闲体验类旅游产品。整合提升旅游产品，针对符合总体发展目标、发展空间较大、前景较好的现有旅游产品和项目，通过整合周边资源，构建完善的基础设施和服务体系，对其进行全面的整合、优化和提升。

（三）项目建设

长城板块项目包括龙头项目、引擎项目、重点项目和提升项目四层次。龙头项目包括大同市得胜堡群景区和雁门关景区—新旧广武城整合发展项目。边贸风情旅游产品主要涉及龙头项目为大同市得胜堡群景区，依托得胜口长城堡群和饮马河湿地森林，联动周边其他古堡群，将散布的"点"串成"线"，延伸旅游路线，丰富旅游活动，增加旅游业态，全面提升景区的配套设施和服务品质。雁门关景区—新旧广武城主要发展军事体验旅游产品。结合古往今来与长城相关的战争遗址和历史传说，感受长城自古以来的大型战役、军事文化和红色文化，营造军事体验类旅游项目。引擎项目集中在大同、朔州、忻州三市，包括借助长城一号国家旅游专用公路的长城寻脉游，大同得胜堡群、西口文化项目和偏关老牛湾外长城烽火节，镇宁口敌楼—摩天岭长城风景名胜区开发项目，右卫长城堡群旅游建设项目，西口文化旅游项目，偏关老牛湾俯瞰河山游览等十五个重点项目。通过打造多层次项目加多产品的多元体系，最终希望实现"山西长城生态文化旅游经济带"的目标定位，加强山西长城品牌的国际国内影响力。

（四）集散中心规划

主要旅游集散中心：主要旅游集散中心是长城板块的旅游集散枢

纽中心、游客服务中心，以及旅游交通设施调度中心。依托大同市旅游服务核心地位，将主要旅游集散中心安置于大同市。次要旅游集散中心：凸显忻州代县—朔州新旧广武城旅游服务次中心的地位，将次要旅游集散中心安置于忻州代县和新旧广武城。重要旅游服务集散点：选取天镇县、灵丘县、右玉县、偏关县、平定县5处重要节点作为长城旅游片区重要旅游服务集散点。将新荣区、广灵县、应县、朔城区、岢岚县、繁峙县、左云县、宁武县、左权县等9处作为次要旅游服务集散地。旅游服务集散点的作用是扩大服务体系网络，整合旅游资源，促进区域合作，强化旅游点宣传影响，有助于满足散客旅游需求。

四、游客视角的山西长城旅游

长城是我国的重要文化遗产，近年来无论是国家层面还是省级层面，都给予了高度重视。随着各项政策的稳步推进，山西长城生态文化旅游经济带品牌影响力也在不断增强。本研究通过线下问卷调查、线上游客游记和GPS轨迹数据，从游客视角来探究长城旅游的发展情况。

（一）数据来源

1. 传统调研

线下问卷设计主要就游客特征、游客对长城旅游产品的认知与偏好进行分析。包括游客对规划产品体系中边贸风情、军事体验、探奇览胜、节事体验、考古研学、康养休闲、长城人家等活动的兴趣程度，自然景色、历史典故、民风民俗、娱乐休闲、抗战文化、艺术建筑、边塞风韵、古堡古村等资源对游客的吸引力。根据游客听说过的、去过的、此次游览的长城景点以及游览信息，了解游客对长城旅游的认知程度。问卷调查于2020年11月7—8日、11月28—29日和

12月6—7日三个时间段，8名调查员先后到访长城主要景点对游客进行调查，共收回有效问卷402份。调查的主要景点包括雁门关、新旧广武城、大同古城、云冈石窟、华严寺、杀虎口六处。

2. 大数据分析

随着网络技术的发达，应用旅游大数据能更加真实地反映出旅游者的旅游行为。基于大数据得出的结论将更具有参考价值。线上数据从马蜂窝、携程、去哪儿网、六只脚和两步路五大网站获取游记和GPS轨迹。研究借助web页面信息提取工具（网络爬虫软件八爪鱼）和文本挖掘工具（Python），自定义长城旅游板块旅游地字典，对自助游游记文本中的热门景点、热门路线等信息进行挖掘。马蜂窝、携程、去哪儿网具有注册用户多、游记量大且更新速度快的特点，GPS轨迹数据是从六只脚和两步路网站（户外旅行爱好者的共享平台）上获取。网站依托卫星GPS信号，能够准确采集和共享游客户外行为的活动路线。轨迹在地图上显示为一条具有始点和终点的有向线路，游客可以上传不同地点拍摄的照片，重现出游整个行程。此外，还可以依据图片标记一键生成游记。截至2021年2月28日，共计获取游记781篇，GPS轨迹782条。为了获得有效的旅游数字足迹，本文按照以下原则对原始数据进行清洗处理：（1）依据游记和GPS轨迹的ID或网址，剔除重复足迹；（2）游记和GPS轨迹必须有明确的出发时间和停留时间标签；（3）游记内容必须完整，有明确的地理标签，由两个及以上山西长城节点组成，且包含游玩顺序；（4）GPS轨迹路线不能太短，需包含两个及以上山西长城旅游节点，并且有照片作为印证。清洗后共得到2013年1—3月期间317条有效位置数据，536条有效时间数据。本文依据游记内容、GPS轨迹和照片确定游客的游览轨迹，进而提取山西长城旅游节点。将有效数据结构化处理，构建山西长城游客旅游数字足迹库。

(二）长城游客特征分析

1. 男性对长城更钟情

在长城受访群体中，47.8%的游客对长城游览比较关注（满分5分，高于4分的群体），51.5%的游客对长城的兴趣度较高（满分5分，高于4分的群体）。根据游客对长城旅游的关注度和兴趣度，将其区分为深度游览者（兴趣度与关注度均高于4分）和随意游览者两类，占比分别为40.5%和59.5%。全部受访者中，男性游客略多，占比54.5%；女性游客占比45.5%。其中，深度游览者男性比例更高，占比61.3%，随意游览者男女比例相当。

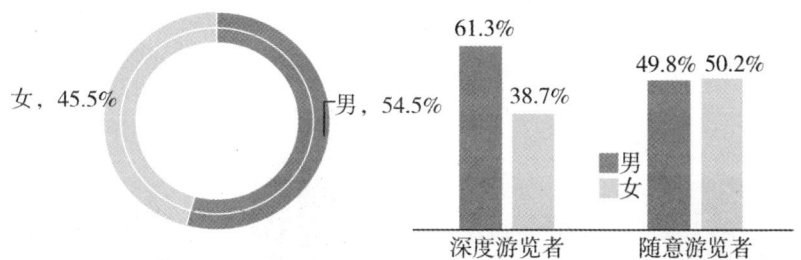

图1　游客性别占比

2. 青年对长城兴趣不足

受访者年龄分布广泛，其中18—24岁占比最高，为26.9%，25—35岁次之，占比22.1%，36—45岁和46—55岁年龄段基本相当，占比分别是17.2%和15.1%，56—65岁占比12.7%，66岁以上最少，占比为6.0%。再进一步对其区分，深度游览者中各年龄段差异不大，随意游览者中18—24岁群体占比最高。可以发现，长城旅游群体中，青年群体对长城旅游的关注和兴趣程度不足，随着年龄增长，长城深度休闲者的占比逐渐增多。

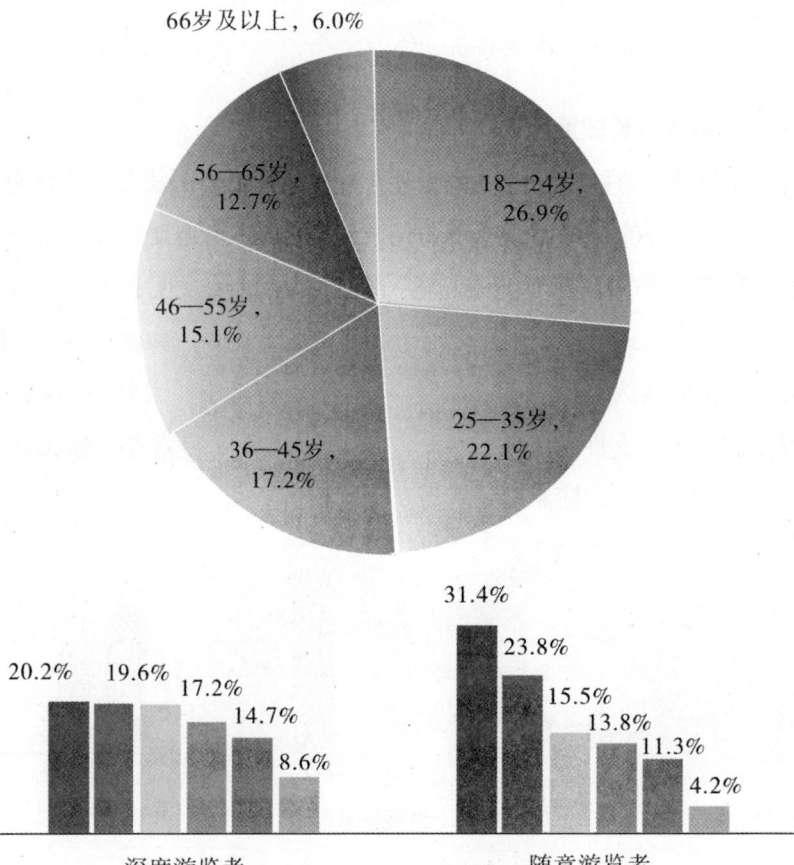

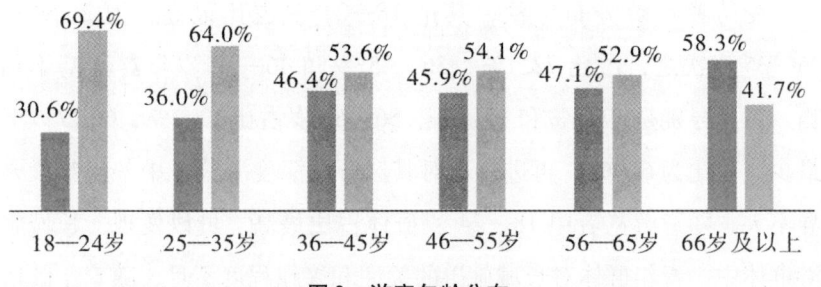

图2 游客年龄分布

3. 在校学生、公务员对长城关注不够

受访者职业分布较为广泛。其中"普通职员""在校学生""离退休人员""自由职业"占比较多,分别为25.1%、24.1%、15.2%

和14.5%。管理人员和公务员分别占比9.2%和4.2%，其他占比7.7%。管理人员和离退休人员中深度游览者占比较随意游览者更高，在校学生和公务员中随意游览者占比较高，其他职业深度和随意游览者相当。

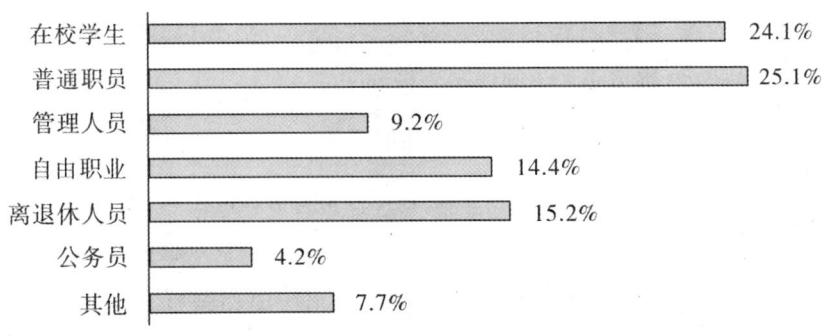

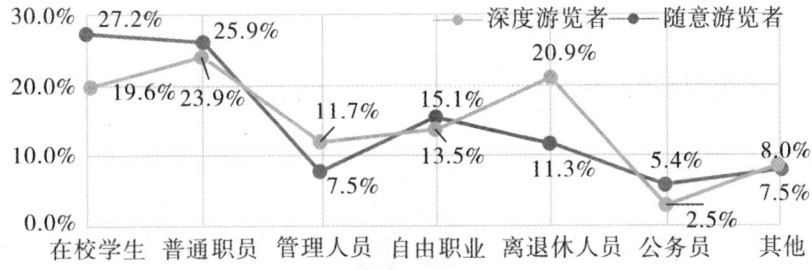

图3 游客职业构成

4. 长城更受省外客源追捧

山西本省居民是长城旅游最大的客源市场，占全部游客的52.0%，省外游客占游客总量的48.0%。北京、河南、河北、内蒙古等周边地区是我省的主要客源地，合计占省外游客56.0%。其他地区游客占外省的比重为44.0%。深度游览者中，省外游客占比更高，为54.6%。省内游客对长城旅游的关注度和兴趣程度均弱于省外游客。省内游客是我省旅游的最大市场，在今后的长城宣传推广方面，如何有效推进全面深化省内市场大循环成为重要任务之一。

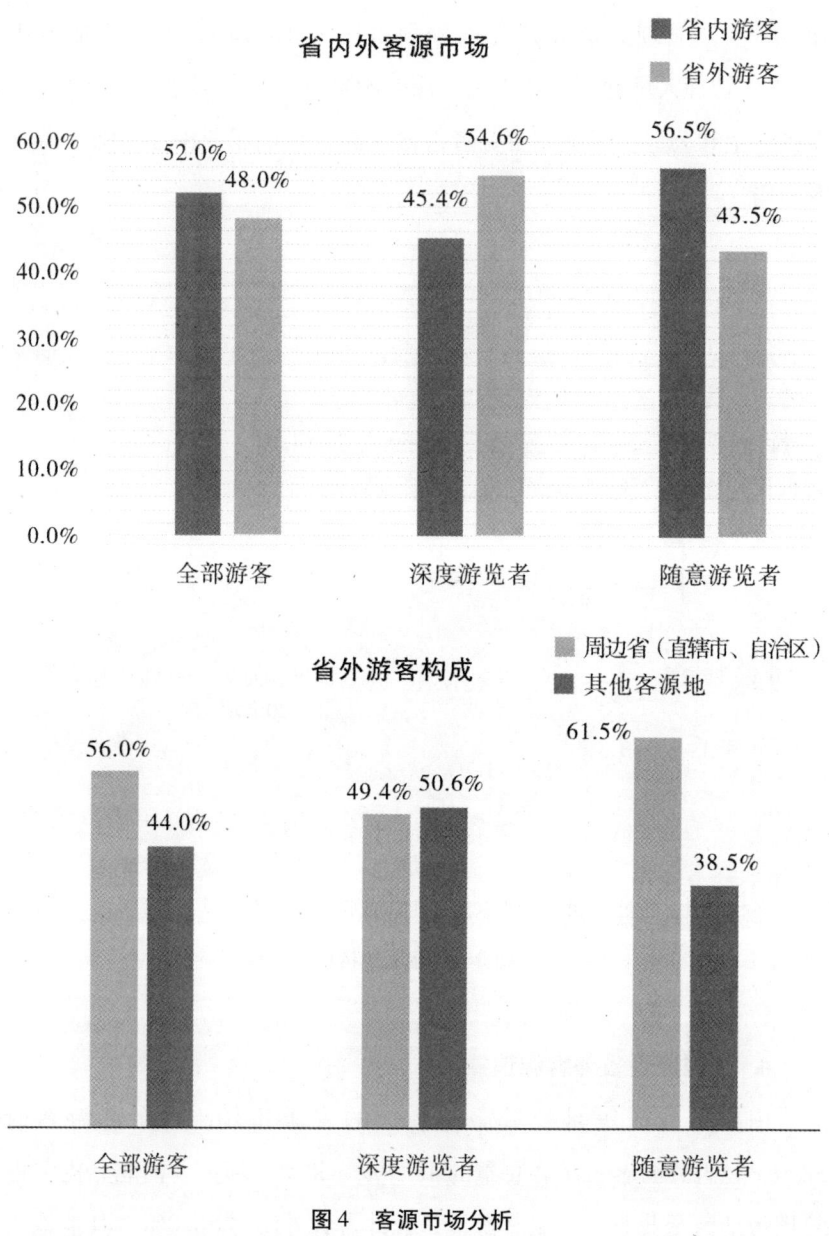

图4 客源市场分析

(三)长城出游行为分析

1. 出游人数逐年递增

随着山西省长城旅游业的不断发展,越来越多的旅游者前往山西长城参观游览。根据线上有效游记数量揭示近年来我省长城旅游的发展情况。如图5所示，图中虚线为旅游者数量的趋势线，不难看出旅游者人数呈现逐年递增的情形。

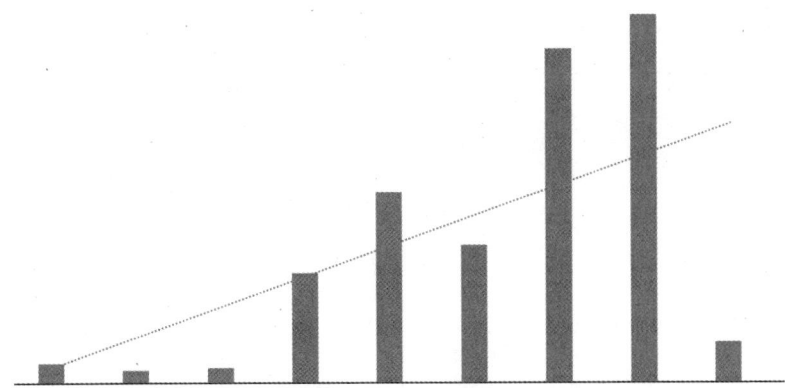

图5　2013年到2021年各年游记数

2. 春秋出游受游客欢迎

根据采集的各月旅游者人数数据进行分析（如图6），发现春秋两季成为游客出行最热门时段。其中，3月、6月、9月和10月出游人数最多。这同我省长城周边气候以及景致有很大关联。

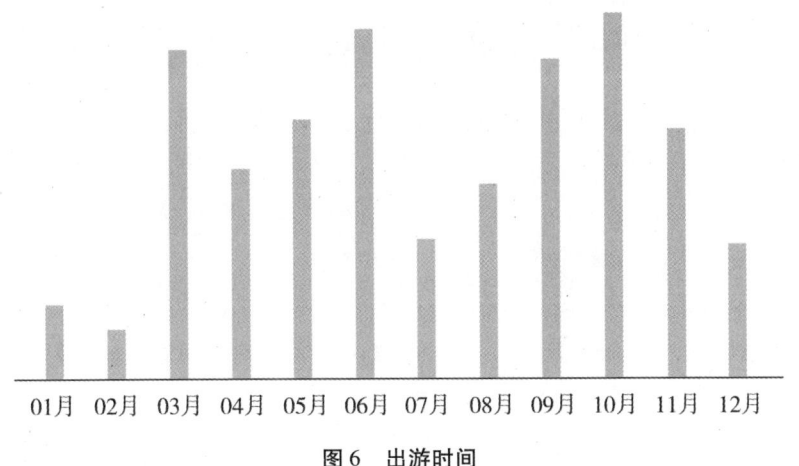

图6　出游时间

3. 自驾跟团成主流

来长城旅游的游客出行方式以自驾和跟团为主（如图7），分别占比39.6%和34.8%，除自驾外的自助游占比16.2%，其他方式占比9.5%。受访游客中过夜人数占多数，占比67.7%。住宿游客平均过夜天数为2.3天，其中深度游览者过夜天数平均为2.4天，随意游览者过夜天数平均为2.2天。过夜平均天数差异不大，过夜天数主要以1~3天为主（如图8）。

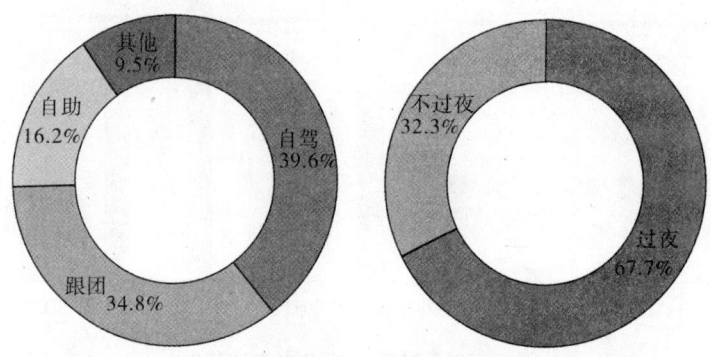

图7　出行方式与过夜比例分析

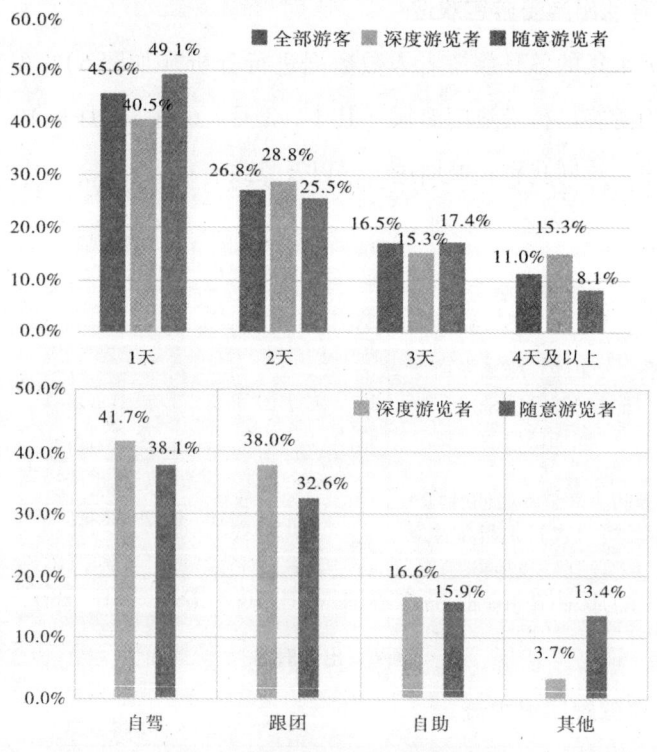

图8　过夜结构及出行方式比较

4. 观光休闲目的强

受访游客出游目的以观光休闲为主，随意游览者在探亲访友、商务、文体交流等出游目的上均高于深度游览者。这也符合游览者的类型划分。在信息获取上，游客注重家人、熟人介绍及个人经验方面的积累，其次是旅游 app 和社交软件，占比超过 20%。深度游览者和随意游览者在信息获取渠道上存在差异。深度游览者更注重凭借个人经验来规划行程，随意游览者更愿意家人、熟人推荐来开启旅行。深度游览者在旅行社门店、搜索网站、地图软件等可获得专业信息的渠道上占比均高于随意游览者，随意游览者比深度游览者则更看重旅游 app 和社交软件的信息支持。详见图 9。

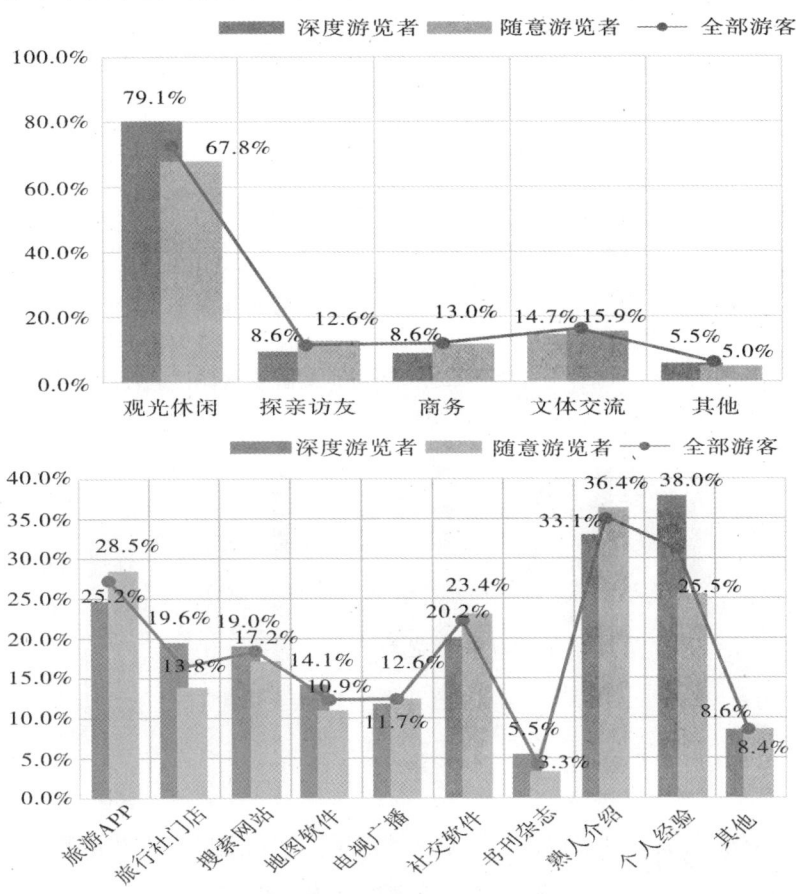

图 9 出游目的与信息获取渠道

5. 景点交通信息最需要

在游客获取的信息类型中，景点游览信息是所有游客最为关注的，占比高达85.6%。其次是美食信息，占比46.5%。交通和住宿信息占比在30%左右。相比而言，深度游览者更加注重对景点游览信息和交通信息的获取，随意游览者则对娱乐休闲信息和美食信息需求更大。详见图10。

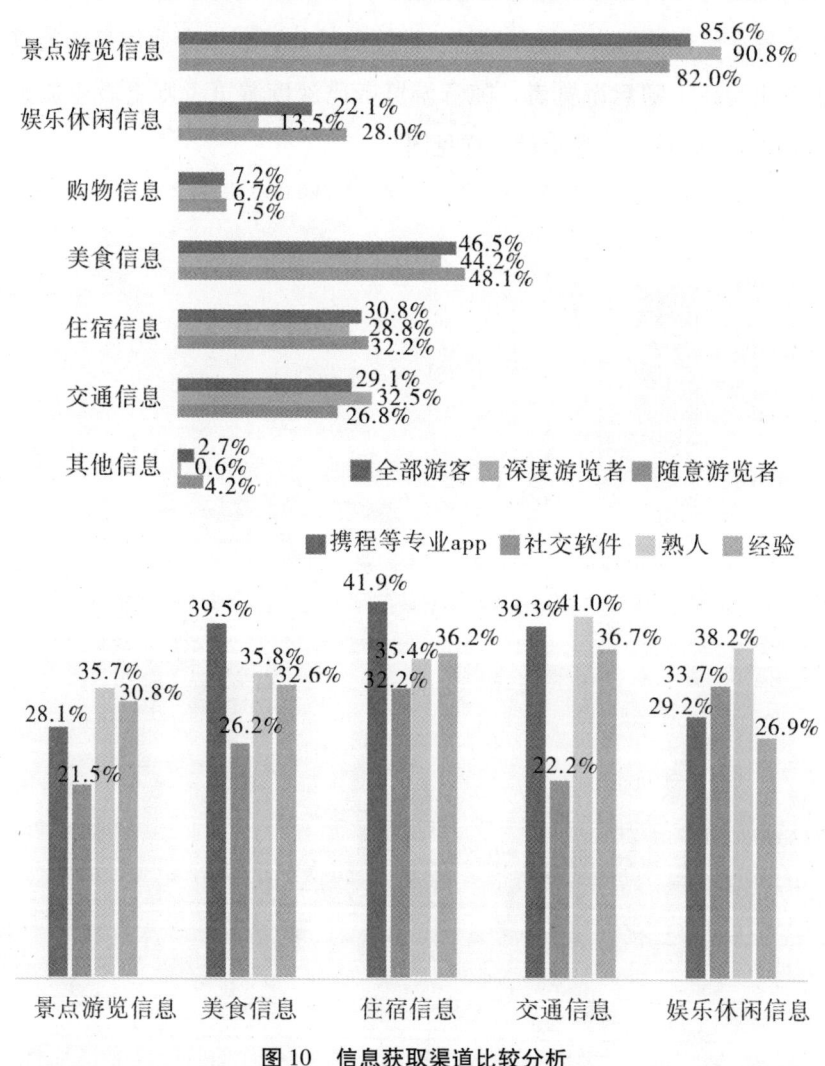

图10 信息获取渠道比较分析

6. 营销渠道各有侧重

景点信息以熟人及个人经验的方式获取为主。在景点营销上，要注重对关系营销的理念构建，通过技术获取游客信息，并建立关系网络，用于对景点信息的精准营销。美食信息以旅游 app 以及熟人推荐为主，说明游客既关注旅游者的分享推荐，同时也容易受到熟人意见的影响。在营销上可打造容易引发游客分享的网红爆款美食，通过网络宣传以及游客的到访与体验，达到营销的目的。住宿信息主要通过旅游 app 来获取，个人经验、熟人和社交软件占比均高于 30%，在住宿营销中应注重多元化信息渠道的互通，尤其要重视携程等线上订房渠道。交通信息主要依靠熟人推荐、旅游 app 及个人经验，和住宿信息获取渠道类似，不同的一点是交通信息对社交媒体的依赖性不大。娱乐休闲信息除了熟人推荐外，社交软件的效果突出。随意游览者对娱乐休闲信息较为重视，在休闲活动信息推荐中要尤为重视社交媒体的作用。

（四）长城产品分析

1. 景色和历史最吸引游客

对于长城旅游而言，吸引游客游览的因素众多，自然景色（75.1%）和历史典故（64.4%）对游客的吸引力最高。其次，民风民俗、边塞风韵和艺术建筑的吸引力也较高，占比均高于 30%。深度游览者和随意游览者对自然景色、民风民俗吸引力的感知差异不大，历史典故、艺术建筑、边塞风韵、古堡古村和抗战文化对深度游览者的吸引力更大，而娱乐休闲的吸引力对随意游览者更起作用。详见图 11。

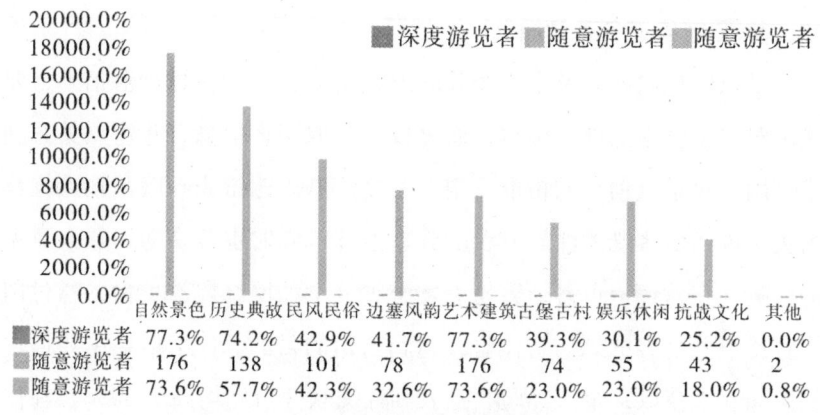

图11 长城吸引要素分析

2. 边贸和览胜产品需求大

在旅游产品体系中，游客对长城旅游中的边贸风情、探奇览胜活动最感兴趣，占比分别为51.5%和45.0%。在线路的定制和活动的推广中，应加强对自然景色、历史典故与边贸风情、探奇览胜的融合，最大程度吸引游客。具体来看，深度游览者比随意游览者对考古研学、长城人家和边贸风情活动的兴趣程度更大，其他方面差异不大。详见图12。

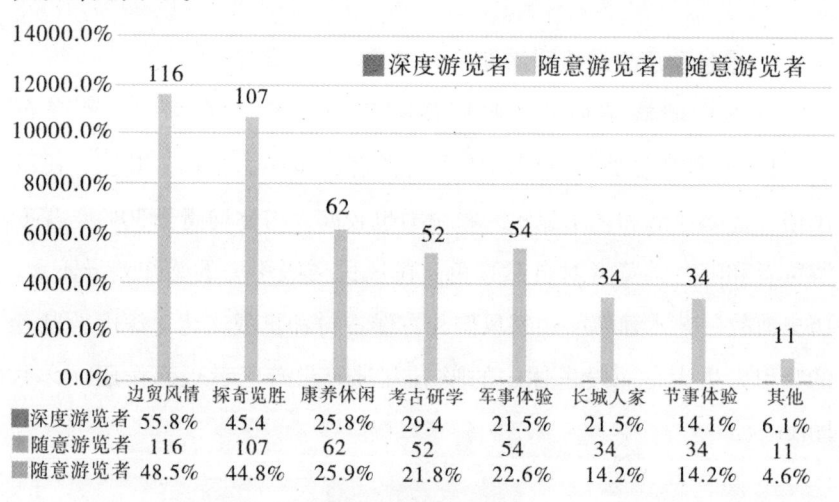

图12 游客产品偏好

3. 德胜堡景点认知偏低

在对长城主要景点知名度的调查中发现，无论是深度游览者还是随意游览者,都对云冈石窟、五台山、雁门关、大同古城、恒山、应县木塔和平型关的认知度较高,均超过50%(如图13)。将景点分为长城关联景点和长城景点两类。长城关联景点包括云冈石窟、五台山、应县木塔、恒山、大同方特、万年冰洞、芦芽山、方山北魏文化遗址,长城景点包括雁门关、大同古城、杀虎口、平型关、新旧广武城、偏关老牛湾、得胜堡和三十二长城。调查发现,长城景点的知名度与到访率均低于长城空间关联景点。得胜堡和雁门关—新旧广武城作为长城板块的两大龙头项目,其发展极大地影响着长城板块旅游的推进。调查发现,游客对得胜堡认知度要远远低于其他景区,到访率也处于最低水平(如图14—15)。可见,发展长城板块旅游,首先要抓龙头,提名气,促到访。

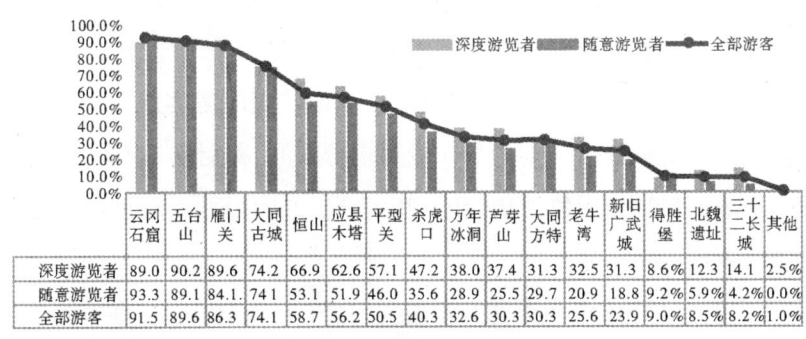

图13 游客认知度分析

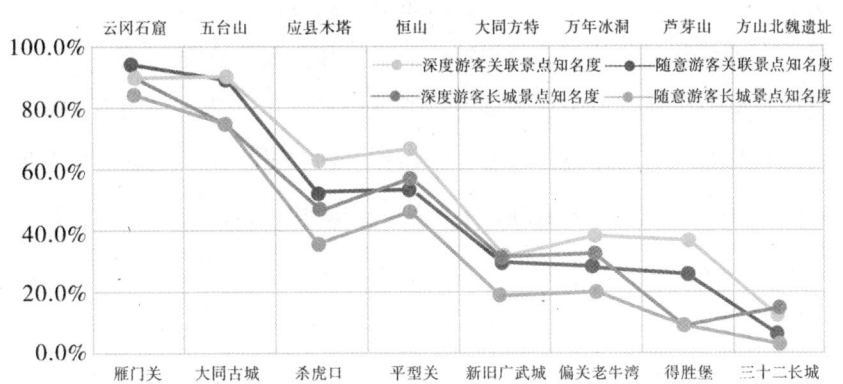

图14 不同类型景区知名度分析

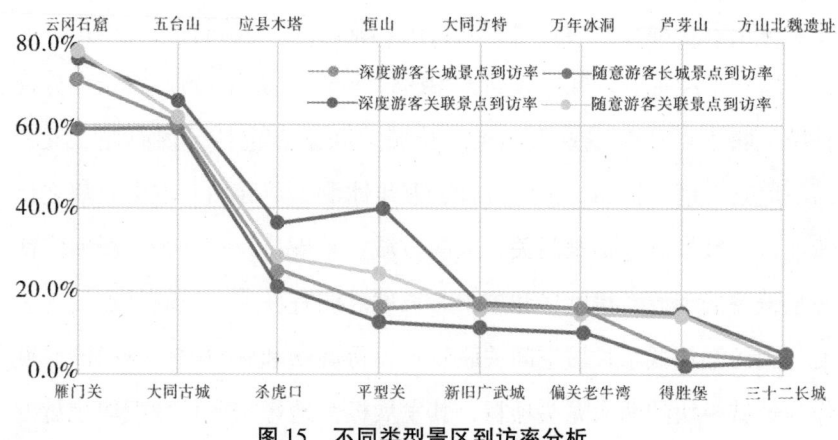

图15 不同类型景区到访率分析

（五）长城空间网络结构分析

1. 呈现"两级核心、多点分布"的集聚特征

采用最近邻指数 R 分析山西长城游客旅游足迹的整体分布状态。当最近邻指数小于1（大于1或等于1）时，表明游客前往山西长城旅游节点呈集中分布（均匀分布或随机分布）。经计算得出山西长城旅游节点的最近邻指数为 0.459（R<1），说明山西长城旅游节点整体上呈现出集聚型分布。

运用 ArcGIS10.7 绘制游客足迹空间分布（如图16），游客到访景点主要集中在外长城、雁门关、平型关和娘子关一带。颜色越深，表明集聚程度越高。游客在游览长城旅游节点时存在较为明显的"两级核心、多点分布"的等级集聚特征。一级核心集中在雁门关一带，二级核心集中在八台长城—威鲁堡、杀虎口—三十二边、云冈石窟—大同古城及五台山四片区，多点分布在外长城、老牛湾、平型关以及阳泉娘子关一带，这些区域游客虽有一定的聚集，但聚集度较低，形成了密度三级中心。

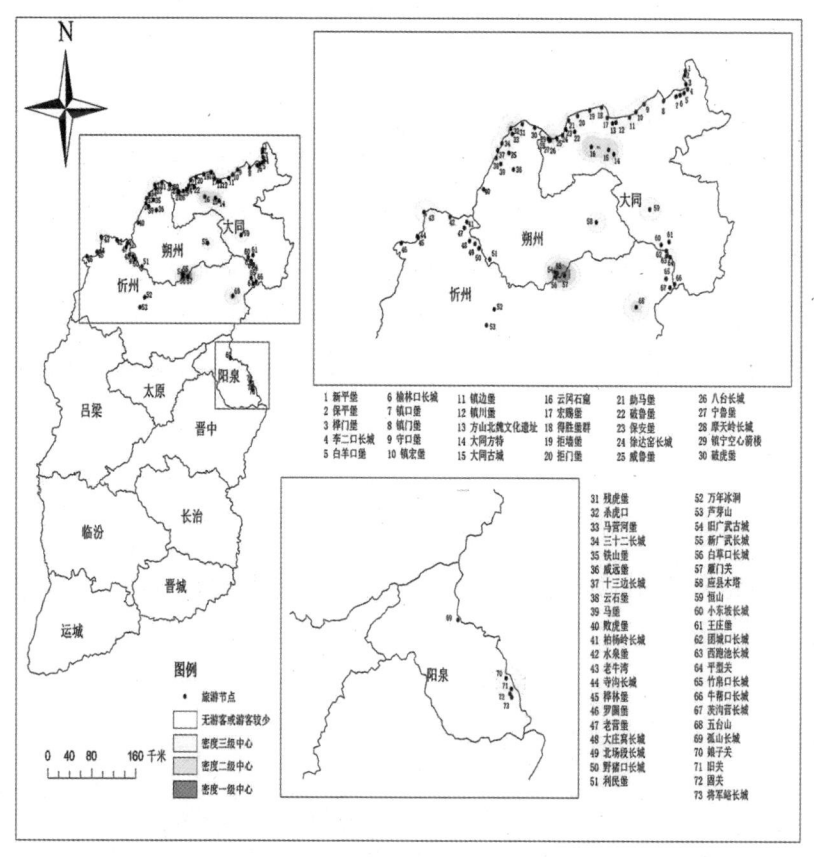

图16 游客到访山西旅游节点空间分布及空间集聚图

2. 雁、虎、五、大、冈流量大

本研究通过提取"有向节点对"（例如新广武长城→白草口长城），将"有向节点对"加总并进行赋值处理，来获取长城节点网络图。长城游览网络由 64×64 的旅游节点多值数据组成。经过多次对比 UCINET6 网络分析软件分析结果，选择3作为临界点对多值数据矩阵进行处理，删除赋值低于3的节点。根据获取数据来源不同，研究将其分成一般旅游线路和长城旅游线路两类。一般旅游线路通过问卷调查来获取普通游客的游览轨迹，长城旅游线路则通过线上长城游记和 GPS 定位数据来分析。最后建立了由29个节点构成的山西长城旅游流网络（如图17）。一般游览者网络图由16个节点的游客游览轨迹数据组成。

经测算，64个有向节点组成的山西长城旅游网络密度为0.050，构建的29个节点的网络图密度为0.142，构建的16个节点的网络密度为0.383。总体来看，游客到访的长城旅游网络整体连接紧密性低，其中一般游客游览景点的网络联系密度要高于长城游客的游览网络。我们分别绘制了不同类型游客的游览网络图。节点AB之间的旅游流流量为A流向B的次数与B流向A的次数之和。线条越粗，表明二者间的流量越大；反之，则越小。图中节点越大，表明该节点游客量越多，越重要。对于长城游客而言，节点之间流量较大的线路集中在雁门关附近以及杀虎口附近（如图17）。对于一般游客而言，流量较大的线路为大同古城—云冈石窟，雁门关—云冈石窟，雁门关—五台山（如图18）。

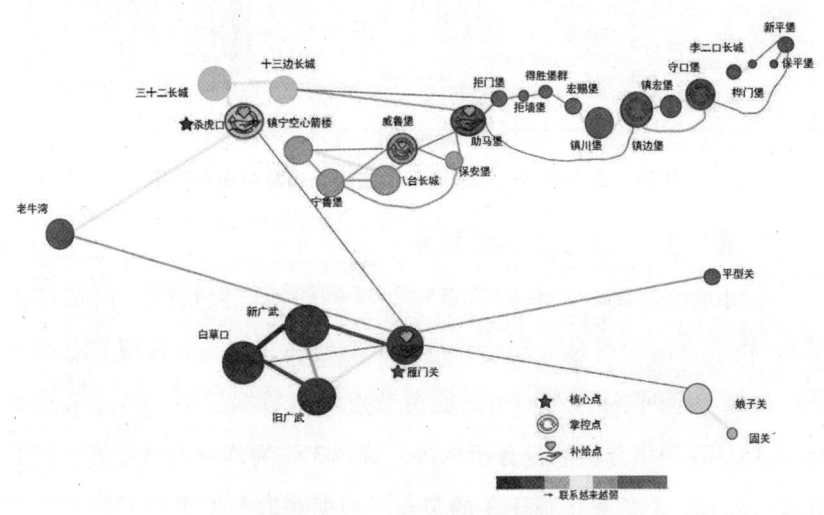

图17 长城游客网络结构图

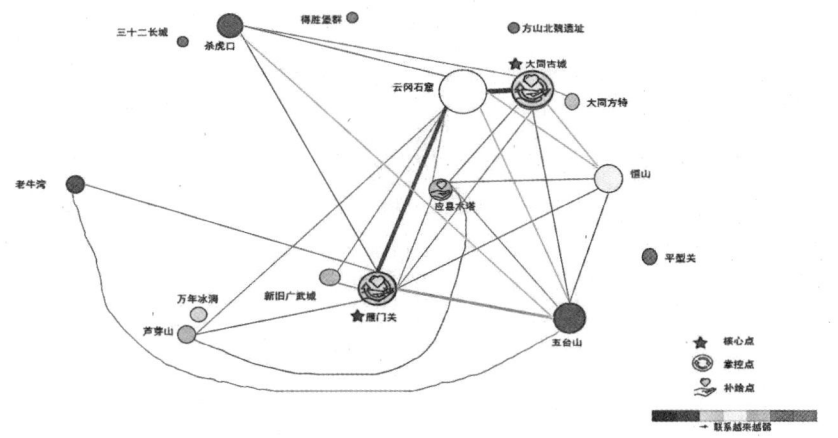

图 18 一般游客网络结构图

3. 雁门关、杀虎口、大同古城地位高

通过中心性分析来界定长城旅游线路中的核心节点（如表1）。程度中心度衡量旅游节点在整个网络中的地位，指的是凝聚能力，图中节点大小反映中心度大小，即游客的到访集中点。在有向旅游网络中，外向中心度同内向中心度均高时，则该旅游节点被称为核心点。中间中心度是测量某一旅游节点在多大程度上控制旅游流网络中其他旅游节点之间联系和互动的指数，该点中间中心度越高，对其他节点的控制能力越强。接近中心度刻画的是节点与图中所有其他成员的捷径距离之和。接近中心度高说明游客在旅游目的地间流动的有效性好。通过分析发现，对于长城游客而言，雁门关和杀虎口内外向中心度都处于较高水平，对其他旅游节点的集聚和辐射能力较强，因此为核心点。杀虎口、威鲁堡、助马堡、镇边堡和守口堡掌控网络中旅游流流向的能力强。杀虎口、雁门关、威鲁堡、助马堡这四点，游客到访其他节点的距离最短，有效性最高，适合作为长城游览者的中转补给站点。对于一般游客而言，雁门关、大同古城对其他旅游节点的集聚和辐射能力较强，为核心点。雁门关、大同古城掌控网络中旅游流流向的能力强。雁门关、应县木塔和大同古城到其他节点的距离最短，适合作为一般游客的中转补给站点。

表1 山西长城旅游节点结构指标

长城游览旅游节点	程度中心度 外向	程度中心度 内向	接近中心性	中间中心性	长城游览旅游节点	程度中心度 外向	程度中心度 内向	接近中心性	中间中心性
杀虎口	23	19	102.122	264.286	大同古城	87	123	132.353	42.152
威鲁堡	11	15	92.569	157.627	雁门关	78	92	121.804	28.386
守口堡	14	10	82.371	128.5	应县木塔	24	21	116.884	28.155
助马堡	11	15	89.091	104.829	五台山	81	44	118.421	14.333
镇边堡	20	13	82.999	102.883	云冈石窟	148	100	117.857	14.169
得胜堡群	8	7	81.799	87.542	新旧广武城	16	13	106.644	7.462
旧广武古城	17	40	84.868	80.283	杀虎口	12	48	97.223	2.917
新平堡	8	8	59.635	75.333	万年冰洞	5	7	95.03	2.45
雁门关	33	26	83.657	58.304	芦芽山	6	14	93.391	2.393
娘子关	10	11	66.33	56.275	平型关	4	4	91.27	1.333
保平堡	5	7	61.364	41	老牛湾村	18	5	90.44	0.583
平型关	7	9	74.732	38.117	大同方特	3	6	85.887	0.5
八台长城	18	11	78.889	34.414	恒山	36	39	100.962	0.167
镇宁空心箭楼	13	10	75.334	33.317	北魏遗址	2	1	83.639	0
镇川堡	13	14	73.224	29.542	得胜堡	1	2	81.72	0
桦门堡	12	5	53.225	29.5	三十二长城	0	2	56.25	0
新广武长城	64	33	81.16	21.592	中心势/%	10.13	7.94	——	16.81
宏赐堡	6	10	68.384	20.425	平均值	32.56	32.56	49.68	9.06
老牛湾	8	15	79.014	20.137	总和	521	521	794.89	145
三十二长城	18	10	76.619	17.533	保安堡	5	12	71.984	6.367
拒门堡	7	11	67.901	17.283	白草口长城	35	46	62.922	0
十三边长城	9	14	71.255	14	固关	7	6	50.249	0
李二长城	3	9	53.231	9.333	中心势/%	4.49	2.86	——	29.24
镇宏堡	7	13	69.783	9.042	平均值	14.28	14.28	36.81	50.83
拒墙堡	11	3	64.846	8.8	总和	414	414	1067.5	1474
宁鲁堡	11	12	75.443	7.736					

4. 聚集区带动边缘区能力不足

本研究利用 UCINET 软件对山西长城游客旅游流网络进行凝聚子群分析，并结合实际位置和调研游客平均游览景点数来分析网络内部的子结构，深入挖掘游客的旅游行为，揭示山西长城游客在各旅游节点间的位移特征。凝聚子群是一个行动者子集合，子集合里的行动者之间由于联系紧密而形成。子群密度越高，表明团体凝聚程度越高。如表所示，长城旅游者网络结构共构建 5 个凝聚子群，一般游览者网络结构共区分 4 个凝聚子群，图中节点用统一颜色进行标注，具体见表2。

表2　长城游览者凝聚子群集合

长城游览者	集聚区组成节点	子群密度
1	雁门关、旧广武古城、新广武长城、白草口长城	1.00
2	镇宁空心箭楼、宁鲁堡、八台长城、威鲁堡、保安堡	0.80
3	杀虎口、三十二长城、十三边长城	0.67
4	助马堡、拒门堡、拒墙堡、得胜堡群、宏赐堡、镇川堡	0.33
5	镇边堡、镇宏堡、守口堡、桦门堡、李二口长城、保平堡、新平堡	0.33
一般游览者	集聚区组成节点	子群密度
1	云冈石窟、恒山	1.00
2	五台山、老牛湾、杀虎口	0.67
3	雁门关、新旧广武城、大同古城、大同方特	0.50
4	应县木塔、芦芽山、万年冰洞	0.33

长城游览者旅游节点组合具有较强的地理临近性，可以形成较为清晰的旅游线路，子群内部结构密度大，远高于整个旅游流网络密度，旅游节点间互动频繁。主要集中在大同市（左云县、新荣区、阳高县、天镇县）、朔州（山阴县）以及忻州（代县）。长城游客在山

西游览的热门旅游路线有：（1）新广武长城、旧广武古城、白草口长城、雁门关；（2）八台长城、威鲁堡、镇宁空心箭楼、宁鲁堡；（3）守口堡、保平堡、镇川堡、新平堡、镇宏堡、镇边堡；（4）杀虎口、三十二长城、十三边长城。对于一般游客，景点间距离较大，联系的紧密程度要低于长城游览子群。游览主要围绕发展成熟、配套设施齐全的旅游景点，游览的热门线路有：（1）云冈石窟、恒山；（2）五台山、老牛湾、杀虎口；（4）雁门关、新旧广武城、大同古城、大同方特；（5）应县木塔、芦芽山、万年冰洞。网络中存在清晰的"核心—边缘"结构，核心区内部旅游节点间的连接密度显著高于边缘区内部连接密度，但核心区辐射带动边缘区的能力不足。

五、山西长城旅游高质量发展中的问题及策略探究

本文梳理了长城文化内涵及山西长城资源特色，分析了长城规划布局、长城旅游网络结构，探究目前长城旅游发展中的主要问题。从战术层面和战略层面提出山西长城旅游高质量发展的策略，扎实推进文化和旅游融合提质升级，保护和传承文化遗产，弘扬中华优秀传统文化，增强民族文化自信。解决当前问题要从市场角度深入探究游客行为及特征打造产品、激发市场潜力，更应深挖和解读文化宝库，活化历史。传承与保护长城遗产，既是实施质量强省战略的必然要求，也是提升旅游品质效益，促进高质量发展的根本需要。

（一）战术层面的问题剖析及应对

1. 发展规划重点与实际不符

主要表现在：集散功能发挥不够，资源辐射不足；德胜堡龙头项目表现不突出，对杀虎口地位重视不够。山西长城旅游板块将全省旅游精品线路、景区景点串连成线、连线成片，已成为全省旅游业大发

展的龙头和牵引。根据规划设置旅游服务集散点，其作用是扩大服务体系网络，整合旅游资源，促进区域合作，强化旅游点宣传影响。大同市作为主要旅游集散中心，次要旅游集散中心坐落于忻州代县和新旧广武城，选取天镇县、灵丘县、右玉县、偏关县、平定县5处重要节点作为长城旅游片区重要旅游服务集散点，将新荣区、广灵县、应县、朔城区、岢岚县、繁峙县、左云县、宁武县、左权县等9处作为次要旅游服务集散地。而调查显示，游客在游览长城旅游节点时存在较为明显的"两级核心、多点分布"的等级集聚特征。一级核心集中在雁门关一带，二级核心集中在八台长城—威鲁堡、杀虎口—三十二长城、云冈石窟—大同古城及五台山四片区，多点分布在外长城、老牛湾、平型关以及阳泉娘子关一带，在这些区域游客虽有一定的聚集，但聚集度较低，形成了密度三级中心。从其旅游网络结构中可发现，网络存在清晰的"核心—边缘"特征，核心区围绕热门线路，内部旅游节点间的连接密度显著高于边缘区内部连接密度，但核心区辐射带动边缘区的能力不足。游客仍然以知名成熟景区为中心，主要集中在雁门关、杀虎口、大同古城、云冈石窟、五台山附近，周边节点游客量同其相比差距较大，也进一步说明旅游集散地的设置作用未显现出来。根据规划，得胜堡和雁门关作为长城板块的两大龙头项目，其发展极大地影响着长城板块旅游的推进。调查发现，游客对得胜堡认知度和到访率均处于较低水平。根据热门线路、集聚特征显示，雁门关、杀虎口、大同古城，对其他旅游节点的集聚和辐射能力较强。从游客认知以及空间网络结构来分析，得胜堡并未有突出亮眼的表现。当然这可能同发展阶段有很大关联，杀虎口的地位应该被更加重视。

2. 产品特色不足、重点不明

山西长城沿线物质资源丰富，长城博览在山西，"长城一号公路"的建设，极大地关联起长城沿线各类型旅游资源，为游客出行提供了极大地便利。长城旅游板块口号紧扣"博览"特质，强调山西保留了从战国到明朝等各个历史时期的长城遗址，见证了历史上民族与文化逐渐融合的过程。但系列产品的打造，无论是从产品形态，还是产品挖掘深度而言，"博览"二字并未深入人心。规划要求打造多层次项目加多产品的多元体系，最终希望实现"山西长城生态文化旅游经济带"的目标定位，加强山西长城品牌的国际国内影响力。在产品体系的打造中突出的是多元，如长城人家旅游产品、节事体验旅游产品、军事体验旅游产品、边贸风情旅游产品、探奇览胜旅游产品、考古研学旅游产品、康养会奖旅游产品和整合提升旅游产品。多元不能等同于博览，博览也应突出特色。产品打造需适应市场需求，明确和突出山西长城旅游特色定位，深挖文化元素，推进文化旅游深度融合、提档升级。根据调查，在旅游产品体系中，游客对边贸风情、探奇览胜活动最感兴趣，自然景色和历史典故对游客的吸引力最高。在产品的打造和线路的定制中，应加强对自然景色、探奇览胜、历史典故与边贸风情的融合，最大程度吸引游客。长城美在气势磅礴，感触在断壁残垣。除了景色，长城的美蕴含在形式丰富、地域特色鲜明的非物质文化中，深入人心在坚不可摧的中国精神力量里。历史上多少英雄豪杰与长城同在，数不尽的金戈铁马，说不完的气吞万里，伴随着的不只是狼烟四起，一将功成万骨枯，还有绵延不绝的离愁哀怨，咏叹不止的悲欢离合。脍炙人口的历史故事更是构建了山西长城重要的非物质文化宝库。产品打造还要加强对热门旅游线路周边产品的提升。热门线路包括：（1）新广武长城、旧广武古城、白草口长城、雁门关；（2）八台长城、威鲁堡、镇宁空心箭楼、宁鲁堡；（3）守口堡、保平堡、镇川堡、新平堡、镇宏堡、镇边堡；（4）杀虎口、三十二长城、十三边长城；（5）云冈石窟、恒山；（6）五台山、老牛湾、杀虎口；（7）雁门关、新旧广武城、大同古城、大同方特；（8）应县木塔、芦芽山、万年冰洞。抓好精品旅游产品开发，提升龙头景区、热门线路的知名度和美誉度，用好的产品、好的故事、好的服务，打造山西长城旅游品牌。

3. 市场潜力未被激发

根据调查，本省居民是长城旅游最大的客源市场。但省内游客对长城旅游的关注度和兴趣程度均弱于省外游客。青年群体对长城旅游的关注和兴趣程度不足，随着年龄的增长，长城深度休闲游的占比逐渐增多。相比其他群体，在校学生和公务员对长城旅游的关注度和兴趣度不高。春秋两季成为游客出行最热门时段，这同我省长城周边气候和景致有很大关联。来长城旅游的游客出行方式以自驾和跟团为主，过夜天数以1—3天为主。在信息获取上，游客注重家人、熟人介绍及个人经验方面的积累，其次是旅游app和社交软件。换句话说，口碑成为信息获取的最重要渠道。景点信息以熟人及个人经验的方式获取为主。在游客获取的信息类型中，景点游览信息是所有游客最为关注的，其次分别是美食信息、交通和住宿信息。其中，深度游览者更加注重对景点游览信息和交通信息的获取，随意游览者则对娱乐休闲信息和美食信息需求更大。在今后的长城宣传推广方面，全面有效推进省内市场大循环成为重要任务之一，尤其应重点关注学生及公务员群体，进一步为自驾游客、跟团游客打造配套的设施、自由的选择、舒心的服务。在景点、美食、交通和住宿的营销和服务上发力，深度洞察用户需求和行为特征，充分发挥关系网络、意见领袖、社交媒体的口碑引领作用，实现多维度精准化营销。

（二）战略层面的策略分析及思考

1. 长城遗产的解读与传播

深入发掘遗产的历史价值，无论是物质遗产还是非物质遗产，历史有很多令人震撼的未知，这正是文化遗产的核心价值和魅力所在。与此同时，如何解读、讲述和传播遗产的核心价值，更是值得深思和探究的地方。遗产的挖掘和价值的研究有大量学者、专家的介入，对遗产深入浅出的阐释却有如鸿沟般难以跨越。有深度并不意味着晦涩，文化传播最大的难点是深入人心。要在传播过程中深入浅出地讲出故事、讲好故事，才能突破呆板固有的形式，才能更好地传播文化、弘扬文化。党的十八大以来，以习近平同志为核心的党中央高度重视文化自信和文化建设，强调在加强文化建设中要坚持讲好中国故事，传播好中国声音，凝聚中华民族共同体意识，向世界展现真实、立体、全面的中国，提高国家文化软实力和中华文化影响力，让世界更好了解中国。文化遗产是中华优秀传统文化的重要组成部分，为我们提供了源源不断的精神食粮。旅游为文化遗产与人民群众的接触及互动提供了重要方式，成为传播文化遗产及文化价值的重要路径。对于山西而言，浩瀚的历史长河，璀璨的古代文明，给山西留下了极其丰厚的历史文化遗存，这是我们讲好中国故事、传播好中国声音的突出优势。如何将历史解读活化，提升文化认同，传承与发扬文化，是促进和提升文化旅游高质量发展的迫切需求。

从方法层面来讲，遗产传播首先要做到认知，其次是理解，再到认同，最后是践行传播。社会公众对文化遗产的认知，是基于社会经济发展到了一定的程度，即公众有了"经济基础"，之后逐步发展"上层建筑"，开始有更多的人关注文化、艺术、休闲等精神领域的生活品质，前往自然的、文化的旅游景区，进入博物馆、演艺剧院、艺术中心等场所进行体验等，多样的文化休闲行为日渐成为新兴的社会活动和良性的发展趋势，通过这些不断陶冶个人情操，丰富精神文化方面的享受。伴随着文化行为的繁荣，文化遗产成了社会大众愿意接触，也都能接触到的事物，成为人民幸福生活的重要组成部分，为文化遗产的普及和价值发挥提供了良好的社会环境。认知到理解到认同，是递进的过程。从认知直接跨越到传播，缺少了理解与认同，遗产的价值很难被受众重视，甚至只能流于形式，就像是看了一场阵容庞大的拼凑演出，精神的提炼、价值的表达还远远不够。只有当公众认知到、理解到遗产，才能发展为认同，才能传播感受，才能激发内心。所谓的认知和理解，都需要文化遗产的价值挖掘，需要深入地研究历史，需要不断更新、扩大视野。

遗产的解读与文化的传播势在必行。习近平总书记强调："让收藏在禁宫里的文物、陈列在广阔大地上的遗产、书写在古籍里的文字都活起来"。"让文物说话，把历史智慧告诉人们，激发我们的民族自豪感和自信心，坚定全体人民振兴中华、实现中国梦的信心和决心"。长城所蕴含的是"以天下国家为己任"的民族精神，是中华文明几千年来生生不息的强大精神支柱。当中华民族面临前所未有的严峻挑战时，这种民族精神被坚守、被弘扬，并获得极大提升。山西作为"治世之重镇，乱世之强藩"，其"治与乱"直接关系到京师之安危。自古以地势险要而著称，被称为"拊天下之背而扼其吭"。山西作为与京都最近、海拔最高的省份，历来就有"得山西者得中原"的美誉。历朝历代帝王，无一不对山西的军事防御投入了极大的关注，也为山西省境内留下了诸多的文化遗产以及宝贵的历史故事。雁门关、偏头关、宁武关、娘子关等雄关要塞著称于古今，李广抗击匈奴、杨家将戍边卫国、赵武灵王胡服骑射、八路军平型关大捷、走西口等历史故事更是众所周知。山西拥有半部华夏国防史，见证着中华民族不屈不挠、拼搏进取的精神，见证着不同民族和文明之间的碰撞和交流，深度参与着多民族统一国家的形成和发展过程。更多地认知历史才能更好地感受历史的魅力，更多地凝练文化，才能不断提升文化价值。太多琐碎的、片段的、不知真假的故事充斥左右。我们需要认知历史，认知正确的历史，认知正确的串联的历史。坚持政治性、学术性和科普性的统一，坚持用中国理论回答中国问题，用中国话语解读中国历史，用中国智慧讲述中国故事，坚持既讲对讲深，又讲活讲好的原则。在专业的学术研究领域中，从未停止对文化遗产价值方面的探讨，考古学、社会学、历史学等多个相关学科，从多个角度阐释了文化遗产所蕴含的历史价值、文化价值、艺术价值、科学价值和社会价值。长城遗产不缺研究者，不缺故事，我们缺的是通俗易懂科普性强的故事，我们还缺能将这些故事、这些文化，更正确、更好、更活、更智慧地讲述出去、传播出去的人。这样的讲述者、传播者可以是学者、专家，可以是教育者，可以是导游，可以是家庭，可以是我们生活中的任何一环、任何一方。故事的讲述和传播需要全社会的参与，需要全社会的认知、理解和认同。那讲述什么，讲述哪些值得传扬、值得传颂的故事，就需要这样一批人，既知又懂，还活学活用，能将烦冗复杂的故事脉络清晰化，能将讳莫如深的道理通俗化，能将正确的、正能量的、串联的、具有大局观的历史故事深入浅出，能将古人智慧的结晶、珍贵的历史、遗产的价值展示出来、传达出来。遗产的解读、文化的传播，不需要严肃的说教，需要耳濡目染的心灵浸润。只要有通俗易懂的形式、互动的体验过程，再复杂专业的知识都有广大的受众群体，文化阵地不缺群众基础。如何通俗解读和广泛传播遗产价值，才是最该破解的难题。政府应发挥引领作用，构建全民参与、全民传播的文化氛围，统筹发挥高校和传媒的作用，高效高质传播才是上上之策。政府哪个部门来牵头，哪些部门来协调合作，往往是执行的难点。习近平总书记在十九大报告中提出，"没有高度的文化自信，没有文化的繁荣兴盛，就没有中华民族伟大复兴。要坚持中国特色社会主义文化发展道路，激发全民族文化创新创造活力，建设社会主义文化强国。"习近平指出，当代中国共产党人和中国人民应该而且一定能够担负起新的文化使命，在实践创造中进行文化创造，在历史进步中实现文化进步。省委省政府要将文化解读与传播作为大事、要事来抓，充分发挥政府主导引领作用，协调和发挥企业、高校、媒介、居民等不同主体在文化传承创新过程中的作用。

2. 长城遗产的融合与活化

遗产的解读与传播，是为了进一步把宝贵的文化遗产所蕴含的故事、价值，与丰富的文化旅游、文化创意等业态更好地衔接、活化与利用。遗产活化需要跨界，文旅融合为新时代文化遗产的活化提供了可行性路径。旅游成为文化交流与输出的重要载体。文化是旅游的灵魂，旅游是文化的载体，推动文化与旅游的融合发展，对旅游转型升级和实现文化传承具有非常重要的意义。在认知、理解和认同的基础上深挖活化遗产，提供"打动人心"的文化旅游产品，增强文化遗产的体验性，进一步增强人们对文化遗产的理解、想象和体验，使文化遗产内含的精神和文化深入人心。

遗产活化，需要让公众走进"文化场景"，也更需要文化遗产走进公众的"生活场景"。文化遗产是历史文化的精华，因此转化的形象要"讲科学""有格调"：要以真实的历史打动人，而不是任性的传说、演绎；要有品位、有颜值，更可借力当前方兴未艾的生活美学复兴潮流，以审美提升价值，以美感打动观众，提高公众认知度。远眺长城的断壁残垣，残破、古旧、荒凉的古长城绵延于崇山峻岭之中，不饰雕琢的自然美流露着岁月沧桑和不屈风骨。登临长城就能听见垓下的悲歌，想到烽火狼烟、金戈铁马，感受保卫国家的英姿和雄风，体悟慷慨悲壮的国家兴衰史。进入这样的文化场景，使得文化可触可感，宛在眼前，才能打开人们的历史视野，激发人们的兴趣。

长城文旅融合发展，不能只盯着长城遗址遗存，而是要和长城区域丰富多彩的文化相结合。相较于物质类文化遗产，非物质文化遗产最大的特征在于其与地方社区及群众的深度关联性，地方要素是非物质文化遗产的必要组成部分。然而，不少非物质文化遗产项目由于缺乏融入当代社会生产体系的有效途径，面临着传承艰难甚至失传的严峻挑战。非物质文化遗产的旅游化利用，一方面能够让更多的人了解、喜爱体现着浓郁地方特色的非物质文化遗产；另一方面也能为非物质文化遗产提供其在当代社会生存的产业依托，拓展其传承空间。长城沿线非物质文化遗产资源表现形式多样，与独特的地理历史环境相适应，形成了特色鲜明的文化传统。如民间艺术类有晋北鼓吹、五台山佛乐、右玉道情、北路梆子、耍孩儿等，体育竞技方面则更为丰富，也是长城沿线最具代表性的文化遗产，如挠羊赛、心意拳等。数量众多的文物和文化遗产、相关历史文化资源、红色旅游资源和非物质文化遗产资源，都是重要的长城文旅融合发展的资源。文旅融合的重点在于让长城沿线的游客目的地，都成为长城文化活动地并通过长城文化的导入助力其发展。让这些旅游地成为长城文化的载体，让到这些地方来的游客都能够在旅游的过程中吸取到长城的文化价值乃至长城的精神内涵。

3. 长城遗产的保护与传承

长城文化遗产蕴含着的深厚中华文化基因，已成为中华民族的精神象征，需要世代传承与弘扬长城精神，真实、完整地保护长城及其所承载的历史文化价值。山西省长城资源丰富，点多线长，保护难度大。长城分布地区地理地质条件特殊，长期面临自然侵害和人为损坏，在一些工程建设中，随意拆毁、穿越长城的情况时有发生；不当的旅游开发对长城及其历史风貌造成的破坏也让人触目惊心；部分市、县界线附近的长城因管理权限不明，致使"四有"措施（即有保护机构、有保护范围和建设控制地带、有保护标志、有档案）没有得到很好落实；对部分村（居）民在长城上取土、取石，或在长城及其周边地区进行农耕生产等行为的监管难度较大，长城因此遭受较大破坏。长城保护涉及政府力量及社会力量的共同努力。

政府在立法方面做出很多尝试。近年来，政府出台各类政策法规，为长城保护提供依据与指导。2016 年 11 月，山西省人民政府发布《山西省人民政府关于公布山西省历代长城保护范围及建设控制地带的通知》（以下简称《通知》）。《通知》中明确规定，各地、各有关部门要认真贯彻"保护为主、抢救第一、合理利用、加强管理"的文物工作方针，依法做好长城保护和管理工作。长城保护范围主要依据各类长城资源的价值和分布情况，以及保护管理工作的实际需要科学划定。原则上，长城墙体及依附于墙体的敌台、马面、关堡和相关遗存保护范围应以墙基外缘为基线向两侧各扩不少于50米作为边界；独立于长城墙体之外的敌台、关堡、烽火台和相关遗存等保护范围应以单体建筑基础外缘为基线，四周各外扩不少于50米作为边界。对于构成复杂和环境复杂的长城段落，其保护范围可以划分为一般保护区和重点保护区。《通知》规定，在长城的保护范围内，不得拆除、改建原有长城遗存，不得添建新建筑和进行其他建设工程，不得开展危害长城本体安全的活动。因特殊情况需要在保护范围内进行建设工程，应当依法履行报批程序。长城建设控制地带应根据长城的周边环境风貌和景观视廊保护的实际需要划定。原则上，位于城市的长城建设控制地带应自长城保护范围边界外扩不少于100米作为边界；位于农村和郊野地区的长城建设控制地带应自长城保护范围边界外扩不少于500米作为边界。建设控制地带内进行建设工程，不得破坏长城的历史风貌。工程设计方案应依法履行报批程序。2021年1月15日，《山西省长城保护办法》（以下简称《办法》）经山西省人民政府第97次常务会议通过，2021年4月1日正式实施。《办法》共6章37条。第一章，总则。明确长城和长城段落的定义，规定《办法》使用范围与基本原则。第二章，保护管理。规定了长城保护工作中各级政府、行政机构的责权关系，明确了社会力量参与长城保护工作的权利义务及相关具体内容。第三章，研究利用。对长城相关科研、宣传、利用等工作做出具体规定。第四章，监督检查。规定了省人民政府、市人民政府对长城保护工作进行监督检查和评估的政府责任，规定了长城所在地文物保护执法机构依法查处违法行为的权利。第五章，法律责任。对违反本《办法》行为所应接受的处罚进行了具体规定。第六章,附则。规定《办法》自4月1日起实施。《办法》中所称长城包括长城段落、长城的墙体、城堡、关隘、烽火台、敌楼、壕堑等。明确本省行政区域内长城的保护、管理、研究和利用等活动均适用本《办法》,明确长城保护应当坚持科学规划、原状保护、规范利用、属地管理的原则。《办法》中提到,长城本体抢险加固、消除长城本体安全隐患是长城保护维修工作的首要任务。长城保护维修应当遵循不改变原状及最小干预原则。长城保护维修必须保持长城的原形制、原结构,优先使用原材料、原工艺。长城保护维修应与环境治理相结合。任何组织或者个人不得在长城保护总体规划禁止工程建设的保护范围内进行工程建设。任何组织或者个人不得将长城转让、抵押或者作为企业资产经营。长城建筑构件属于国家所有。任何组织或者个人不得非法占有长城建筑构件,不得利用长城建筑构件修建除长城以外的建(构)筑物。法律法规的出台为依法推进长城国家文化公园建设,加强长城保护传承利用,阐释长城价值,弘扬长城精神,着力解决长城文化价值发掘、保护与传承提供了有力的法律支撑。

充分发挥政府在长城保护中的领导和监督作用。一是,加强对长城法律法规的宣传。尽管政府在立法方面取得了有目共睹的成绩,法律法规的贯彻与实施还需各方的积极努力,重点强化长城法治宣传教育,保护长城,人人有责。成立长城立法新闻宣传工作领导小组,全面统筹长城保护中的新闻宣传工作,研究制订新闻宣传工作的整体规划,就长城重大政策、重点工作、先进典型的宣传及社会参与引导工作提出指导性意见。积极编制适合不同层次、不同对象、不同需求的传承宣传教育读本。坚持"走群众路线",动员、吸纳社会力量,充分发挥人民群众在长城保护宣传教育中的主体地位。在宣传教育中可以依托的社会资源主要有两类:第一类是教育资源。探索"教育守护"模式,建立依托教育资源对长城宣传教育工作的长效机制。加强与各地教育部门的联系,建立政府与各地教育部门相互协调、运转高效的教育和宣传工作联动机制。加强与家庭教育的关联，探索家庭、高校等对长城遗址遗迹的认养认护模式。保护长城，从小抓起，从教育抓起。第二类是新闻媒体资源。建立"传媒守护"模式，把长城新闻宣传工作作为保护工作的重要组成部分统筹规划和安排。加强与新闻媒体的协调，定期通报长城保护重点工作进展情况及新闻宣传工作要点，积极争取媒体对长城新闻宣传工作的支持与配合。各部门要进一步增强做好新闻宣传工作的责任感和使命感，把新闻宣传工作作为长城宣传工作的重要职责，做到将新闻宣传工作与长城保护工作统筹规划、部署，一起抓好落实，以新闻宣传工作促进长城保护工作的开展。积极落实将传统宣传与多种传媒手段、传媒产品结合，如新媒体、互联网、动漫、电影、社会活动、小说、案例等各类形式，将长城保护的宣传知识与社会生活相结合，实现更好的宣传效果。二是，加强对长城保护工作的监督保障工作。政府应加强信息公开、社会评议、责任追究、举报调查处理等建设，从制度层面上建立健全长城保护工作的监督保障机制，在操作层面上建立完善的长城保护工作的岗位责任机制，重视监督、管理、检查、惩罚等操作细则的实施，责任到人，信息公开充分。

六、小结

长城是中华民族的代表性符号和中华文明的重要象征。山西长城作为万里长城的重要一部分，有着自身独特的优势。长城山西段的修筑几乎涵盖了中国历史上修筑长城的所有时代，有着长城博物馆的美誉。坐落着雁门关、偏头关、宁武关、娘子关等雄关要塞，发生过李广抗击匈奴、杨家将戍边卫国、赵武灵王胡服骑射、八路军平型关大捷、走西口等脍炙人口的历史故事，堪称半部华夏国防史，见证着中华民族不屈不挠、拼搏进取的精神。山西长城旅游带分布着众多享有盛名的旅游胜地，散落在长城沿线区域大量的古文化遗址、古墓葬、古建筑、石窟寺、石刻及其他文物，再加上表现形式多样的长城沿线非物质文化遗产，共同构成了山西长城板块丰富的文化旅游资源，形成了特色鲜明的文化传统。人们可以在山西这片高原热土上，领略万里长城的千载雄风，聆听激荡人心的长城故事，触及厚重的历史沧桑。今天，我们活化和保护长城文化遗产，我们继承和弘扬长城精神，不断发掘和提炼长城文化的内涵要义，持续不断地向世界传达着中华文明的核心价值。

参考文献：

[1]董耀会.长城——人类文明的标志[C].万里长城,2015.

[2]刘菽,赵杰.山西长城的价值与保护开发[J].晋阳学刊,2020(05).

[3]郝平.长城景观遗址研究保护和开发利用[N].山西日报,2020-11-03（011）.

[4]王玉玨,谷卿,刘先福.长城文化论纲[J].艺术学研究(1):13.

[5]董耀会.山西长城文化遗产及长城旅游发展[J].史志学刊,2020.

[6]师坚毅,邢晓亮.山西长城文化旅游的资源禀赋[J].文化产业,2018.

传统节日民俗旅游的保护与开发研究
——以河曲河灯会为个案的考察

山西大学历史文化学院、山西大学旅游研究中心副教授　闫爱萍

非物质文化遗产是中华优秀传统文化的重要组成部分，是中华文明绵延至今的生动见证。2021年8月2日，中共中央办公厅、国务院办公厅印发了《关于进一步加强非物质文化遗产保护工作的意见》，保护好、传承好、利用好非物质文化遗产对于坚定文化自信，建设社会主义文化强国具有重要意义。河曲河灯会作为国家级非物质文化遗产，见证了地域交流、民众生活、区域崇拜等历史渊源，如何将河灯会这项非物质文化遗产不断传承和开发，实现其活化利用，具有重要的现实意义。在此基础上本文进一步探讨传统节日如何更好地融入文化旅游活动发展中，从而带动乡村振兴，促进地方经济发展，树立民众的文化自信。

一、问题提出

通过检索，笔者查阅到了数十篇关于国内民俗旅游、传统民俗节日以及七月半习俗的研究论文和相关著作，其中都涉及现状研究、民俗旅游的开发及传统民俗的保护等方面，现将相关文献分析如下：

学者陶思炎早在20世纪90年代就对民俗旅游做了许多研究，他

在《略论民俗旅游》一文中,阐述了当时民俗旅游的状况与发展前景,对民俗旅游进行定义,并深刻分析了民俗旅游的五大特征,即质朴的民间性、鲜明的民族性和地方性、文化背景的可靠性、情趣的乐观性、时空的混融性。其次,从民俗范畴、民俗生活的空间,以及产品性质、旅游产品的服务功能四个角度,将民俗旅游的类型做了明确划分。最后,陶思炎还指出民俗旅游的开发,应遵循因地制宜、发掘特点、平中见奇、多功能性四大原则。这为我们进一步研究民俗旅游及其开发提供了理论基础。

学者周书云在其《节日旅游开发探讨》一文中指出,中国的节日具有很大的开发价值,是深厚的人文旅游资源,节日文化具有休闲性、群众性、综合性、民族性、传承性的特点。目前在我国,存在众多节日开发力度不足、广度不够、宣传不够,重表演形式、轻文化内涵的开发现状。他继而针对这一系列的问题提出了节日开发举措,明确指出要政府企业共同重视,各部门配合挖掘节日内涵,将节日活动与经贸活动、传统活动与现代活动相结合,加之广泛的宣传策划来开发节日旅游资源,这为我们研究节日民俗的开发提供了启发。

学者康玲、邓思胜也对节日民俗旅游做了相关研究,其中在《旅游开发与节日民俗文化变迁的互动关系分析》一文中明确提出了旅游开发与节日民俗文化变迁两者之间的相互关系。旅游开发是节日民俗文化变迁的重要动力,也是引起其层次性与不均衡性的重要原因,继而造成了节日民俗文化社会功能的变化,反过来,后者也制约着前者的开发过程和开发效益,二者既正相关,又负相关。因此,作者在最后指出随着旅游的不断发展和进步,怎样才能使传统节日习俗不致消逝,得以传承并发扬光大,是我们需要进一步研究的问题。

学者张悦在《传统民俗节日的保护与创新研究》一文中指出,保护传统节日民俗要坚持民间事民间办,原生态保护,活态保护,整体保护,传承与创新并重的原则。通过建立民间自行组织为主,政府倡导推动为辅的"办节"机制，将传统民俗文化与生态旅游资源进行有效的整合，加强地方特色节日文化挖掘和保护，形成具有鲜明区域特色的地方文化形式，传承发展传统民俗节日文化和培育现代节日文化相结合。这为我们保护传统民俗节日并加以创新提供了理论指导。

学者辛海明对民和土族的民俗节日做了相关研究，在《民俗节日作为文化旅游资源的征用及其策略——以民和土族纳顿节为例》一文中，分析了纳顿节作为文化旅游资源进行开发具有重要意义，根据旅游者需求层次的不同，指出了纳顿节这一民俗节日应从视觉、感觉、意义、精神的四种需要层次去吸引游客并满足旅游者的需求，具体来说就是激发游客的潜在欲望，进而引导需要，并实现需要。作者还指出在实际操作中需要注意一些问题，即明确主题，注重形象塑造，还要注意作为文化主体的当地居民的态度，保护与传承纳顿节这一民俗节日是一项任重而道远的事业。

学者马桂芳在《文化传承视野下的藏区节日民俗文化旅游发展》一文中提出发展民俗旅游既是传承、发展优秀传统文化的良好依托和方式，也是人民群众享有健康丰富文化生活的有效举措，打造藏区节日民俗文化旅游品牌，对于实现这一区域节日民俗文化的传承与保护，实现民俗旅游的可持续发展，具有重要意义。同时，这对于我们研究本省的传统节日民俗以及节日民俗的旅游开发同样具有指导意义。

学者周惠英在其《中元节民俗仪式研究——以湖北省团风镇七月半民俗仪式为例》一文中全面分析了当前有关中元节的研究现状，指出对中元节的研究不多，从这些研究中虽然能使人们对中国节日文化有较为全面、历史的认识，但都不能揭示当代人们生活中的节日，尤其是中元节，以及当代中元节承载的社会文化功能。作者深刻分析了中元节的意义构成，并对团风镇的七月半民俗从活动仪式到其内在文化意义都做了全面的论述，这为我们进一步研究七月半民俗节日提供了理论指导。

学者杨思成在《论中元节的形成、发展及文化价值》一文中，较为系统全面地论述了中元节的来历、中元节的成因，并对中元节的社会价值做出了总结。作者指出中元节是我国各族人民在漫长的岁月中逐渐形成的重要节日，我们应通过科学的分析研究，将这种文化现象得以弘扬，让青年一代知道中元节是我国民间专门纪念祖先的节日，它对于了解我国人民的伦理道德、心理情感、深层意识、风尚习俗、社会文化有重大价值。

综合以上文献资料，我们不难看出，民俗旅游已经引起了相当广泛的社会关注，关于民俗旅游以及传统节日民俗开发的研究，也吸引了众多学者的目光。这一类文献资料会越来越多，对传统节日民俗的思考也会越来越多。与此同时，我们也应注意到我们山西省作为一个拥有众多历史文化和民俗资源的悠久省份，相关研究却相对较少，而对于重要的传统节日七月半的相关文献更是屈指可数，因此，无论是从节日民俗旅游发展的现状还是相关研究现状出发，对于本省的传统节日民俗研究都是很有必要的，并且是有重要社会、经济、文化价值的。

《春秋繁露·四祭》云："古者岁四祭，四祭者，因四时之生庸而祭其祖先父母也。春曰祠，夏曰礿，秋曰尝，冬曰蒸……尝者，以七月尝黍稷也。"[①]《礼记·月令》孟秋"农乃登谷，天子尝新，先荐寝庙。"即指"秋尝"。可见七月十五在古时为"秋尝"，在四时之享中是唯一的夏商周三代不改之制，在传统社会中有着深厚的民俗基础和悠久的传统渊源。七月十五，又称"鬼节"，因其与宗教的紧密联系显示出它的特殊性。七月十五在中国是一个传统的节日，是佛教、道教和民间三方力量共同建构的结果。

在中华大地上，历来就有"七月望，放河灯"的习俗。七月望是

---

① 董仲舒：《春秋繁露》，四祭第六十八，学苑出版社，2003年。

我们古代秋季一个十分重要的人文节日，道教称中元节，佛教称盂兰盆节，民间称为鬼节，是中国三大传统鬼节（清明节、七月望、十月朔）之一。宋代以后，三教逐渐融合，成为一日贯三节，融儒、释、道文化于一体，历史影响长达上千年的重大传统节日，此后统称为中元节。中元节因其祭祖的节俗主题和孝文化的核心精神内涵在中华历史上具有重要地位。放河灯是中元节的重要仪式，俗称"七月半，鬼上岸，放河灯，烧香秉烛祭河神"，其主要的功能是表达对逝去亲人的哀思；对先祖的祭奠和对无主孤魂的救赎，体现了人们追荐先祖、驱逐鬼魅、乞求平安的心理诉求。放河灯这一传统习俗，在汉、蒙古、达斡尔、彝、白、纳西、苗、侗、布依、壮、土家等民族中普遍流行。道教、佛教在农历七月十五举行宗教节日时亦燃放河灯。

佛教在七月十五当日念诵经文，让信众供奉盂兰盆布施福泽于父母；道教则举行斋醮仪式超度往生亡灵；而民间主要有两种迎接方式：一是到墓地奉上新收的谷物追思祖先，另一种是在晚上举行路祭。在历史上，它的称谓多样：如清朝顺天府称该节为"七月半"；天津武清一带"七月十五日，祭先，谓之'荐麻谷'"[①]；昌黎县则直接叫作"麻谷节"；河南长乐市一带记为"过月半"；湖南桂东县俗呼为"送衣节"；广东河源地区因为盂兰盆节强调目连救母的故事而索性把盂兰盆节改名为"目连节"；广东东莞麻涌等乡称该节为"田了节"。[②] 从这些名字上我们可以看出不同地区的人们过节有着不同的侧重点。这些习俗在山西各地也有传承。随着时代发展，传统意义上的"七月十五"已经发生了很大的变化，这一点从本次调查地河曲得到明显体现。从宗教、民间的鬼节变为民众狂欢的节日。

---

① 丁世良、赵放主编：《中国地方志民俗资料汇编·武清县志》，书目文献出版社，1997年，第64页。

② 丁世良、赵放主编：《中国地方志民俗资料汇编·郑县志》，书目文献出版社，1997年，第3页。

二、河曲地理环境与人文环境

打开地图，先找到几字形的黄河。在几字的横折往下一点出现一个近乎夸张的S形流线，河曲就傍着这S形的河道。俗话说"黄河九曲十八弯"，这些曲曲弯弯在河曲境内体现得淋漓尽致，河曲县也因此得名。河曲县位于山西省西北部，西、北隔黄河与内蒙古自治区准格尔旗和陕西府谷县遥望，素有鸡鸣三省之誉。因特殊的地理条件和丰厚的物产，历来就是兵家必争之地。历代王朝觉得天堑黄河还不够防御，明朝初期又沿着黄河内侧修筑了坚固的边墙，也称内长城，约140华里，以防鞑靼、瓦剌等游牧部族南下进犯。在清朝绘制的河曲县地图上，除了S形的黄河外，另一个明显的特点就是伴随着黄河筑有长城。黄河、长城，这两个一动一静的地面物体，护卫着一座县城——河曲。后因黄河侵蚀，再加上年久失修和人为破坏，县境内残存长城有20多公里，砖石多已不在，仅剩内芯土层，但烽火台却隔不远就能看到一个，很容易让人遐想出曾经连绵不断的雄伟长城。土色的长城外荒草丛生，散布着大大小小的坟头，烽火台残体立在高处，仿佛守着这一大片墓园。

进入河曲县城，必经一条由东向西的黄河大道，现改名为东大街和西大街，主要的政府部门和一些商铺就分列于大道两侧。西大街的尽头就是黄河，县城建设垂直于黄河。这和临近的保德县城恰好相反，保德县城与南下的黄河平行。

黄河岸边已经被修成西口古渡广场。西口古渡位于河曲县城水西门和内长城之外，黄河东岸之上。沿岸巨石垒砌，顺河而下百余米长。河面宽约三里，彼岸右是内蒙古准格尔旗大口渡，左是陕西省府谷县之大汕渡，当为出河套之进口。西口古渡本名水西门渡口，可追溯至汉。西口古渡和禹王庙与蒙陕隔河相望，素以鸡鸣三省而闻名遐迩，吸引来中外游人，成为塞北一大人文自然景观。

西口是指今山西右玉县境内紧邻内蒙古的杀虎口，因其位于长城的另一个通道口——张家口的西面，故称"西口"，内地人把从杀虎口等长城沿线进入内蒙古草原地区叫走西口或走口外。位于晋西北高原黄河大拐弯处的河曲县，是当时走西口的重要码头。山西、陕西、河北等地的农民为生活所迫，远赴察哈尔、绥远等地，即今内蒙古中西部乃至更遥远的地区垦荒、挖煤、拉骆驼、做小生意。

走西口不仅成就了沃野千里的河套平原，也成就了列入中国第一批非物质文化遗产的二人台艺术。二人台是西口路上的哥哥们和妹妹们用血和泪浇灌出来的艺术之花，是晋西北、陕北、内蒙古河套人民最喜闻乐见的娱乐活动，长演长盛，经久不衰，流传至今。建在西口古渡之上的古戏台就是二人台艺术和走西口历史紧密结合的标志。山西河曲著名的西口古渡如今已经变成美丽的黄河广场，成了年轻人谈情说爱之地。

漫步西口古渡，耳畔会不时传来"想亲亲想得我手腕腕软……对坝坝的那个圪梁梁上那是一个谁，那就是我要命的二小妹妹……"等让人心醉神迷的民歌曲调。在河曲这块瑰丽奇异的歌乡宝地，西口古渡就是文艺庆典、文化娱乐的好舞台，歌会、演唱会、民歌大赛、广场文化系列活动异彩纷呈。河曲人健身、休闲、娱乐，首选西口古渡，这里是河曲县的全民健身活动中心。一年里无论在哪一个季节，每天清晨，在西口古渡都能见到许多健身娱乐的男女老少。作为河曲人走西口的历史遗存，现在的西口古渡焕然一新，从暮春到深秋，草坪青绿，松柏吐翠，花卉溢香。两处八角八柱的观河亭雕梁画栋，飞檐斗拱，遥相对峙。音乐喷泉开启，一股股水柱随着音乐节奏此起彼伏，凉意袭人。

西口古渡最热闹的时候是每年农历七月十五前后三日的河灯会，其时夜幕降临后，游人如织，比肩接踵，熙熙攘攘，大家兴高采烈，争着观看这"万里黄河上的一大奇观"——放河灯。2007年的七月十四日至十六日，每晚分别漂放了1000盏、1650盏、1000盏河灯，三天共漂放3650盏，而今年更是达到每天3650盏之多。盏盏河灯呈送吉祥；同时举行了盛大的焰火晚会，礼花接二连三地腾空绽放，五彩缤纷，犹如天女散花，与星星点点的河灯交相辉映，令人目不暇接，叹为观止。

西口古渡广场中心建筑是禹王庙，当地人也称河神庙，为歇山顶建筑，坐北朝南，供奉禹王，内有壁画。始建于清乾隆十六年（1751），道光十三年（1833）重修时，晋、陕、蒙边民捐资将祭奠大禹、放河灯的历史情形绘于墙壁而记之。如今重修的禹王庙内的壁画尚在。庙里的南北两面墙壁上各绘有32幅方格形的连环画，画面略有些模糊。我们在其中找到两幅明显能看出河水和画题的，一为"州县共祭"，另一为"邑人祭河"。其中"州县共祭"图中央有两位人物，面对波涛滚滚的黄河，着蓝衣者正说着什么，而着红衣者合十跪拜，河面上漂浮着几盏已点燃的河灯，形状与现在的河曲纸船河灯一模一样。但是庙内除了供奉大禹塑像外，还有释迦牟尼、观音菩萨和道教的吕洞宾，佛、道及传说中的英雄人物共处一室，极大地满足了不同信众的诸多诉求。

黄河在河曲县境内流域面积比较宽阔，历史上就形成了几处古渡口。除了西口古渡之外，还有娘娘滩。娘娘滩位于县城东北约7公里处的黄河中流。它的上游是龙口峡谷，滔滔黄河在数百里陡峻绝壁的挟持之后，突遇河中央的娘娘滩，脾气顿时消解，从此展开数十里富饶的河谷平原。据说这个小岛是万里黄河上唯一有炊烟升起的地方，被誉为天下黄河第一岛。从高处看，娘娘滩像泊在黄河中央的一片椭圆形的植物园，全岛均被树木和庄稼密密地遮盖着，看不到有人家。因为站得高的缘故，视觉出现了浓缩效果，感觉娘娘滩太袖珍。但实际上，即便岁月侵蚀涤荡，娘娘滩现在仍有土地300亩。而县志记载，清朝滩面还"广可五顷"。

娘娘滩历史上是重要的渡口，南岸是汉民族，北岸则是少数民族。两岸人民在此交融也在此争斗。南岸的罗圈堡是明朝初期建立的一个关，设立在高山之顶，与长城、堡、烽火台、墩、口等共同组成严密的防御工事。史载，城堡全由青砖包砌，高3丈5尺，正南设有瓮城。东连接寨子，南有饮马泉沟、纸房沟，西有八墩台，北有长城，长城随山而建。罗圈堡东有石城口，西有石梯隘口，控制着整个河曲东西往来的咽喉之地。

当地民间传说，汉代吕后专权，薄姬和年幼的汉文帝曾被贬居于此，娘娘滩由此得名，薄姬曾将汉文帝藏在上游的另一座小岛上，那座小岛于是被称为太子滩。岛上的居民还说，当年保护薄姬母子避居于此的是飞将军李广，他们都是李广的后代。岛上现在建有娘娘庙以纪念薄姬，还有一座小小的博物馆，里面展示着出土于此的汉代瓦当。据鉴定为北魏遗物，可知岛上建庙历史之远。岛上居民自称李广后代，每年农历五月初五赶庙会，祭祀圣母，且言"水涨多高，岛涨多高"。每发大水，便放炮摆供，祈求圣母保佑。1981年除夕，冰水淹没了除圣母庙高地外的整个村庄。村址从此迁到对岸的娘娘口，即今天的河湾村。这里的居民过去也放河灯，日子却是在七月初二，和对岸内蒙古放河灯的日子一样。

河曲地处黄土高原东部边缘，整个地形东高西低。黄河流经河曲县76公里，给河曲县带来了丰富的水力资源。或许受着黄河熏陶，河曲人在豁达豪爽的外表下还隐藏着细密曲折的女人般心事。这一点从河曲民歌中可以感受到。这里素称"民歌的海洋"，特有的黄河和黄土文化，产生了河曲民歌，明代就有所谓"户有弦歌新治谱"。如今的河曲民歌在全国依然享有名气，最打响的那首《走西口》，唱得人肝肠寸断。正是因为"走西口"，河曲的河灯会才得以发展和传承下来。

三、河曲七月十五河灯会的历史渊源

（一）晋西北民众的生存困境

山西地处黄土高原最东端，整体来看自然条件一般。尤其是晋西北吕梁山区和晋北塞外，大部分地区地少人多，耕地面积少，土地贫瘠，干旱少雨，风沙弥漫，气候寒冷，无霜期短，粮食生产相当落后，百姓生活艰难。正如民谣中描述的"河曲保德州，十年九不收，男人走口外，女人挖苦菜"。晋西北地区民众一直处于广种薄收，有时甚至连种子都收不回来的生存状态。

明朝后期，明王朝对蒙古大汗进行册封，长城内外汉蒙两族实现了互市。山西北部社会环境得到极大改善。清代前期，由于清政府和蒙古之间关系非常融洽，长城南北的军事对立不复存在，为晋西北地区发展赢得了和平的环境。在这样的历史条件下，晋西北地区人口从明代后期开始不断增加。但是，由于生产方式陈旧，生产力水平低下，人地矛盾逐渐突出，人口压力日益凸显，尤其是遇到自然灾害，广大民众生存都难以维持。许多人被迫背井离乡，开始了"走西口"。正如《走西口》的民歌中所描述：

> 在家中无生计，西口外行，一路上数不尽艰难种种：小川河，耍一水，拔断儿根；翻坝梁，刮怪风，两眼难睁。回头看：扔妻子，撇父母，实实惨心。此一去：东三天，西两天，无处安身；饥一顿，饱一顿，饮食不均；住沙滩，睡冷地，脱鞋当枕；铺竹芨，盖星星，难耐天明；上杭盖，掏银子，自打墓坑；下石河，拉大船，驼背弯身；进河套，挖大渠，自带囚墩；上后山，拔麦子，两手流脓；走后营，拉骆驼，自问充军；大青山，背大炭，压断背筋；高塔梁，放冬羊，冷寒受冻；遇传人

(瘟疫)，遭瘟病，九死一生；沙蒿塔，碰土匪，几乎送命。

(二) 河曲特殊的地理位置与走西口浪潮

河曲县位于晋西北，黄河从东北方的偏关县老牛湾向西流来，经太子滩、娘娘滩，逐渐滑向西南，再折向东南，包绕了半边县城后，顺势而下，又在五花城、巡镇附近形成一个较小的反向弯曲，即S的下半个弯曲，回向西南流淌，直至流入保德县境内。

河曲县是黄河流经山西的第二个县，河曲城则是黄河在山西境内第一个重要的口岸。河曲76公里的黄河水道有渡口多处，但因河曲地处晋、陕、蒙三地交界处，素有"河曲金鸡鸣三省"之称，是连接三地的中心枢纽。黄河在两岸壁立的晋陕大峡谷奔腾流淌，到了河曲却形成了开阔而平静的河道，这种优势的地理位置使得河曲成为重要的水陆大码头。河曲城前身是河保营。河保营即古灰沟营。[①] 河曲县治原设于河曲营，在今河曲城东南约35公里处（俗称旧县）。进入清代，由于政治统一，蒙汉和平相处，长城内外趋于和平，作为军事重镇的河保营的重要性开始下降，同时其经济交流的功能却逐渐显露。据乾隆二十九年（1764）《移驻县治碑记》："康熙三十六年（1697），圣祖仁皇帝特允鄂尔多斯之请，以故河保营得与蒙古交易，又准河民垦蒙古地，岁与租籽。盖自人烟稠密，商贾辐辏，于斯为盛焉……于乾隆二十七年，以河保营云集交衢之地，五方杂处，兵民繁错，烟户十倍旧城，爰奏请移驻，以资弹压，奉旨俞允。"[②] 这段史料反映出，随着河曲与内蒙古的经济关系逐渐加强，河保营由此逐渐走向繁荣，到乾隆朝前期，河保营已经得到较大发展，本地居民及外地商人云集，人口是当时县治河曲营的十倍之多，所以出于有效治理考虑，清

---

① 周少卿：《古城河保营》，载河曲政协文史资料委员会编：《河曲文史资料》（修订本），第二辑，2004年印行，第140页。
② [同治]《河曲县志》卷六《碑记》。

政府准许河曲县治由旧城迁移至河保营。

从明代开始,长城沿线的关隘被称为"口",因此人们将河北的张家口称为"东口",通往内蒙古的右玉杀虎口、河曲古渡口、偏关水泉鸿门口等关口则被泛称为西口,走西口就成为山西人背井离乡进入广阔蒙古草原的代名词。晋西北的走西口民众一般通过水路或陆路到达内蒙古地区,水路主要指河曲的西口古渡。从上面的史料我们也可知康乾以来,河曲民众大量走西口谋生,正如《河曲县志》所载:"河邑人耕商塞外草地,春夏出口,岁暮而归。但能经营力作,皆足糊口养家。本境地瘠民贫,仰食于口外者无虑数千人。其食糜米、麦面、牛乳、牛肉,其衣皮革毡褐,其村落曰'营盘',其居屋曰'帐房'……凡出口外耕商者,莫不通蒙古人语。"①

既是水陆大码头又是县治所在,河曲城的经济得到更快发展。乾隆四十八年(1783),内蒙古河西至十里长滩地区归河曲代管,客观上有助于河曲经济社会的进一步发展。至道光年间,河曲已是一派繁荣景象。当时河曲名宦黄宅中在其《边墙考》一文中这样描述河曲:"黄河来自口外,船筏运载,商贩流通。今之县治,当水陆通衢,十里长滩,牌外牌内,分界之地,市肆田庐,人烟辐辏,昔之边隅废址,今为乐土腴田。"②

(三) 河灯会的历史渊源

放河灯的习俗起源于印度。据说在佛祖释迦牟尼的故乡,佛教信徒每年于七月十五日举行孟兰盆会,放河灯追祭祖先、超度亡灵。孟兰,在梵文中是"倒悬"的意思。盆,是指盛供品的器皿。河曲河灯会的历史渊源主要可以归结为历史时期的走西口活动,同时又与禹文化、传统的鬼神文化有关。

---

① [同治]《河曲县志》卷五《民俗》。
② [同治]《河曲县志》卷七《艺文类》。

河曲位于晋西北，地处黄土高原东部边缘，又在黄河南流入晋处，西北隔黄河分别与陕西府谷县、内蒙古自治区准格尔旗相邻。河曲、偏关、保德在晋西北地区走西口活动中最具有典型性，这里属于黄土高原丘陵区，地势起伏不平，沟壑纵横，植被较少，水土流失严重，虽在黄河入晋处，但由于地势落差太大，技术落后，历来对黄河水的利用极其有限。从所处的气候带来看，晋西北属温带干旱半干旱区，降水量少，无霜期短，据20世纪四五十年代天气状况的统计，这里年平均降水量约425毫米，而且常伴有自然灾害，其中以旱灾最为严重，正如当地俗语所言："河曲保德州，十年有九旱"。清代康基田在《晋乘蒐略》中引用《燕闻录》说："山西土瘠天寒，生物鲜少……乡民惟以垦种上岭下坡，汗牛病仆，仰天待命，无平地沃土之饶，无水泉灌溉之益，无舟车鱼米之利，兼拙于远营，终岁不出里门，甘食蔬粝，亦势使之然，而厌其嗜利，或病其节啬，皆未深悉西人之苦，原其不得已之初心也。"① 所以穷苦是造成人们走西口的重要原因。

河曲素有"鸡鸣三省"之说，与陕西省和内蒙古自治区隔河相望。县城的古长城隘口"水西门口"的黄河大渡码头，则被人们称为"西口古渡"。

　　　　哥哥你走西口，小妹妹也难留。
　　　　止不住伤心泪，一道道往下流。

这悲伤凄凉的歌声，就是最先从这里唱响的。

听着这悲伤凄凉的歌声，一步一回头地走向口外的汉子，自然都是生活无着的穷苦人，他们背井离乡，受尽磨难，最终虽然也有几个发了财的，但绝大多数人依然难以摆脱贫困的命运。他们有的被饥饿、疾病所困，辛劳一年一无所获；有的虽有所获，却被土匪抢劫一

---

① （清）康基田：《晋乘蒐略》第九卷，嘉庆十六年。

空；有的甚至遭遇不测，抛尸他乡，再也未能返回家园。其中，被称为"河路汉"的黄河船工，长年奔走于黄河天险，九死一生，丧命者更是不计其数。有民歌唱道：

> 天下黄河九十九道弯，
> 湾湾洒满扳船汉的血。
> 吃饭的人走鬼路，
> 什么人留下个跑河路？

今天不知明天死活的船工们别无他法，只好乞求河神保佑，消灾免难。于是，便由"河路汉"出力，工商富户出资，于清乾隆十六年（1752）在水西门口处建起一座"禹王河神庙"，同时在庙门口的黄河岸边盖了一座雕梁画栋的大戏台（今尚存），并结合当地乡俗中元节（亦称"鬼节"）祭祀祖先的习俗，把每年的农历七月十五定为求生祭祀的活动日，活动内容则由船工组织河路社具体安排。起初，活动叫"迎神祭鬼节"。到时，戏台上要唱敬神"愿戏"，并放铁炮十二响，称为"镇妖炮"；庶民百姓要给河神烧香披红，供奉面食糕点等供品；还要送糕灯，称为"祭心灯"。而那些走西口死难者的家属，则要在河岸上烧纸船、焚纸钱、抛供品，并用瓜瓢或瓷碗做成河灯，放入黄河中超度亡灵，称为"领魂祭祖灯"。这便是西口古渡河灯会的雏形。

同时晋西北地区自古以来就是兵家必争之地，为明代九边重镇。《河曲县志》中对疆域也有记载："县城河保营即古灰沟营，明宣德间建……周围三里八步，砖砌高三丈六尺，增建南门合东西二门为三门，上各建楼一座。西临黄河当九曲之一，东西南北皆山，至保德州及岢岚、五寨、偏关等处路俱险峻。"① 明代晋西北的战略地位更为重要，明朝初年，蒙古退至漠南地区，骑兵经常南下，成为明王朝的一

---

① ［同治］《河曲县志》卷一《疆域》。

大隐患，明太祖十分重视晋西北一带的防御，因此大修边政，严密防守。有清一代，随着政府放垦政策的推行，走西口移民增多，河曲也成为蒙汉交往的最前沿，河曲城内涌现出众多的商家大贾。《河曲县志》中记载，光绪十六年，河曲有十座商号，外籍客商纷至沓来，据民国十年地方商会统计，当时河曲县城的糖、粉、豆腐、酱坊有147家，仅油酒坊、货铺、旅店就有195家。城内旅店客满，街道行人云集，买卖之声不绝于耳。本地巨商的"十大富号"也于此时兴起，个人资产都在10万银币以上。

在这种情形之下，每年农历七月十五来临之际，走西口谋生的穷苦百姓，内蒙古、陕西的商贾客户都要祭奠大禹，糊盏河灯放于河中为那些茫茫黑暗中的孤魂指点迷津，保佑风调雨顺，两岸百姓安居乐业、平安吉祥。《中国文化杂说》第一卷记述："河灯会，以山西省晋西北河曲县七月十五夜黄河灯会最为盛大、壮观"。

河曲河灯会历史悠久，其记载最早可见于明万历《河曲县志》。清道光十三年重修禹王庙，晋、陕、蒙边民捐资，将祭奠大禹、放河灯的历史情形绘于墙壁而记之。现在西口古渡河神庙内墙壁还有壁画保存。关于河灯会的时间目前有两种说法，有先后之别。从调查得知，内蒙古自治区准格尔旗河灯会的时间是七月初二。据赵国安老人回忆说：

> 南海子村放河灯是怕洪水泛滥，淹村庄，淹地。祈平安，祷告河神爷不要淹没村庄，一年四季平安，这都是离河近的地方。在阴历七月初二，七月份雨水多，怕灾害多。①

河曲河灯会的时间也有两种说法，一种就是现在的七月十五，另一种说法也是七月初二，据河曲县河湾村鲁二珠老人讲：

---

① 访谈时间：2010年10月2日。访谈地点：内蒙古自治区包头市东胜区南海子村赵国安家。被访谈人：赵国安。访谈人：段友文。

过去河湾村七月初二开始放,是河神的生日,敬供河神。一般放三天,基本上是河畔扳船的人放。有船的人开上船在河中间放,没有船的就在河边放。当时扳船有河路社,河路社定了七月初二,七月十五过会。内蒙古也是过初二。

通过调查可知,河灯会的时间有个变化。目前政府主导打造的河灯会已经进行了整合,河灯会的渊源被赋予更多的文化符号。

四、河曲"三个灯会"与民众生活

从调查中我们可以充分感受到"灯"这样一个元素,已经从具象的实物演变成了意象的文化符号,一年四季不同的节日里发挥着重要的作用,表达了民众不同的生活诉求,反映了民众的生活情趣。河曲民众在三个时节中有三场重要的灯会活动。

(一)正月十五灯游会

清代人吴景旭曾这样描述当时乡村的九曲黄河灯会习俗:"十一日至十六日,乡村人缚林楷作棚,周悬杂灯,地广二亩,门径曲黯,藏三四里,入者误不得迁,即久迷不出,曰:黄河九曲灯也。"[1] 山西地方志中也这样描述灯会的盛况:"元宵苇席搭神棚,炮火花烟气倍增。游绕黄河三百六,沿途五色纸笼灯。一缕火花一绺灯,细吹细打鼓锣声。纷纷士女重围看,炮药花烟气象增。"[2] 正月十五灯游会也称九曲黄河灯会、灯油会。活动在各地的仪式有所差别,但一些基本核心要素大致相同。"转九曲"是黄河流域大部分古村镇元宵节前后的一种民俗活动。灯会的基本构成要素有:空旷的场地、灯盏儿、灯

---

[1] 吴景旭:《历代诗话》,文津阁四库全书,商务印书馆,第496册,第516页。
[2] 孔兆熊、郭蓝田修,阴国垣纂:《沁源县志·歌谣》,民国二十二年刊本,《中国方志丛书(华北地方·第404号)》,成文出版社有限公司,1968年,第204页。

杆、油灯（现在多用电灯）。整个活动气氛喜庆，文化内涵独特，深受当地民众喜爱。同治版《河曲县志》这样记载灯会民俗："上元，插灯数百枝，排列宛如阵图，观灯人曲折行其中者，'转灯油会'也"。灯会的热闹非凡由此可见。

转灯游会是黄河流域古村镇一项传统的民俗活动，其中最有代表性的是"九曲黄河阵"。所谓"九曲黄河阵"，是以365根竹竿（暗喻一年365天）栽插在一片平整、空旷的场地上，用绳索相连，构成曲折、通断相连的固定通道，并在四周设定东、西、南、北等九个出口，号称九门连环。每根竹竿的竿顶，都装有一盏小花灯，在晚上的时候星星点点，尤为漂亮。每年正月十五，四周的人们便手持香火，在锣鼓、唢呐的吹打声中，由伞头秧歌队率领，走进传说为姜子牙创造的"九曲黄河阵"。听老人们说，如果能从阵中走出来，来年就能顺顺利利、万事如意、好运连连。这也是一种兼娱乐活动和民间信仰为一体的民俗活动，体现了民众向往美好生活的一种心理。

目前，这些活动依然保留在晋西北广大村镇，河曲县以井峪沟村最有代表性。村里每年负责操办黄河九曲灯会的人员一般共七人，其中一人被推举为"大会首"，其他六名为"小会首"，灯会的操办由大会首全权负责，而小会首则负责协助大会首做具体的事务。每年的会首都是在全村村民中轮流推选。每年的黄河九曲灯会一罢，负责操办灯会的"接力棒"便由本年度的会首传到下一年会首的手上。村里主要有乔姓和张姓两大宗族。灯会的操办打破了两大宗族之间的隔阂，便于集中宗族力量进行具体的操办。乡村民间社会群体对于黄河灯会的选择主要表现为宗族势力对民俗的主观认同和选择。反之，如果没有民间社会群体的推动，民俗便没有这样的持久动力。①

---

① 参见苗峰：《明清黄河流域元宵灯俗的历史地理学考察——以九曲黄河灯会为中心》，暨南大学硕士学位论文，2010年。

(二）二月初二灯盏会

农历二月初二是河曲县刘家塔镇碓臼也村一年一度的"灯盏盏"传统习俗古会。该村村民在这天把美好心愿置于那一盏盏亲手制作的明灯中，以祈一年通顺。

碓臼也村是河曲县的一个偏远小山村，这里的人们有着一个传统的习俗，每年农历二月初二，全村人都要亲手用酥糕为自己捏制一个灯盏盏。灯盏盏的造型各异，有人物，有猛兽，有活灵活现的二龙戏珠，又有惹人喜爱的憨态小狮。二月初二这天夜幕降临后，该村家家户户、男女老少，手持自家的灯盏盏，相约村委大院，分案摆放，浇油点灯，顿时，犹如繁星落地，点点闪烁，天地同辉。同时，全村男女老少在八音鼓乐的引领下围灯而转，将心中的美好愿望寄予明灯，期盼一年通顺、安康。

据悉，这种"灯盏盏"会在该县的好多村庄都曾有过，但随着时间的推移，能够保留下来这一传统的地方，已是屈指可数。这种"灯盏盏"是由蒸熟的黍子面捏制而成。外面是形态各异的人物、花草、鸟兽等形状，里面放入灯油插一灯芯，夜晚点亮犹如繁星，甚是好看。河曲县碓臼也村的这一民俗，不仅丰富活跃了村民的文化生活，浓郁了节日气氛，同时也对保护、传承珍贵的民间手工艺和民俗有着极重要的意义。

(三）七月十五河灯会

如果说，二月二灯盏会是村落范围内小规模的集会，七月十五河灯会则是在县城里过大会了。是夜，西门河畔，人头攒动，四面八方，远客近邻，扶老携幼，齐来观灯。先前旧俗是往黄河里放365盏河灯，演变至今，则是在河中每日放3650盏，连放三日。盏盏河灯，随波逐流，明暗起伏，曲折西行，观者惊呼，颇为壮观。与此同时，焰火腾空，唢呐绕耳，笙鼓齐鸣。间或朗月高悬，霓虹闪烁。此刻若隔岸相望，此间灯火繁盛，人声鼎沸，真乃人间胜境。全无原先对不幸落水身亡者的一腔哀思和希冀超度的热望，而逐渐成为招商引资、文化交流、呼朋唤友、度假旅游的全民狂欢节。如果说正月十五灯游会是河曲民众前半年的喜庆佳节，那么，七月十五河灯会则成为河曲后半年传承欢庆的又一节日。灯游会是喜迎春天，播种希望；河灯会则是秋收前的报告，收获希望。

五、第十七届七月十五河灯会

河曲河灯会历史悠久，自兴起之后不断传承，中间也一度出现断裂。清同治年间，水西门口的黄河大码头成为蒙汉经济文化交流的重要商埠，人称"黄金口岸"。有碑记曰："河邑人民多在口外贸易，贩运各物，俱起载于水西门口。是水西门为货物辐辏之区，商旅往来之地，舍舟登陆，适当其冲。"也正是在这期间，艺人们创作出了河曲民间歌舞小戏二人台的代表性剧目《走西口》。原剧本中有这样的唱词："走脱二里半（注：二里半是紧挨水西门口的一个河边小村），拧回头来看。我看见小妹妹，还在房上站。一溜簸箕弯，下了大河畔。西门口上大船，丢下我命肉蛋。"这便足以证明《走西口》诞生于河曲。

同时，商贸的不断繁荣也促进了民间歌舞的兴盛，一个又一个二人台班社相继诞生，如樊家沟村的樊贵桌（百灵旦）班，唐家会村的李有润（万人迷）班，双庙村的何山（美人鱼）班，沙坪村的菅二毛（芝麻旦）班，等等。每逢举办河灯会，他们往往要来演出助兴，从而使河灯会的规模不断扩大，娱乐性和艺术性不断增强，祭祀的成分则相对减少。到时，"河路社"一面组织安排丰富多彩的民间歌舞，特别是二人台的演出活动；一面组织大批能工巧匠制作河灯，使河灯的工艺质量也大大提高。

当然,在西口古渡河灯会二百余年的发展过程中,也曾遭受过一些破坏和曲折。1938年,日本侵略军曾出动34架飞机,对河曲县城进行狂轰滥炸,将西口古渡炸得面目全非,河灯会也被迫停止。此后,由于种种原因,这一传统盛会也一直未能恢复,直到1978年党的十一届三中全会以后才重获新生。从1995年起,河曲河灯会就由河曲县委、县政府统一组织指挥实施,动员河灯会的传承人进行河灯的制作与施放,群众参与的主动性、积极性之高与日俱增,每年农历七月十四、十五、十六三天为河灯会。七月十五是正日子,活动最胜,三日内参与观看放河灯的人数不下十万人次。据河曲县文化馆副馆长刘建中说:"现在的河曲河灯会成为宣传河曲形象的重大节日,成为这一地区影响极大的经济贸易文化交流的重大节日,也成为老百姓一年一度的重大文化生活组成部分。"

2012年是第十七届河灯会。河灯会如同往年一样,河曲县委印发了红头文件,提前通知实施方案,以确保活动"安全、文明、欢乐、祥和、有序"进行。时间安排和以往有所不同,提前了一天。而且由于河曲县正在搞创建全国优秀卫生城市的活动,通往西口古渡的西大街一直在进行道路施工改造,直到河灯会活动的前一天才通车。整个活动安排除了放河灯,还有一系列文化活动,以配合为期一个月的文化月活动。今年的活动规模据当地人说明显不如往年热闹,这点在调查过程中我们也有感受,和调查预设的有较大出入。具体活动日程表如下:

表1 第十七届河灯会活动日程表

活动项目	承办单位	活动地点及内容	活动时间	责任人
河灯漂放	县委宣传部 县文体中心	古渡广场黄河段	七月十三至十五晚八点	王建国 李继明 刘瑞祥 赵玉清 刘志华 李栋

续表

活动项目	承办单位	活动地点及内容	活动时间	责任人
焰火晚会	县委宣传部 县文体中心	古渡广场 黄河对岸	七月十三至十五 晚八点	王建国　李继明 刘瑞祥　赵玉清 刘志华　李　栋
"喜迎党的十八大"电影宣传活动	县委宣传部 县文体中心	白朴公园	七月十三至十五 晚八点	王建国　李继明 刘瑞祥
传统戏剧演出	县委宣传部 县文体中心	工农兵剧场；忻州北路梆子剧场东大剧场；忻州市试验晋剧团古戏台；河曲二人台	七月十三至十五 下午、晚	王建国　赵玉清
"龙行河曲"摄影大赛图片展	县委宣传部 县文联 县摄影家协会	黄河影剧院门前	七月十三至十五	岳占东　乔生文
"喜迎党的十八大""夕阳红"老年书画展	县委宣传部 县文联 县老年书画研究会	县政府门前两侧	七月十三至十五	岳占东　韩应斌
"喜迎党的十八大"书画作品展	县委宣传部 县文联 河曲画院	街心公园 河曲画院	七月十三至十五	岳占东　张学聪
"喜迎党的十八大"体育运动会	县文体中心	体育场 街心公园 同德商城	七月十三至十五	王建国　樊健聪 王玉明　田丰鸣 渠子高
体彩销售宣传文化活动	县文体中心	同德商城院内	七月十三至十五	王建国　樊健聪 赵玉清
全民读书服务宣传活动	县文体中心 县图书馆	街心公园	七月十三至十五	王建国　刘喜才
"黄河之声"管乐队表演活动	县文体中心 县青少年活动中心	西口古渡 白朴公园广场	七月十三至十五	王建国　王　军
"创卫河曲"书画摄影展	县文体中心 县文化馆	县文化馆展厅	七月十三至十五	王建国　刘玉贵

（一）七月十三，活动第一天

农历七月十三是河灯会的第一天，在这一天来到河曲的人们都能感受到节日的气氛，不仅是当地人，更有许多远道而来的游人。在七月十三这一天河曲县各大酒店客房基本全满，由此我们不难看出，河灯会在当地甚至更远地区都有很大的影响力。正如河曲县文化馆副馆长刘建中所说，近几年来，河曲县借着传统文化的独特魅力及影响，与经贸节、文化艺术节、河曲民歌二人台等紧密结合与整合，使得整个"河曲河灯会"的举办规模及群众参与性空前高涨，辐射影响范围已跨越晋陕蒙三地交界区域，逐步影响全国，各地前来观看"河曲河灯会"的人越来越多。

在活动开始的前几天，河曲县城里各处进行了布置，各种活动有序开展。据传承人赵六十一老人讲："早年之前，放河灯主要是由当地南元村的村民参与，由当时的河路社、渡口社、炭船社组织放河灯。"直到1985年，由原文化馆馆长张存亮组织禹王庙僧人、黄河船工开展了已中断36年的放河灯习俗。现在河灯会主要是由当地政府部门牵头，各界企事业单位配合来进行。七月十三的河曲县城街道，就已经零零星星摆出一些摊位，这是河曲经贸会的前奏曲，也就是传统的集会。这些摊位中最具节日特色的就是鬼面具，各式各样的鬼面具体现了浓浓的中元节气氛，在七月十三这一天河灯会活动的相关布置基本已完成，例如搭戏台子、装饰街道、整理马路、挂彩灯等。在东大剧场东面的一块空地上，是典型的庙会气氛。摆摊的一个接一个，中间夹杂着各种大型的游乐器材。除此之外，还有来自内蒙古、陕西、河南等地的民间杂耍、马戏。上午的人略少一点，下午和晚上的人摩肩接踵。

黄河影剧院门前的"龙行河曲"摄影大赛图片展，主要展现的是一年四季河曲县各地的风光，图片拍摄得很美。从照片上可以领略到河曲、黄河的风光，也有关于历年河灯会的一些图片，摄影展的观众络绎不绝。其他舞台演出，如晋剧、道情等的看客也很多。同一时间段，许多表演和展出，每一样都不缺人气。

七月十三晚上是放河灯的第一天晚上，人们纷纷赶至走西口广场，站在西口古渡，观赏河灯。在第一个晚上政府会组织船工在黄河河道中间放3650盏河灯，由于今年黄河水流湍急，放好的河灯不一会儿就形成了一道长而蜿蜒的灯河，如星星般点缀在黄河上。今天前来观赏的人也比较多，人与河灯遥遥相望，颇为壮观。值得一提的是，县政府在人们观河灯的同时尤为重视安全问题，每隔十几米就会有专人负责安全问题，这也保证了河灯会的顺利进行。

(二) 七月十四，活动第二天

农历七月十四这一天，河灯会的活动范围和内容都有所扩展。早上八点左右，主干道就会封闭，只许行人通过。早上七八点摄影作品展和老年人书画展就已经开始了。摄影作品大都取材于河曲县，作者也是本地的摄影爱好者，展出的内容分为九行河曲、九曲流洄、七彩之歌、田园诗画、黄河人家、古渡遗韵六大板块，全面详尽地借助艺术手法将河曲县的风土人情展示出来。老年人书画展设在县政府门口，吸引了许多来往的行人。当地许多爱好书法和绘画的老年人都会在河灯会前夕创作一些新作品，这为活动增添了不少色彩。八点半左右，主街道上就会出现相当壮观的一幕，由上百名小学生组成的乐队，他们衣着一致，色彩鲜亮，有的敲鼓，有的吹号，有的响镲，组成了一支别开生面的表演队伍。他们都是河曲未来的建设者，他们饱含激情，赢得了所有观众的掌声。队伍先后在西口古渡广场和县政府门口进行了汇报表演。上午十点，我们走进了河曲县文体中心王建民主任的办公室，通过这位河灯会的主要负责人，我们了解了许多历年河灯会的情况，县政府对河灯会的重视程度，包括资金、政策等方面的情况。在王主任办公室里悬挂了众多奖牌、奖状,有市里评定的,有省里评定的,也有国家评定的,其中包括山西省唯一一处文化生态保护实验区——"河曲文化生态保护实验区"。从文体中心出来,我们前往文化馆,它位于河曲重修前旧主街道上的一座大院内。迈进大院,迎面是一块绘有彩画的照壁,右拐就是文化馆的活动室、展览室等。展览室里陈列了许多河曲县从古至今的代表文物,以及河曲县历史上的名家的书画作品。在文化馆的右边有一座关帝庙,但如今这里已经破败荒废了,庙里的塑像已不复存在,庙前的戏台上堆满了杂物,只有两边的石狮依旧完好。

下午三点半,通过王建民主任的介绍,我们走访了南元村56岁的船工苗留定,从他那里我们了解到河灯会历年举办的具体事宜以及河灯制作的详细步骤。下午五点半,我们又前往市级传承人张存亮的家中,张存亮是当地有名的文人,经他编写出版的许多文章都刊登在书目杂志上,他告诉我们许多文人眼中河曲所特有的文化留存。晚上七点左右,西口古渡广场又聚集了上千的人,因为3650盏河灯马上又要在黄河上放起来了。

(三)七月十五,活动第三天

今年河灯会提前了一天,即七月十三就开始举办,往年都是七月十四开始,等到七月十五就是正日子,也是最热闹的时候。七月十五是我们传统的中元节,但在现场我们感受不到"鬼节"的氛围,更多的是民众狂欢。今年82岁的河灯会传承人赵六十一谈起河曲河灯会的起源:历史上的河曲,地瘠民贫,灾祸不断。为了谋生,男人走西口,女人挖野菜,孕育出了悲苦高亢的民歌,产生了催人泪下的走西口故事。很多走西口的人再也没有回到家乡,为了悼念远去的亲人,祈福未来,人们举行了一系列的仪式,河曲河灯会就是这些仪式中比较独特并逐步延续下来的古老习俗。①

据赵六十一老人回忆：在过去，等到农历七月十五这一天，由黄河船工组织河路社举办，僧人诵经、八音吹奏古乐，以超度死于河中的亡灵，同时祭祀河神，祈求一年行船平安，因此当时河灯会也被称为迎神送鬼节。夜幕未曾降临，黄河岸边就挤满了熙熙攘攘的人群，等待着船工点燃船头的火把。火把一亮，船儿便载着能工巧匠制作的各种河灯，划向黄河中流，抛瞄停船。紧接着，一盏盏河灯被放入水中，前前后后一共要放365盏，既有超度死难者亡灵之意，也祈祷一年365天每天吉祥如意。那隆重的场面，远胜于一般的乡村庙会，因而成为当地的一大传统盛会。

农历七月十五是中元节，也是为期三天的河灯会最为重要的一天。今年的中元节从早上就下起了雨，雨越下越大，到上午九点，大雨已经模糊了视线，滔滔的黄河也变得雾水蒙蒙。这一天上午有大禹庙的和尚与周围的居士自发举行的放生仪式。上午九点半，前来大禹庙祈福的人变多，虽然天降大雨，但很多人依旧远道而来，十点左右，大禹庙里开始有人念经，有和尚，也有居士，时而念时而唱，游人专门买来鱼鳖放入黄河，等到庙里的诵经完毕，这一仪式也就结束了。

据赵六十一老人讲，农历七月十五上午，要举行放河灯祭禹仪式，其形式是将社会各界制作的河灯供于大禹神位前，也叫"领牲"，往年还有"领牲"仪式举行。其中一个重要的环节就是把一只被神选中的山羊牵到禹王庙前，用凉水洒了羊全身，并灌水到羊右耳，羊一激灵。然后剪羊右耳一小豁口，挤出几滴血，血滴在两条黄裱纸上，在禹神像前焚烧了，信众磕头，就算是神领牲了。经过这一番仪式之后，山羊被拉走，但不是回到原来的地方，而是被屠宰，分给参与放

---

① 访谈时间：2012年8月30日。访谈地点：河曲县赵六十一家。被访谈人：赵六十一。访人人：闫爱萍。

河灯的工作人员。当地人讲吃供过神的牲，能带来好运气。今年由于河灯会的规模有限，这些放生、领牲等仪式就简化了，有的干脆没有举办。

　　下午，我们去了娘娘滩和太子滩，距县城二十里左右，到了渡口要搭船才可以真正到达娘娘滩，远远望去滩上依旧种有庄稼，也有人撑船在滩边捕鱼。当时，有七八个坐船的游人，我们等他们回来后采访了船工鲁二珠。天色渐晚，雨也早就停了，晚上赶回县城时已是人山人海，最为壮观的活动就此拉开了序幕，人们摩肩接踵，一边逛集市，一边前往西口古渡广场，在今天晚上，那里不仅会放36500盏河灯，更有焰火晚会和音乐喷泉，还有大禹庙对面的戏台上，二人台小戏也开始表演了。

　　西口古渡作为水旱码头的商贸功能已彻底消失，现在已变成一处河曲风景地，一过黄河，就是风格迥异的蒙界。遥想当地的走西口，多少河曲人远赴他乡，在内蒙古境内找生活。留在家乡的亲人们在每年一次的河灯会祭奠走西口的亡灵，从而使很多人认为，黄河漂放河灯来源于给西口亡灵招魂。

　　傍晚，朝向黄河的西口古渡广场的台阶上早早就坐满了人，他们在那里等待放河灯。几千盏河灯先在禹王庙前供过，才载到船上。放河灯的工作人员主要是由现在西口古渡口养船的人担任，而且这些人的父辈都是扳船的，也是河灯会文化传承人。河灯会期间渡口所有的船只都不允许营业，平常游人可以租船游玩，领略黄河的风情。靠着黄河岸边的汉白玉栏杆被绳网拦着，以确保灯会期间人们的安全。放河灯的船只离开岸驶向上游，从上往下放，这样的观赏效果好。放河灯的活很累，几千盏河灯，船上的工作人员流水线作业，需要一个多小时才能放完。岸上的群众根本看不到上游的船，人与船都隐没在夜色里，只有点亮的河灯在烟火的映照下一闪一闪进入人们的视线。

　　晚上八点左右，广场上人山人海、水泄不通，开始是焰火晚会，放焰火的人乘船跨越黄河在河曲对岸放烟花，岸这边的人远远观看灿烂的火花在黄河上空绽放再坠落，壮观美丽。不一会儿，河灯已经连绵地漂浮在河面上顺流而下，音乐喷泉骤然响起，烟花河灯交相辉映，伴着音乐喷泉，广场上沸腾了，这是河灯会最为盛大的一晚，也是河曲人民过中元节的特殊方式，河曲人已经打破了传统"鬼节"所带给人们的束缚和禁忌，这种盛况一直持续到晚上十二点左右。

赵六十一说：传统上，一般每天放河灯360盏（因农历每年360天），祈盼一年360天每天可以平安。现在随着河灯会规模扩大，投放的河灯数量也呈上升之势。2007年的七月十四至十六，三个晚上分别漂放了1000盏、1650盏、1000盏河灯，三天共放3650盏。今年更达到每天投放3650盏，三天共计10000多盏。

六、河灯的制作和燃放

河灯会期间，河灯是整个活动的重要标志物，所以河灯的制作良好与否显得尤为重要。河灯会传承人之一的赵六十一讲，其祖辈都是做河灯的，从小他看惯了爷爷、父亲做河灯、放河灯。童年时因为家境等原因没有念过几天书，12岁时对父亲做河灯有了深刻记忆，之后，在很短的时间里就将做河灯的手艺完整掌握了，而且做出来的河灯还得到父辈的夸奖。过去，较大的彩船龙灯，用木架制作，用纱布彩画而成；其余小的河灯，则用五色纸剪贴、绘画、裱糊而成。灯座底部要刷桐油（现改用石蜡油），并粘连沙子，以防止渗水，灯芯一般是用苇节裹棉花蘸黄油①点燃。人们还用瓜瓢、瓷碗等作为河灯的底座，现在都用五色彩纸代替。不管是过去还是现在，制作河灯的材料基本上都是生活用品。色彩纸、蜡、沙粒、食用菜籽油、麻纸、棉花、模具（罐头瓶即可，类似的也可替代）、糨糊等。这些实物，家

---

① 这里的黄油指的是当地用经济作物胡麻酿造成的植物油。

中常有。制作河灯有这么几个注意事项：

首先，制作河灯用料要讲究。油是上等胡油、黄芥油等；纸为五色彩纸，不能太厚，避免增加河灯悬浮的重量。纸质也不能太薄，否则容易被水浸透。从前，纸张都是制作河灯的人家自己染制的，现在则找印刷厂买现成的。灯捻子的用料为麻纸（笨纸）。蜡为融化的液态蜡，沙为颗粒均匀的细沙，棉花为上等好棉花，做灯捻用。

其次，用一张方形的纸四角粘连起来，用麻绳做灯芯。将粘好的河灯底部浸入蜡油中，在蜡油固定之前放到沙子上，沙子粘在灯的底部，很快凝结粘连，一来防止河灯被水侵蚀，二来加重灯的分量，不易被风吹翻。

最后，做好的河灯大都呈四角状，四角须是"羊耳"状，以保证河灯在河面上不易被浪打翻，底部方形且浸过蜡，灯的深度约三寸。①

每年的河灯会共进行三天，每晚的放河灯是整个活动的重头戏。1982年开始，县政府把原本七月初的河灯会与七月十五的经贸会合为一体，统一于七月十五举办，参与的村民也从最初的南元村扩展到河曲县附近的所有村落，河灯的数量更是由每晚的365盏扩大为3650盏。二十年来，河灯会年年如此，关于现代河灯是如何制作、施放的情况，是由南元村村民苗留定为我们详细讲述并示范的。② 苗留定，今年56岁，家中世代扳船，是当地有名的船员，他曾多次被评为省、市、县见义勇为先进分子，从1995年开始，成为河曲县河灯会制作河灯、放河灯的主要负责人。

制作河灯的主要材料是纸和蜡，制作的主要步骤为：第一步：裁纸，把纸裁成边长30厘米左右的正方形。第二步：叠纸，沿正方形的对角线对折再展开，再沿每条边线的三分之一处对折再展开，以成

---

① 访谈时间：2012年8月30日。访谈地点：河曲县赵六十一家。被访谈人：赵六十一。访谈人：闫爱萍。

② 访谈时间：2012年8月29日。访谈地点：河曲县苗留定家。被访谈人：苗留定。访谈人：闫爱萍。

形的9个小正方形最中间的一个为底。第三步：用糨糊把正方形的四个角沿对角线粘住，粘完之后的纸就形成了一个以正方形为底，四边折起部分为沿的河灯。第四步：做灯芯，灯芯一般用木浆卫生纸来做，把卫生纸卷成粗细适中的棒状，均匀分成长短适中的几段分别灌入胡麻油，这基本就做成了简单的灯芯，需要注意的是，卫生纸在分段时不可直接用剪刀来剪，而要用手拽，这样便于灯芯燃烧。第五步，把做好的灯芯底端用剪刀在中间剪一个小口，糨糊涂在剪开的部位，粘在做好的河灯底部。第六步，非常重要，把工业石蜡加热化成液态，把做好的河灯底部放在蜡油里浸湿，然后趁着没有干的时候粘上事先准备的细砂子，这样就把河灯的重心稳定住了。经过这诸多的工序，一盏河灯就做成了。在苗留定的家里，一个屋子里存放着很多做好的河灯。据苗师傅讲，一个熟练的制作人一天可以做几百盏河灯。每年河灯会期间，他们全家总动员，老婆孩子都来做。过去河灯一盏也就几毛钱，现在一盏要一块钱，这些费用都是由政府出资。

每年河灯制作从六月二十左右就会开始，二十到二十五天把河灯会所需河灯全部做完，材料相比过去也好了很多，过去做河灯的纸都是自己提前染好，灯芯用麻纸；现在的都是直接买彩色的纸，灯芯也用好的木浆卫生纸来做。河灯重量也从过去的40克减轻到现在的30克，河灯的颜色也变得更鲜艳，红、绿、黄、粉样样都有。河灯的形状没有太大的变化，一般为固定的四角高、中间凹的形状，这样的河灯比较船形、十二生肖形的河灯成本低，制作时间短，也容易燃放。

做河灯有讲究，放河灯也同样很有学问。放河灯的船工一般要把河灯运到黄河河道中间，以使河灯放入黄河不会轻易靠岸，同时人员也要求是经验丰富的船工，懂得辨别水势、风向，技术熟练，动作连贯，否则放入黄河的河灯就不能绵延几十公里。这三万多盏河灯寄托了河曲县人民吉祥如意的美好愿望。

七、河曲县七月半节日民俗旅游的开发基础及对策研究

通过上文阐述可知，河曲县七月半河灯会是一项重要的民俗旅游资源，那么以下从旅游开发的角度分析河曲县七月半旅游开发的可行性。一般来说，可从其游览价值、地理位置和交通条件、景区环境承载力、基础设施和地区接待能力、客源市场条件五个方面进行评价，此处结合河曲县的具体情况从以下三个方面具体阐述：

（一）河曲县地理位置的优势

一说到河曲，人们都会想到一个成语"鸡鸣三省"，这说的就是河曲县优越的地理位置，它位于山西、陕西、内蒙古三地的交界处，即在河曲县去往这三地中的任何一个都十分便利，而且以河曲为中心的市场距离短，客源市场广阔。众所周知，地理位置与交通条件是评价一个地区旅游资源开发可行性的重要指标之一。河曲县不仅地理位置优越，交通也十分便利，尤其是公路运输，这是人们选择最多的交通方式。这为河曲县民俗旅游开发奠定了良好的基础。

（二）河曲县七月半习俗的旅游吸引力所在

此处所谓的吸引力即七月半这一民俗旅游资源的游览价值。在旅游资源的开发中，最优的资源形态是人文旅游资源与自然旅游资源的巧妙结合，河曲县正拥有这种潜力。从人文旅游资源的角度来说，河曲七月半河灯会的人文历史价值是非常大的，尤其是对于了解走西口这段历史有十分重要的意义。此外，河曲县的旅游资源形成了一定的规模效应，除河灯会这一节庆旅游资源，还有许多遗址庙宇和自然旅游资源，如禹王庙、西口古渡遗址、玉皇阁、弥佛洞、娘娘滩、白朴公园、文笔塔等，人们在参与河灯会之余还可以前往这些景地参观，

这样一来，大大加强了河曲七月半河灯会的旅游价值，游客可以在获得知识的同时享受节日的乐趣。

（三）河曲县发展节日旅游的现实基础

河灯会能否开发为民俗节日旅游项目还取决于当地的客观现实情况，如当地的经济发展水平、政策支持情况以及当地居民对于此项开发所持有的态度和当地生态环境状况。河曲县虽仅是忻州市的一个县城，但经济发展速度很快，到目前，县城的经济已达到一定水平，例如五星级酒店落成，休闲健身、聚会场所的增加，人们生活水平也大大提高，这无疑表明河曲县的基础设施和地区接待能力增强，这为当地发展旅游业提供了物质保障。自从2005年，河曲县承办河灯会以来，每年的河灯会当地政府都相当重视，拨款着专人专办河灯会，也正是因此，河灯会的规模才越来越大，影响力也越来越大，内容更加丰富。除了政府的支持外，当地民众对于周边地区的人们参与河灯会也是欢迎的。河曲人民热情好客，对外来宾客友好热情，民众也积极地参与七月半活动，例如老年人书画展、摄影爱好者作品展、儿童交响乐表演等，这都为节日增添了更多的色彩和乐趣。此外，河曲县生态环境保存完好，环境承载力相对较强，这也为发展旅游业提供了条件。

河曲县七月半河灯会作为一项节日民俗旅游资源有较强的开发可行性，但是任何旅游资源的开发都要遵循一定的原则，开发过程中既要突出当地的特色，也要能够满足旅游者的需求，既要注重其经济效益也要注重社会效益和环境效益。河曲县七月半习俗作为一项特殊的人文旅游资源，其开发应从以下几个方面入手：

1. **各方统一协调，整合开发，塑造河曲县民俗旅游形象，广泛宣传**

河曲县要开发节日民俗旅游必须社会各界统一协调、共同发展，将七月半河灯会进行整合,推出节庆旅游的系列活动,全力塑造民俗村的品牌形象,大力宣传,扩大知名度,吸引周围的人参与其中,继而扩大客源市场。

2. 突出特色,增加活动的可参与性[①]

可参与性是现代旅游活动强调的重点,游客越来越注重活动中的可参与性项目带来的乐趣,河曲县的民俗旅游开发就要注重游客的参与性,在整个七月半过程中设计安排一些参与性强的活动,如可让游客亲自参与制作河灯、放河灯、临摹书画、表演等,这些活动有助于提升整体的吸引力。

3. 加强当地基础设施和专用设施的建设,加大客容量

通过实地考察得知,河曲县在七月半河灯会期间,存在一个重大问题,就是旅游酒店数量少,许多慕名而来的游人因客满而没有地方住。这说明河曲县需要加强旅游设施的建设,包括酒店、停车场、道路等,只有这样才能容纳更多的游客,并且让游客在此享受到宾至如归、舒适难忘的旅程。

4. 把民俗旅游事业与当地居民的生活巧妙结合起来

民俗旅游不同于传统的旅游活动,而节庆旅游更强调节日的气氛,这就要求当地人民一起把节日的热闹气氛烘托到高潮。因此旅游开发必须和当地居民的生活联系起来,既能满足游客的需求,也不影响当地人民的生活,甚至能实现双方的共赢,这应该是我们发展民俗旅游追求的目标。

5. 注重传统节日的传承,培养传承人

民俗是历史留给当代人的宝贵财富,人们参与民俗旅游也是因为它独特、新奇的民族特色和生活情趣,那么我们在开发过程中要注重保存民俗旅游资源内在的、古朴的、传统的内容,无论形式如何丰富都要始终强调传承。将传统节日发扬光大的方式就是培养传承人,这

---

① 李双,李云:《民俗文化旅游的开发》,《云梦学刊》,2008(7)。

样才能通过代代人的努力真正做到对传统民俗的传承。

6. 注意协调旅游与文化传承、文化保护之间的关系①

在开发七月半这一民俗节日旅游资源时，不可片面强调开发，忽视文化的保护；不可盲目追求经济效益，忽视社会效益；不可过分强调形式，忽视内在文化的传承。

八、结语

如今，黄河水路上再也不会有走西口的哥哥，黄河的船运早被公路替代，留下来的只有七月十五放河灯的习俗。这样的习俗、传统被赋予新的内涵和意义。

首先，河灯会的主题内涵发生了变化。过去人们把放河灯当作祈求平安、祭奠亡灵的活动，现在有人把它看作一种喜庆活动，有人则用来祈福许愿，更有人把它当作旅游项目来开发。从政府管理部门上讲，河灯会作为一项非物质文化遗产项目，代表着中华民族传统的文化习俗；从民众的角度来看，河灯会则成为当地日常生活中一个重要的节日。

其次，河灯制作发生了一些变化。虽然制作河灯的原材料都是取自民众的日常生活，但还是有了很多改进。过去的河灯通常是用瓷碗、瓜瓢等做的底座，如今换成了五颜六色的蜡光纸。灯芯也由麻绳变成了木浆纸。底座粘沙子用的桐油则换成了石蜡。

第三，河灯燃放的人群发生了变化。过去，河灯燃放主要是黄河岸边靠船吃饭的人，由河路社统一组织管理，民众参与其中，灯会期间也由民众自己制作河灯燃放。现在，出于安全和秩序方面的考虑，由政府部门牵头，承办部门统一安排几条渡船载着河灯停泊在西口古渡的上游，由专人负责燃放。普通民众只是作为观看者来欣赏，几乎

---

① 田茂军：《保护与开发：民俗旅游的文化反思》，《江西社会科学》，2004（9）。

没有自己制作河灯燃放的情况。

第四，河灯燃放的数量发生巨大变化。过去，河灯会三天的会期，每天燃放365盏，三天下来也就1000多盏。现如今，每天要燃放3650盏，数量翻了十倍之多。数量变化，显示了人们对于传统节日越来越重视。

最后，河灯会形式、性质发生了变化。中国灯会的传统性主要体现在灯会举行的时间上，灯会一般在新年期间或七月中旬举行，元宵灯会在当代仍然是最主要的节日灯会。用于祭祀的河灯会在七月十五中元节举行。人们在传统节日期间举行灯会，以灯会烘托节日的喜庆气氛。中国多数灯会还保持传统风格，在灯饰题材与游灯方式上，倾向于传统。无论是传统型城市灯会与乡村民俗灯会，还是新型商业动机的灯会，主办者均程度不同地注意传统文化的表达，传统元素是灯会不可或缺的内容。随着我国非物质文化遗产保护力度的加大，河灯会中的传统文化元素得到挖掘。为了吸引游客，河灯会中也加注了许多现代化元素，比如每年灯会期间都会燃放大量焰火，请各地的杂技表演团体等。

我国大多数传统灯会是公益性灯会，是满足社区居民节日观赏需要的公共活动。现在传统城市灯会与乡村民俗灯会大多仍然遵循这一传统，如南京秦淮灯会、四川自贡灯会、河北胜芳灯会等，主办方往往是地方政府与社区基层组织，他们在满足地方居民节日文化生活需要的同时，往往有显示城市魅力、提升地方知名度，以吸引游人，推动旅游观光产业的长远考虑。河曲河灯会即是公益性的灯会，河曲县政府主要通过河灯会举办，来更好地展示新河曲的建设成就，丰富广大老百姓日常文化生活。总之，传统文化复兴与文化产业发展是河曲河灯会繁荣的两大动力。

传统节日民俗旅游资源因其特有的民间性、质朴性、传承性、历史性等特点，更需要我们在开发的同时注重对它的保护，因为这些民族的东西都是我们的瑰宝,是祖先留给我们重要的财富,一旦破坏就不易传承,甚至就此消亡。各地的传统节日民俗保护措施因时制宜、因地制宜,具体情况具体分析,但是总的原则是相同的,主要有两方面:一要注重开发与保护并重,二是传承与创新并重。① 具体来说就是在将民俗发扬光大的同时,注意保护其本质文化,发挥现代人的聪明才智让民俗在传承中创新发展,让民俗可以在当代社会绽放其无限的光华。

在精神文化多元化发展的今天,传统节日民俗作为民族文化的代表,正面临着机遇和挑战带来的双重考验。我们在看到其巨大的资源价值的同时,也应树立危机意识,预防开发不当造成的传统文化的流失。有关这方面的研究尚未完善,因此从旅游资源开发与保护的角度出发研究传统节日民俗是具有重大现实意义的。同样,经过社会各界的共同努力,人们社会意识和文化意识的觉醒,节日民俗一定可以为旅游业的发展贡献无穷的力量。

---

① 张悦:《传统民俗节日的保护与创新研究》,《边疆经济与文化》,2010(9)。

附 录：

1. 山西省各地县志中七月十五习俗记载情况

地名	出处	备注
太原市	康熙《徐沟县志》	七月十五日，献麻谷，曰"荐新"，各上坟祭祖
	光绪补修《徐沟县志》	七月十五日，献麻谷，曰"荐新"，各上坟祭扫
	光绪《清源乡志》	七月十五日，农人挂花纸于田间，以祈秋收
大同市	乾隆《大同府志》	七月十五日，蒸面人，为小儿献
	道光《大同县志》	七月中元节，祭墓，亦自初一日起，至十五日止。是晚，仍在家烧纸
	雍正《阳高县志》	十五日，墓祭，家家送面人
	顺治《浑源县志》	七月十五日，拜扫坟墓，荐时食于祖先，州守祭□□坛
	乾隆《浑源州志》	七月十五日，拜扫坟墓
	乾隆《广灵县志》	七月十四日薄暮，采麻谷，荐时食于祖先。次日祭坟，仍将麻谷置于冢上
	雍正《朔平府志》	七月十五日中元，地官校籍之辰，致祭先茔，荐麻谷，焚楮墓前，亦有焚于门外当路者
	光绪《左云县志》	中元，家家携酒脯拜祭先茔，如清明亦然。又以麦面蒸羊形，孩提状，曰面羊、面人，互馈戚之卑幼
晋城市	光绪《沁水县志》	七月十五日，以麻谷及面为牺牲，以祀先人墓
	乾隆《高平县志》	中元，祭扫如清明，以麻谷挂门上
	同治《阳城县志》	中元，抟面肖麻谷人物各形，竞祀田祖，并上冢焚纸祀先。城隍神出巡，如清明仪
	乾隆《陵川县志》	中元，以面为牲，列山花野果供祀事，咸墓祭
	乾隆《凤台县志》	中元，祭扫如清明节，俱以麻谷挂墓前，卷纸如帛焚之

续表

地名	出处	备注
长治市	光绪《长子县志》	中元，民家各荐麻谷于先祖，以楮帛制寒衣焚化之。或修斋诵经，曰"追荐"。又，旧俗牧羊家于是日屠羊赛神，颁胙亲戚，贫无羊者蒸面似羊形代之。今俗不行，惟造面羊遗女氏
	乾隆《长治县志》	中元，荐麻谷于先祖，以楮帛制为寒衣焚化之。或修斋诵经，曰"追荐"。造面羊，以馈女氏。比户用浮屠疏，书祖考姓名，供于木主前，至晚，烧化门外，以菜浆送之疏内，题云目莲救母，辰人多感之，虽士夫家亦习而不察。甚非礼也，急宜革之
	光绪《长治县志》	中元，荐麻谷于先祖，焚寒衣或修斋诵经。造面羊馈送于女氏
	乾隆《潞安府志》	中元，荐麻谷于先祖，以楮帛制为寒衣焚化之。或修斋诵经，曰"追荐"。造面羊，以馈女氏
	道光《壶关县志》	中元，荐麻谷于先祖，以楮帛制为寒衣焚化之。或修斋诵经，曰"追荐"。造面羊，以馈女氏
	乾隆《沁州志》	中元，设麻谷瓜果于堂中，祭先人，荐时食；亦有携香楮祭墓者，于禾间遍插纸旗。又，俗传地官赦罪之辰，间亦作盂兰会。是月也，农家乏食，割半熟谷炒新米以济之。州县同
	雍正《沁源县志》	中元节，祭祖先，并取麻谷献之，俗谓是日为鬼节，前一日，挂楮钱于田。是月也，农家乏食，割半熟谷，炒新米以济之
	民国《沁源县志》	七月十五日为中元节，各携香楮祭于墓前。新嫁女子多归宁
	乾隆《武乡县志》	十五日为中元节，设麻谷瓜果于堂中，祭先人，荐时食，亦有携香楮祭墓者。于禾间遍插纸旗。又俗传地官赦罪之辰，间亦作盂兰会。是月也，农家乏食，割半熟谷，炒新米以济之
	民国《武乡新志》	十五日为中元节，各携香楮祭于墓前

续表

地名	出处	备注
长治市	光绪《潞城县志》	中元，荐麻谷设瓜果祀祖先，复具冥财焚拜于茔中，又作面羊，以馈女氏焉
	民国《平顺县志》	中元节，家家裁楮为疏，荐麻谷，设瓜果，祀先祖于寝。逾午具冥钱拜扫于郊，谓之送疏。东南乡亦有蒸面羊，以馈新嫁之女及其甥者，名曰送羊
	光绪《屯留县志》	中元，荐麻谷，以奉先祖，或修斋诵经，曰追荐。造面羊，以馈女氏
朔州市	光绪《怀仁县新志》	十五日中元，地官校籍之辰，致祭先茔，荐麻谷，焚楮墓前，亦有焚于当路者。作美人糕，又许相馈赠
	雍正《朔州志》	七月十五日中元，地官校籍之辰，致祭先茔，荐麻谷，焚楮墓前，亦有焚于门外当路者。作面美人，高尺许，名"暮和乐"
	民国《马邑县志》	中元，纂类为地官校籍之辰。制典是日，令天下有司举厉祭，盖亦因民俗以均惠于幽冥也。家家携酒脯，拜祭先陇，如清明。以麦面蒸做孩提状，曰"面人"，互馈亲戚之卑幼者
阳泉市	光绪《平定州志》	中元日，祀先茔，陈瓜果，蒸面为伞荐之，以麦面做伞像，蒸熟送女家。剪彩纸成缕，挂田禾上，以为避雹灾
	光绪《盂县志》	七月七日，女子穿针乞巧。居民以油灯横列河岸，或置灯瓢中，浮游水上，数十步不灭，谓之放河灯。中元日，采麻谷献神，置门左右，祭家神，祭坟墓。剪纸为璎珞，悬楮田间，名曰"挂地头钱"。蒸麦面为羊，送女家
忻州市	雍正《定襄县志》	七月十五，以麻谷悬各门首，亭午，请而祭之。以瓜果、纸，供荐祖茔
	光绪《定襄县补志》	七月十五日中元，地官校籍之辰，致祭先茔，供神有蒸面、羊面、猪等类
	乾隆《崞县志》	十五日，上祖茔祭奠，田中都挂纸钱，牧童各赛面人
	光绪续修《崞县志》	十五日，祭祖茔，田中挂纸，谓之挂黄钱
	乾隆《保德州志》	七月十五日，悬麻谷，祭墓

续表

地名	出处	备注
忻州市	同治《河曲县志》	中元节,上冢与清明同。(河邑,上元、寒食、中元、下元、冬至、除日,皆上冢。而寒食、中元为春秋节令,荐时物,其礼尤重。考《潜丘札记》谓:"墓祭,见《周礼·冢人》:'凡祭墓,为尸'是也。"又《韩诗外传》:"曾子曰:'椎牛而祭墓,不如鸡豚逮亲存也。'"赵氏《孟子》注:墦间,郭外冢间也。此古祭墓之确证。惟汉儒蔡邕等,有古不祭墓之说。乃知记礼者,特汉儒之一偏之言耳。又,上冢用纸钱,始于殷长史,至唐王玙乃用于祠祭。明洪武十一年六月,谕礼部祭用纸钱,出于近代,殊为不经,命去之。今祀神用黄纸钱,祭墓用白纸钱,相沿已久,从俗可也。)俗传。隋麻祜食小儿,民间以面作人形代之,故中元节亲戚相酬,有送面人者,至今相沿不改
	康熙《岢岚州志》	中元,号鬼节,拜茔祀先如清明
	光绪《岢岚州志》	十五日,鬼节,拜扫祀先,与清明节同
	道光《偏关志》	中元节,联翩登城,命曰游城,青年妇女,率皆扶杖而行。盖燕赵踏躩之风相沿滋厉,莲钩纤弱,临风欲倒,非杖不支,亦苦亦哉
晋中市	光绪《平遥县志》	七月初七日,于禾田上挂花红纸条,以避冰雹,夜放河灯以济鬼。十五日,以瓜果、肴蔬祭于墓,夜哭于门外
	雍正《辽州志》	七月十五日,荐麻谷,设瓜果祀先
	民国重修《和顺县志》	十五日,农人剪五色纸挂地禳虫,拜墓祭祖
	光绪《榆社县志》	十五日,具瓜果,上冢祭祖考。按是日为中元节
	民国《太谷县志》	七月十五日,祭墓,农人于禾苗上挂画纸
	嘉庆《灵石县志》	七月十五日,祭祖考,亦有拜墓者,秋社后,土人多采豆菜,淘而贮之,以作冬春蔬菜,贫苦民家至赖以当饭
	民国《灵石县志》	十五日,祭祖考,亦有拜墓者,名曰"秋祭"。又,是日东乡介庙香火会,演剧酬神,临近各邑居民前往与会者,络绎不绝。秋社后,土人多采豆菜,淘而贮之,以作冬春蔬菜,贫苦民家至赖以当饭

续表

地名	出处	备注
晋中市	光绪《寿阳县志》	七月十五日，剪彩为缕，挂于禾田上，以为辟雹灾，或曰辟五花虫。又蒸面为羊，荐家神及场神河神
	光绪《祁县志》	七月十五日，中元节，取麻谷，设瓜果以祀先
	乾隆《介休县志》	七月望日，祭墓
	嘉庆《介休县志》	七月望日，祭墓
吕梁市	康熙《永宁州志》	中元，以蔬食祀先。僧舍设斋，陈水陆为人荐亡，名曰"盂兰盆会"
	光绪《交城县志》	七月十五日，为中元节，祭墓，报赛灵弼忠惠利应狐猴庙。二十三日，报赛河神
	乾隆《孝义县志》	七月十五，祀神田间，以祈秋实
	光绪《汾阳县志》	七月十五日，先一日，挂纸马于田间，以祈秋收
	雍正《石楼县志》	十五日，赴茔祀祖
	康熙《文水县志》	十五日，名"中元节"。取麻谷，设瓜果祀祖先
	康熙《宁乡县志》	十五，祭墓
	光绪《文水县志》	十五日，名"中元节"。展墓如清明，设瓜果祀祖先
	民国《临县志》	至寒食、清明、中元、冬至，家家登坟祭扫，间有置酒食聚族共饮者。至春秋祈报，牲醴酬神，酒食宴乐之事，往往有之
临汾市	雍正《平阳府志》	中元，荐麻谷，佐以果馐，烈楮墓前
	民国《新修岳阳县志》	中元，设瓜果酒馔，以祀先祖，田间挂五彩旗于禾苗上，名曰"挂谷彩"。蒸面羊及谷穗等花样，以遗孩童及牧人
	雍正《泽州府志》	中元，祭扫如清明节，俱以麻谷挂墓前，卷纸如帛，焚之
	乾隆重修《襄垣县志》	七月十五日，具品馔、冥财，荐麻谷，以祀先

续表

地名	出处	备注
临汾市	民国《襄垣县志》	十五日，具品馔、冥财，荐麻谷，以祀先
	民国重修《安泽县志》	中元，设瓜果酒馔，以祀先祖。田间挂五彩旗于禾苗上，名曰挂谷彩。蒸面羊及谷穗等花样，以遗孩童及牧人
	光绪《吉州全志》	中元，荐豚、谷，佐以果馐，列楮于墓前
	乾隆《临汾县志》	中元，荐麻谷，佐以果馐，列楮墓前
	民国《临汾县志》	中元，祭祖
	民国《永和县志》	七月十五日，士祭魁星，农挂田幡，佛寺设盂兰醮，今废
	光绪《翼城县志》	七月十五日，人家多为醉饼，博（煎）茄并麻谷，以祀祖考。午余，乃携楮钱、纸衣焚之冢前，如清明仪（清明，邑人于前数日卜吉祭祖茔，宰牲畜，焚彩幡、彩缎、纸钱于侧，而添土于冢上，谓之"拜扫"。祭毕，乃坐享馂余焉。是日，妇女不理针黹，或架秋千为戏）
	乾隆新修《曲沃县志》	望日，荐麻谷，拜墓
	民国新修《曲沃县志》	望日，荐麻谷，拜墓
	民国《襄陵县新志》	中元，荐麻谷，佐以果馐，祭于寝
	光绪《蒲县续志》	中元节，祀先，荐麻谷
	道光《赵城县志》	七月七日，童子浸谷于盆，使生萌，命曰蘖母。及旬，取为水饺，裹笔头于内，啮之视颖之向背，以别慧钝。女子则易以针，从所有事也
	道光《太平县志》	七月十五日，祀先，荐麻谷。先一日，挂纸马于田间，以迎秋收
	道光《直隶霍州志》	七月十五日，以新麻谷祭祖先，亦有拜墓者
	同治《浮山县志》	中元，荐麻谷，佐以果馐，焚楮墓前
	乾隆《乡宁县志》	十五日，祀坟墓。农家制纸幡挂禾上，谓禳冰雹

续表

地名	出处	备注
运城市	光绪《直隶绛州志》	中元，荐麻谷，果馐，焚楮墓前
	民国《新绛县志》	中元，荐麻谷，果馐
	光绪《垣曲县志》	"中元"，荐麻谷，迓祖考。祈田，陌头挂楮钱
	乾隆《绛县志》	中元，荐麻谷，佐以盘馐，烈楮祖考主前，以告岁功。姻戚互送纸盘，农家用盘纸焚香郊外，以祀谷神
	光绪《河津县志》	十五日为中元节，荐麻谷，有拜墓者
	同治《稷山县志》	十五日为中元节，荐麻谷，有拜墓者
	康熙《夏县志》	十五日，先期插麻谷于门。至日，祀先祖
	光绪《平陆县续志》	七月十五日，祭扫如清明，但多系新坟，间亦有并旧坟而扫者
	民国《临晋县志》	申月十五日，为中元。清制于此日祀厉坛，今废
	民国《万泉县志》	十五日，治祭品，祭祖考神主于家

附录二：

1. 河灯会传承人访谈资料

访谈时间：2009 年 8 月 17 日。

访谈地点：河曲县赵六十一家。

访谈人：张雄艳。

访谈对象：赵六十一，80 岁，多年负责河灯的制作。

问：大爷，您什么时候跑的河路啊？

答：一直跑河路，1958 年以后才不跑了，又在炸礁队测量黄河，太原交通厅的人来河曲工作，我熟悉地形，和他们一起干。

问：那你们从哪跑到哪呀？当时主要负责运什么？

答：在山西、陕西、河南跑了，往上走到宁夏，往下到了三门峡，主要是运粮、装炭，从石嘴山到内蒙古，从包头到河曲是拉盐，拉回来在本地卖，这是刚开始，后来也从河曲往上拉零碎的东西，农民实用的。

问：路线怎么走？

答：进河曲南门，沿大街出西门，也就是水西门，从黄河上走。

问：过去是男人单独走的多还是带家一起走的多？

答：过去一般是男人走，妇人不去，男人们出去到后套打工、受苦，后套那人少，地皮宽，人们去了那里种地帮忙，我十来岁就走西口，河曲人多地少，家里也没地。河曲有十大富豪，在本地的就是给他们打工，但人家也雇的人少。这些人也有去内蒙古买地的，河曲有的空人到后套就再给他们干，处好的十大富豪就给你一部分地让你种，人家地多了；你要是种好了就给人家一点人情费，交点钱或粮，不好就什么也不用给了，在口外怎都比这强。

问：男人秋天回来时带什么？

答：带点钱回来，粮食他们又拿不动，钱也不多，一年也就挣二三十个银圆。

问：那老婆孩子不带吗？

答：老婆娃娃不能带，出去没地方住。

问：那女人们在家怎么生活了？

答：女人在家养娃娃，给这家帮点忙，给那家帮点忙，比如收拾家、种地，远处也不敢走，就在跟前帮。可以的人家给你几个钱，不搞价，给几个算几个，有的给吃个饭，由人给。女人们在家没地就是闲住的了。

问：没吃的怎么办呀？

答：没吃的，跟前的人实在看不过去了，十大富豪借给你一斗豆子、面，秋后还，要是还不了也就算了。富豪也有好的，那个韩天锡老汉是个富农，人家看见你过不下去就不要了。在土改时那人也没受治（遭罪），养活了不少穷人，听见你没有吃的了就打问过来给你一两块钱买上点粮食，穷人们说要不是这老汉我们早就饿死了。现在他家那院子还在。

问：有没有借不出粮的

答：一般没有，比如你和人家没点关系，可以人托人，三朋四友们托人借点。

问：那老人们一般怎过了？

答：老人们有吃的不饿就行了，河曲好人多了，也没有个饿死的。河曲的十大富豪起作用了，日本人来了两次，十大富豪给你钱招待一下就走了。

问：比如集体化时代不是给每个人都分活吗，男人们不在，女人怎么办？

答：集体化时代共产党已经来了，集体化以前女人们什么也不做，就在家养着了，穿没穿、吃没吃，共产党进来后，组织她们纺线，把线收回去再织布，女人们可以到山上、河东挣钱，那会全是集体搞。

问：男人们走后，村子里以前不让女人们做的事由谁来做？比如敬神，过去女人不是不让敬神吗，后来呢？

答：过去一般的庙会，女人们不进庙院，就在庙门外磕两个头。因为女人们生养娃娃，有月经，不干净。女人们逢初一十五也去，就在门外。神鬼这些东西看不见摸不着，也说不清楚。

问：过去男人走口外，遇上婚丧嫁娶这些事怎么办？

答：那就是家里的本家关照，口外的能回来就等等，实在回不来就把钱寄回来，家人亲戚助办，没下人（死了人）冬天倒好说，亲人们帮着打落了（埋了）就行，这种情况多了，有钱的十八个人，没钱的五六个人，抬出去也算。也有打落不起的，过去圆囿外专门有个放死人的地方，没钱抬出去拿泥抹住放在那，有钱了再埋，没钱就在那放着。红滩还有个人坑，买不起棺材就直接扔到坑里了，新政权建立后不能那样了。也有由村长出面的，大富豪给两个钱做个丧服，也难说了，甚事也有了，可死人总是不能在家放的。

问：过去女人们忌讳多，男人们走口外是不是有些忌讳就慢慢没有了？

答：那是多了，跟前老下人（死了人）不敢看，就在院畔看一下，怕跟上鬼了。有钱的买个棺材，没钱的就卷个筒子（草席子）。

问：一般情况下，弟兄好几个是全走口外还是有留在家的？

答：也有留的，走口外的也是有本事的才能走了，太老实的人也是出不了门。

问：男人们走了，女人在家受人欺负吗？

答：人少的地方那少不下，欺负也不敢说，过去没人管，比如说你早晨吃饭，来问你要饭，你不敢不给，多不给少也得给了。家里头有什么事也不敢说，不过一般情况还行。

问：有没有说娶过媳妇儿不管的，到了口外也不回来，又在那娶的？

答：有了，那也看人了，不过也不多，河曲财主张瑞就是偷跑了，老婆娃娃扔下不管了，后来自杀了。那是因为阎锡山问地方借钱，说三年还回来，让张瑞给了，他悄悄自己留下了，地方上不知道，后来群众知道了，他就跑了，老婆带着娃娃后嫁了。过去那财主人家没人敢要，怕养活不起，后来他家全死了。

问：在村里的女人们，有没有男人不在跟人跑了的？

答：一般也不跑，没个跑处，还有亲友们了。

问：有没有走口外娶不过老婆的？

答：有了，打工挣不下几个钱那就娶不过。

问：听说你做河灯、放河灯可多年了？

答：多年啦，我爷爷手上就管庙，我1977年开始粘河灯，七月十五过会，我爷爷手上是七月初二、正月初八，1977年才改成七月十五，当时庙门还是我开的，塑像也是我手上塑的。

问：那当时你是怎样开的？要经过哪些手续？为什么要你来开？

答：过去那庙多年没开，就没人敢开，谁知道开了对自己是好还是不好，再说政府也说不来，庙离河近，开了庙门人多，万一掉到河里那就惹麻烦了。当时你大娘也病了，孙子也考学校，我就到神像前许下说，要是你大娘的病好了，孙子也考上大学，只要政府把手续出全了，我就负责开庙门。后来都实现了，我也就把庙门开了，现在那些单据还都保留着了。

问：过去放河灯女人参加吗？

答：过去女人不参加，有儿女的一般也不去，就是许下灯，男人们给放了，是把灯盏送到庙上，庙上专门有人放了，过去是雇人粘河灯，有画匠，南园的许三如就是画匠，我放河灯开庙门也费事呢，刚开始唱戏，风刮的幕布也盖不住，我们就赶紧上供，黑夜就风息了，以前是年年刮风，那年开了庙门就不刮了。过去的神像什么都没了，后来开了庙门才又把这些东西重新弄起来。

问：那盖河神庙时谁出资？

答：刚开始是个人集资，大部分是南园做买卖的、跑河路的，也有上布施的。

2. 河曲县河湾村扳船工访谈资料

访谈时间：2012年9月1日。

访谈地点：河曲县河湾村鲁二珠家。

访谈对象：鲁二珠。

访谈内容：河曲河灯会及船运习俗。

场景一：

2012年8月31日下午我们开车到了河湾村娘娘滩渡口，准备找船去娘娘滩，碰到了当地一个老船工，下面就是在黄河岸边对其的访谈。因为靠水，蚊子特别多。

  问：河灯是用什么做的？

  答：以前是葫芦瓢，瓢里放一些大麻子油，棉花搓成捻子放进去，一点就着了。后来用的是塑料碗碗，饮料筒筒。

  问：河灯会一般在初几？

  答：七月初二。

  问：一般过几天？

  答：3天。

  问：什么样的人放河灯？

  答：基本上是河畔扳船的人。有船的人开上船在河中间放，没有船的就在河边放。

  问：河灯最早有没有用纸做的？

  答：没有。

  问：当时扳船有河路社？

  答：有。是管我们扳船的人，一层管一层。

  问：咱们这里现在还放河灯吗？

  答：不放。以前因为这里是大渡口，所以经常放。

场景二：

2012年9月1日，早上起来就下着大雨。我们考虑到天气不好，老人就不用摆渡了,所以冒雨又一次来到河湾村鲁二珠的家。老人的房子就建在黄河岸边,离娘娘滩渡口很近。老人现在的生计主要来源于黄河岸边摆渡的收入。

问:您从11岁就开始入行干,讲讲您的经历吧。

答:小时候,父亲身体不好,我就得出来干。

问:一直在河湾住?

答:是。在河神庙旁边。

问:祖祖辈辈都是扳船的?

答:是。日本人来了不能干了。1948年解放后,我11岁,又开始在黄河边干。

问:跑哪?

答:跑河那边,走口外,包头,内蒙古。以前河那边还有一个"马扎"也属于河曲的,如今叫龙口镇。内蒙古那边地多,咱们这边地少人多。

问:当时给您多少工钱?

答:我没有船,给人家干,一个月,从这里去包头给22块钱,是拉纤,很受罪。把河泥涂抹在身上,避免蚊子咬。

问:你们那时就算走西口?

答:是。

问:当时去包头要多长时间?

答:5—7天,先坐船到对岸后再步行去。

问:咱们这去那的人多吗?有没有去了没回来的?

答:可多了,好多都不回来,先是一个人,后来就把老婆娃娃都带出去了。

问:您从11岁干到什么时候?

答:17岁到了包头,后来去宁夏、银川、石嘴山、巴盟。

问:当时是给政府干?

答：是，开始挣工资，一个月63到65元，那时也是高工资，也发粮票。一年只能干8个月，剩下的时间回来河曲，过了清明就要回去。当时有四五千只船。包头的火车、汽车进不去，收的粮食只能靠船运。

问：是木船？

答：是。五六个人一条船。

问：包头那边是不是也有一个渡口？

答：是，叫东胜。

问：船归谁管？

答：归河运局，这单位好，粮食多、船多。

问：东胜到河曲大概多长时间？

答：三四天，很快。上去是空船，下来时主要装粮食、咸盐、碱面。

问：有没有从河曲拉东西去内蒙古？

答：有。

问：您从17岁到那一直干到什么时候？

答：1966年就回来了。我长短要回来。咱们这儿有硫黄厂，也是大公司，我来厂里用船运硫黄去河曲巡镇，那时没有公路。

问：您在这儿干了几年？

答：一年。后来不扳船，在河里掏沙子。后来回了这里的公社，楼子营公社。

问：您在公社做什么？

答：挣工资。

问：公社跑船是做什么？

答：装煤炭。这里很多煤，有一个电厂，两天送一次煤，先担到河边，再用船运到电厂，就是河曲电厂。

问：一辈子和黄河结下不解之缘。

答：嗯。扳船要技术呢。

问：运煤运了多少年？

答：到我四十多岁吧。后来打了两三年鱼，再后来运木料。再后来就养船，一直到现在。

问：自己养船有多少年？

答：差不多二十来年。

问：您哪一年生的？

答：1937年。

问：您当时扳船有没有师傅？

答：嗯，是师傅教的。

问：学扳船一般要学几年？

答：没个准，学扳船不容易，尤其是学掌舵。

问：有没有口令？

答：有。东西棹不一样。

问：一个船一般有几人？

答：东西边棹各有2人。加上一个掌舵的，一共5人。有时候也有6人。

问：您说说有哪些口令？

答：扳着（开始）、好好扳、加油、住（停）、东棹（东边的人扳，西边的人停）、西棹。

问：有些什么讲究？

答：不让女人去。

问：在船上吃什么？

答：船上有小炉子，自己做。大米、白面、肉。

问：一般一趟有多少船？

答：一组是五到六只船。相互照应，以免掉队。但不允许插船。船与船之间有旗，红色旗一插表明有船掉队。头船就要停下来等。黑旗代表不能行船。

问：还有什么？

答：大旗后面有小旗，叫对旗，表明河道有岔路，有弯道。让后面的船注意。

问：解放后有河路社吗？

答：有。个人的船叫前进社，也由河运局管理。河路社是村里的一个组织，村里选出几个有威望的人来领导。

问：当时是他们组织放河灯吗？

答：嗯。七月初二开始放，是河神的生日，敬供河神。

问：河灯由什么做？

答：五几年是由瓜瓢做的。

问：一般放多少？有没有讲究？

答：365 盏。一般放 3 天。农历七月初一到初三，但初二是正日子。

问：平时有不顺心的事时去河神庙吗？

答：不去。

问：平时有什么信仰？

答：没有。扳船的为扳船平安信河神。

问：当时除了河湾村放河灯外，还有哪些村子放？

答：没有了。

问：村里除了河神庙还有别的庙吗？

答：没有。以前有过娘娘庙，在娘娘滩，也有关帝庙、观音庙。破四旧的时候，把庙上的木料拿回来盖房子了。现在只剩下河神庙了。

问：河神庙壁画挺好，讲的是什么故事？

答：不知道。

问：河曲那边是七月十五，河神的生日到底是哪天？

答：他们那边过的是十五，内蒙古也是过初二。跑河路的定了七月初二，七月十五过会。

问：您一年扳船的收入有多少？

答：够生活了。

问：娘娘庙里的塑像是新的？

答：但碑是以前的，那个庙两千多年了。

问：往内蒙古那边运什么呢？

答：蔬菜、瓜果。那边是把粮油输送来。

问：那时有染布的颜料？

答：在河曲，叫蓝布，也带去内蒙古。这个染了不掉色。

山西省旅游法制体系现状与旅游条例修订研究

山西大学历史文化学院、山西大学旅游研究中心副教授 邢剑华

为规范旅游市场秩序，促进旅游业健康持续发展，国家出台、修订了一系列旅游相关的法律法规，以积极应对旅游产业发展的新形势，为旅游业发展提供了良好的法制环境。对应国家旅游法制建设进程，根据国家相关法律法规并结合山西旅游发展实际，山西省及时制定、修订完善了地方旅游法规，使旅游立法更加符合山西旅游业发展实践的需要。在山西旅游相关立法中，最新修订的《山西省旅游条例》针对山西省旅游业发展、旅游市场经营等方面出现的关键问题做了针对性的立法规定，在多个方面进行了立法创新，旨在有效规范、促进、保障山西旅游业的可持续发展。与此同时，我们需要及时梳理各地旅游立法的创新经验，全面总结在旅游市场治理规范方面的改革创新做法，为实现市场有序、竞争有序、管理有序、出游有序的总体目标提供经验和借鉴。

一、山西省旅游相关立法概述

从 1998 年至 2020 年的 20 多年间，对应国家旅游法制建设进程，根据国家相关法律法规并结合山西旅游发展实际，山西省及时制定、修订完善了地方旅游法规，针对山西省旅游业发展、旅游市场经营等

方面出现的关键问题作了针对性的立法规定，使旅游立法更加符合山西旅游业发展实践的需要，有效规范、促进、保障了山西旅游业的可持续发展。与此同时，太原市、大同市、忻州市也相继出台了相关的地方旅游法规。

（一）《山西省旅游条例》

随着中国社会经济发展，相关法律法规的完善以及加入世界贸易组织的新形势下，《山西省旅游管理条例》中的部分规定已经与相关法律规章的规定不相衔接，与中国加入世贸组织的要求不符，同时部分条款需要根据旅游业发展实际进行重新调整规范。因此，2002年初修订《山西省旅游管理条例》被列入山西省人大常务委员会的立法计划。2002年9月28日，《山西省旅游条例》经山西省第九届人民代表大会常务委员会第三十一次会议审议通过并于当日发布，自2002年12月1日起施行，同时废止了《山西省旅游管理条例》。《山西省旅游条例》的具体条款涉及总则、旅游保障、旅游资源、旅游经营者、旅游者、监督管理、法律责任和附则等各个方面，共8章62条，其为综合改善山西旅游发展环境，合理开发利用和保护旅游资源，规范旅游市场秩序，促进旅游业持续快速发展并推动全省经济发展，提供了强有力的法制保障。

此后，随着旅游业的进一步发展，其在经济建设、文化建设、社会建设以及国际交往中发挥着越来越重要且积极的作用，成为提高国民生活质量、建设小康社会的重要内容，随即与旅游相关的国家政策环境发生了显著变化，与旅游相关的法律法规也作出了重大调整。从政策方面来看，旅游相关政策措施的频繁出台为地方立法提供了一定政策基础，如2009年12月1日，国务院发布《国务院关于加快发展旅游业的意见》，首次明确了旅游业"国民经济的战略性支柱产业和人民群众更加满意的现代服务业"的定位，并提出了近几年旅游业发展的主要任务；2013年2月2日，国务院办公厅发布《国民旅游休闲纲要（2013—2020年）》，明确提出了国民旅游休闲发展的指导思想和发展目标；2014年8月21日，国务院发布《关于促进旅游业改革发展的若干意见》，从五个方面，出台二十项具体措施进一步促进旅游业改革发展；2015年8月11日，国务院办公厅发布《关于进一步促进旅游投资和消费的若干意见》，明确旅游业是我国经济社会发展的综合性产业，是国民经济和现代服务业的重要组成部分，指出通过改革创新促进旅游投资和消费，对于推动现代服务业发展，增加就业和居民收入，提升人民生活品质，具有重要意义；2016年2月19日，国务院办公厅发布《关于加强旅游市场综合监管的通知》，要求按照党中央、国务院决策部署，加快建立权责明确、执法有力、行为规范、保障有效的旅游市场综合监管机制，进一步解决扰乱旅游市场秩序、侵害旅游者权益等突出问题。同时，新颁布实施的法律法规也为地方立法提供了明确的法律基础，如2009年1月21日，国务院第47次常务会议通过并发布《旅行社条例》，自2009年5月1日起施行，1996年10月15日国务院发布的《旅行社管理条例》同时废止；2013年4月25日《中华人民共和国旅游法》正式颁布，并于2013年10月1日正式实施，其是我国旅游业发展的基本大法，进一步完善了中国旅游立法体系，对于保障旅游者、旅游经营者的合法权益，规范旅游市场秩序，保护和合理利用旅游资源，促进旅游业持续健康发展提供了有力的法律保障。

在此背景下，为确保地方性法规与上位法的有效衔接，为落实国务院关于山西省进一步深化改革促进资源型经济转型发展要求，顺应山西省旅游业发展形势，2015年初山西省启动了《山西省旅游条例》修订工作，经过近3年的充分调研、意见反馈及反复修改完善，2017年12月1日，新修订的《山西省旅游条例》经山西省十二届人大常委会第四十二次会议表决通过，于2018年1月1日起施行。修订后的

《山西省旅游条例》共11章64条。其条款主要内容包括：

第一章，总则。条例的立法目的及适用范围；原则目标；各级人民政府职责；县级以上人民政府部门职责；旅游行业组织职责等。第二章，旅游规划。规划编制及程序：充分体现规划引领，规定县级以上人民政府编制旅游发展规划、旅游专项规划，景区管理者或经营者编制景区规划，旅游开发者、建设者、经营者按照规划进行开发建设；规划执行与变更：明确旅游发展规划、旅游专项规划、景区规划等变更批准程序；规划衔接与统筹：明确旅游规划与相关重要规划衔接，其他规划如何考虑、统筹、兼顾旅游业等。第三章，旅游资源保护与开发。总体开发利用原则：从各类旅游资源保护、旅游设施项目建设、国有旅游资源开发经营几个方面的条款保障开发利用有序可持续等。第四章，旅游产业促进。立法规定各类涉及关系旅游业发展的关键性因素等，包括资金、用地、基础建设、公共服务设施建设、支持服务企业、信息、人才、宣传推广、产品线路、旅游商品、旅游公益、产业融合、区域合作、旅游统计等多方面。第五章，特色旅游。促进鼓励山西各类特色旅游发展，内容涉及文化旅游、红色旅游、工业旅游、生态旅游、乡村旅游、体育旅游等。第六章，旅游者。旅游者合法权益受保护的确认，特殊人群依法依规享受便利和优惠，旅游者的权利与义务等。第七章，旅游经营与服务。明确了旅游经营者一般性的权利与义务内容；丰富细化各类针对性经营服务规定，包括规范旅行社业务许可要求；选择合格的供应商的相关规定；旅游客运车辆经营者经营服务要求；景区经营服务要求，细化最大承载量规定；旅游集散中心设置与服务要求；规范导游薪酬制度与景区讲解员制度等。第八章，旅游安全。明确县级以上人民政府安全职责；细化旅游部门、有关部门安全职责；分项列举旅游经营者安全责任；规范高风险项目的安全管理等。第九章，监督检查。政府职责；旅游主管部门职责；有关部门职责。第十章，法律责任。法律法规已有法律责任规定的，从其规定；违反条例特定情形的法律责任。第十一章，附则。条例施行时间。

相比原条例，修订后的《山西省旅游条例》新增了旅游规划、旅游产业促进、特色旅游等章节，在条款中明确了山西省旅游产业定位，强化了旅游主管部门的统筹协调和综合监管职能，规范了旅游规划的编制、审批，突出了政策支持和改革创新内容，增加了特色旅游和旅游发展新业态，彰显了新时代特征，以地方立法为旅游产业的发展提供了可靠的法制保障。

(二)《山西省风景名胜区条例》

风景名胜资源是极其珍贵的自然文化遗产，为此国家建立了风景名胜区管理制度，将风景名胜区界定为具有观赏、文化或者科学价值，自然景观、人文景观比较集中，环境优美，可供人们游览或者进行科学、文化活动的区域，并对其进行切实保护。早在1985年，国务院就颁布了《中华人民共和国风景名胜区管理暂行条例》，此后全国风景名胜区的设立、规划、保护、建设等主要依据该行政法规进行具体规范。山西省鉴于风景名胜资源较多且迫切需要有效保护的现实，于国家颁布实施暂行条例后20年启动了《山西省风景名胜区条例》的起草制定工作，在广纳建议、认真论证的基础上拟定颁布实施山西省风景名胜区管理的地方法规。2006年11月30日，《山西省风景名胜区条例》经山西省第十届人民代表大会常务委员会第二十七次会议通过并公布，自2007年1月1日起施行。几乎与此同时，国家层面也重新制定了《风景名胜区条例》，于2006年9月6日经国务院第一百四十九次常务会议审议通过公布，自2006年12月1日起施行。

《山西省风景名胜区条例》共8章51条，其主要条款包括：第一章，总则。条例立法目的及适用范围；风景名胜区分类；各级人民政府，省人民政府建设行政主管部门，县级以上人民政府有关部门及风景名胜区管理机构的各自职责；表彰奖励等。第二章，设立。申请设立风景名胜区的主体；设立风景名胜区的原则，拟设立省级风景名胜区的组织论证；风景名胜区标志、标牌设置等。第三章，规划。规划原则及规划组织编制；规划编制单位资质要求及编制要求；规划执行等。第四章，保护。保护原则；风景名胜资源保护义务；风景名胜区管理机构的保护职责及监管情况；风景名胜区内的活动禁止；风景名胜区核心景区、外围保护地带等各项建设管理规定；在风景名胜区内举办大型活动的规定等。第五章，建设。涉及公共安全和资源保护与利用的重大建设工程审批；风景名胜区内工程建设的土地使用审批、建设工程招标及临时建设规定；风景名胜区和景区外围保护地带从事建设活动的规定；风景名胜区宾馆、餐饮等服务项目的建设、经营和作业的规定。第六章，利用和管理。风景名胜区内的景点投资者、经营者的确定，安全管理、门票价格管理、收入分配管理等；禁止管理机构营利性经营；禁止管理机构将行政管理职能委托给企业或外人等。第七章，法律责任。第八章，附则。条例施行时间。

长期以来，《山西省风景名胜区条例》着力解决山西风景名胜区开发不规范、违法行为难遏制、资源开发有交叉、管理体制不畅等几大问题，针对山西省风景名胜区的保护、建设、开发利用等方面进行了具体地细化和规范，在加强山西风景名胜区的保护、合理利用风景名胜资源等方面发挥了积极作用。

（三）《山西省非物质文化遗产条例》

山西文化底蕴深厚，拥有丰富的非物质文化遗产资源，是全国非遗大省之一。2011年6月1日起施行的《中华人民共和国非物质文化遗产法》对非物质文化遗产的保护、调查提出了总体要求，并针对非物质文化遗产代表性项目名录、非物质文化遗产的传承与传播以及相关法律责任进行了规定。相对于法律针对非遗保护工作的总体规定，山西省的非遗保护现状仍存在一些具体的困境与亟待解决的问题，需要通过地方立法来进行细化补充，解决地方非遗保护中的重大、关键问题。为了推进山西全省非物质文化遗产保护工作，2012年1月《山西省非物质文化遗产保护条例》被列入2012年度立法计划。2012年9月28日，《山西省非物质文化遗产条例》经山西省十一届人大常委会第三十一次会议通过，并于2013年1月1日正式施行。

《山西省非物质文化遗产条例》共6章36条。其主要条款包括：第一章，总则。条例立法目的及适用范围；非物质文化遗产保护、保存原则及总体要求；非物质文化遗产的保护、保存工作的主管部门、相关部门职责及相关主体工作要求；相关鼓励性措施等。第二章，非物质文化遗产代表性项目名录。非物质文化遗产的调查及非物质文化遗产的确认、记录、建档等；非物质文化遗产代表性项目名录确定、认定及申请、建议；非物质文化遗产代表性项目名录的项目保护单位的确定及其职责；非物质文化遗产代表性项目的认定评审原则及程序等。第三章，非物质文化遗产传承人。非物质文化遗产代表性项目代表性传承人的认定及申请；非物质文化遗产代表性项目的代表性传承人的权利与义务规定。第四章，非物质文化遗产的保护措施。设立文化生态保护区的规定；与非物质文化遗产代表性项目直接关联的遗址、遗迹及其附属物的保护；非物质文化遗产开发利用规划制定；对濒危非物质文化遗产代表性项目的专门保护措施；增加非物质文化遗产保护、保存经费的投入及经费使用规定；建立非物质文化遗产公共文化设施的规定；非物质文化遗产代表性项目的保护、保存的监督检查；公共文化体育机构展示非物质文化遗产代表性项目及开放规定；相关鼓励性措施等。第五章，法律责任。第六章，附则。条例施行时间。

《山西省非物质文化遗产条例》以立法形式进一步规范、加强了山西省非物质文化遗产保护、保存工作，保障了具有历史、文学、科学、艺术价值的非物质文化遗产得到有效保护并得以传承发扬，体现了非遗保护工作"保护为主、抢救第一、合理利用、传承发展"的方针，建立了山西特色非物质文化遗产保护制度，标志着山西省非物质文化遗产步入了依法、科学、规范、有序发展的新阶段。

（四）《山西省历史文化名城名镇名村保护条例》

山西省历史文化名城、名镇、名村众多，加强历史文化名城、名镇、名村保护与管理，对于继承和弘扬中华民族优秀传统文化、建立完善全省遗产保护体系具有重要意义。随着经济社会发展和城镇化进程加速，历史文化名城、名镇、名村既要承载各种社会功能，又要全面保护传统格局和历史风貌，保护和管理工作面临诸多新问题和新挑战。由此，如何通过地方法规细化、强化山西省历史文化名城、名镇、名村的保护工作被提上了立法议程。2017年12月1日，《山西省历史文化名城名镇名村保护条例》经山西省第十二届人民代表大会常务委员会第四十二次会议通过并公布，自2018年1月1日起正式施行。

《山西省历史文化名城名镇名村保护条例》共7章54条。其主要条款包括：

第一章，总则。条例立法目的及适用范围；保护原则；县级以上人民政府、主管部门、相关部门的管理职责；乡（镇）人民政府和街道办事处、村（居）民委员会相应工作要求；保护资金规定；鼓励奖励措施等。第二章，申报与确定。省级历史文化名城、名镇、名村，省级历史文化街区的申报条件及程序等；历史建筑、历史文化保护区的确定；传统村落的申报。第三章，保护规划。规划编制程序要求及内容要求；规划修改情形及程序。第四章，保护与利用。县级以上人民政府保护职责；历史文化名城、名镇、名村和街区的保护内容、内部建设及修缮活动要求；市、县人民政府及县级以上人民政府城乡建设规划主管部门保护职责；保护范围内基础设施、公共服务设施建设及工程建设要求；所有权人与使用人的权利义务；设置保护标志，设立保护规划宣传设施并建立历史建筑档案；相关禁止性活动及行为；相关鼓励、支持措施。第五章，监督检查。警示和退出机制；省级主管部门监管职责；设区的市、县（市、区）人民政府监管职责；等等。第六章，法律责任。第七章，附则。参照执行规定及条例施行时间。

《山西省历史文化名城名镇名村保护条例》针对山西省历史文化名城、名镇、名村的申报与确定，保护规划，保护与利用，监督检查和法律责任等方面做出了明确规定，对于推动山西省历史文化遗产保护、人居环境改善、促进经济转型升级、推进"三大板块"旅游发展有着十分重要和深远的意义。

（五）《太原市旅游条例》

2002年8月30日，《太原市旅游管理条例》经太原市第十一届人民代表大会常务委员会第四次会议通过，2002年9月28日该条例经山西省第九届人民代表大会常务委员会第三十一次会议批准，自2002年10月14日正式生效，后于2005年修正部分条款并于2005年12月2日公布施行。此后，随着国家相关法律法规以及山西省旅游地方法规的制定修订，2008年10月30日，经太原市第十二届人民代表大会常务委员会第十一次会议通过，2008年11月28日经山西省第十一届人民代表大会常务委员会第七次会议批准通过，自2009年5月1日起施行《太原市旅游条例》，《太原市旅游管理条例》同时废止。《太原市旅游条例》条款内容主要包括总则、规划与建设、促进与发展、旅游者、旅游经营者、管理与监督、法律责任和附则，共8章61条。目前，根据《旅游法》实施以及《山西省旅游条例》的修订，《太原市旅游条例》于2020年启动了修订程序，目前正在修订过程中。

（六）《大同市旅游条例》

2000年3月2日，《大同市旅游管理条例》经大同市第十一届人民代表大会常务委员会第十一次会议通过，2000年3月31日经山西省第九届人民代表大会常务委员会第十五次会议批准，自公布之日起施行。此后，随着国家相关法律法规以及山西省旅游地方法规的制定修订，2004年8月26日，经大同市第十二届人民代表大会常务委员会第九次会议通过，2004年9月25日，经山西省第十届人民代表大会常务委员会第十三次会议批准通过，自2005年1月1日起施行《大同市旅游条例》，《大同市旅游管理条例》同时废止。现行《大同市旅游条例》条款内容主要包括：总则、旅游规划与资源保护、旅游促进与保障、旅游服务设施及旅游项目建设要求、监督检查、旅游经营与导游从业、旅游者权利义务、法律责任、附则，共7章59条。

（七）《忻州市五台山风景名胜区条例》

《忻州市五台山风景名胜区条例》于2017年10月19日经忻州市第四届人民代表大会常务委员会第八次会议通过，2017年12月1日经山西省第十二届人民代表大会常务委员会第四十二次会议批准通过，自2018年3月1日起施行。《忻州市五台山风景名胜区条例》条款内容主要包括：总则、规划、保护、管理、法律责任、附则，共6章32条。

依据2015年3月15日第十二届全国人民代表大会第三次会议通过的关于修改《中华人民共和国立法法》的决定，设区市被赋予地方立法权后，山西省地市旅游法规将进一步丰富完善。

二、《山西省旅游条例》的立法创新

作为地方旅游立法，《山西省旅游条例》集中反映了山西省旅游法制建设的立法成果。该条例于 2017 年 12 月 1 日经山西省十二届人大常委会第四十二次会议表决通过，共十一章 64 条，自 2018 年 1 月 1 日起施行。此次条例修订历经近三年时间，充分调研论证，突出了政策支持和改革创新内容，增加了特色旅游和旅游发展新业态，彰显了全民旅游和全域旅游的时代特征，以地方立法为旅游产业的发展提供了可靠的法制保障，其主要立法创新涵盖了多方面内容。

（一）明确将旅游业作为全省战略性支柱产业，突出全域统筹、全域旅游的重要性

第一章《总则》第四条明确规定："省人民政府应当将旅游业作为本省国民经济和社会发展的战略性支柱产业，发展全域旅游，加大对旅游业的投入和扶持力度，促进旅游业与其他产业融合发展。"第十一条规定："编制旅游发展规划应当坚持可持续发展，因地制宜，全域统筹，与土地利用总体规划、城乡规划、环境保护规划以及其他自然资源和人文资源的保护和利用规划相衔接。"

（二）体现旅游资源规划开发的事前监管，形成针对不良开发行为的法律约束

旅游资源是旅游业发展的前提和基础，按照国家生态文明建设战略的相关要求，条例针对旅游资源规划开发实践中破坏文物、破坏生态、粗制滥造、轻易落笔的不良开发行为做出了具体的法律条款约束，明确提出"开发利用旅游资源应当遵循规划先行、保护优先、有序开发、合理利用的原则"。一是，明确旅游资源开发利用的基本前提。根据该条例第十二条的规定，开发利用旅游资源应当遵守有关环境和资源保护的法律、法规，并依法进行环境影响评价。利用自然资源开发旅游项目，应当保护生态系统的完整性和稳定性；利用历史人文资源等开发旅游项目，应当保持其传统格局、历史风貌和文化特色。二是，明确景区建设应当编制相关规划。第七条第三款中规定景

区管理者或者经营者应当编制景区规划,对景区内旅游资源的保护、开发、利用,旅游服务与经营管理,旅游要素配套与旅游设施建设等进行具体安排。三是,规范涉及重点旅游资源各类规划的审查。条例第八条第一款中规定列入省旅游发展规划的重点旅游资源的旅游专项规划和景区规划,应当经省人民政府旅游主管部门审查。四是,对尚未开发旅游资源的法律保护。第十三条规定,已经评估认定但尚未开发的旅游资源受法律保护,任何单位或者个人不得侵占、破坏。在景区以及外围保护地带或者在已经评估认定但尚未开发利用的旅游资源地域内,不得建设妨碍或者损害旅游景观整体效果的设施。这些条款着眼于解决旅游资源开发过程中的实际问题,并为旅游资源开发的事前监管提供了法律依据。

(三)反映对旅游资源开发利用的事中监管,引导依法建立旅游资源开发退出机制

条例第十四条第二款规定:"县级以上人民政府应当建立旅游资源开发经营退出机制,对不按照旅游规划开发建设,造成旅游资源严重破坏或者长期闲置的,依法予以撤销或者收回旅游资源开发经营权。具体办法由省人民政府制定。"事实上,这一条款更多地是明确旅游资源开发要有退出机制,强调事中监管,引导县级以上人民政府在与旅游资源开发商在开发之初签订旅游资源开发合同时,就注意以合同条款形式就退出机制做相关规定,在法制框架内依法约束和规范在建破坏或者闲置不开发等行为。

(四)丰富细化条款,反映如何兼顾旅游业发展需要

依据《旅游法》第二十条的规定就具体如何兼顾旅游业发展需要做了进一步细化规定。一是,要求关系地区经济发展的重要规划考虑旅游业发展需要。条例第十条第一款规定:"县级以上人民政府编制土地利用总体规划、城乡规划、环境保护规划,应当考虑旅游业发

的需要。"同时，条例第十六条规定："县级以上人民政府应当在年度土地供应计划中统筹安排旅游业发展用地，对旅游重点项目用地予以优先保障。土地出让收入可以用于旅游项目开发。"二是，要求相关部门在编制规划以及建设相关设施时，主动"+旅游"。条例第十条第二款规定："县级以上人民政府发展和改革、环境保护、住房和城乡建设、交通运输、水利、农业、林业、文化、文物、通信等部门编制产业规划和专项规划，应当统筹旅游项目、设施的建设需求；规划建设交通、通信、供水、供电等基础设施和公共服务设施，应当兼顾旅游功能，征求同级旅游主管部门意见。"

（五）着眼产业长远发展，创新旅游产业促进政策

除了常规的旅游产业促进政策外，条例以立法形式规定的产业促进创新政策主要包括：一是，促进丰富旅游宣传方式。条例第十九条第二款规定："鼓励媒体投入一定比例的公益广告资源，用于旅游形象、文明旅游等宣传推广"。二是，推动引进综合性旅游品牌企业。鉴于编制规划无法落地脱离开发建设实际，景区经营与管理脱节等现象，条例第二十三条规定："县级以上人民政府应当鼓励发展专业旅游企业，支持发展具有自主知识产权、知名品牌的旅游企业，鼓励引进投资、开发、经营管理一体的综合性旅游品牌企业。"三是，促进业态融合以及各类创新成果在旅游业中的应用。条例第二十二条规定："县级以上人民政府应当促进旅游与文化、教育、工业、农业、林业、商业、卫生、体育等领域的融合发展，促进信息通信技术、科技成果和文化创意创新等在旅游领域的应用"。

（六）保障导游合法权益，规范景区讲解服务

一是，明确导游服务费的合法性及收取依据。条例第四十六条第二款规定："旅行社安排导游为旅游者提供服务的，应当向导游支付

导游服务费,并在包价旅游合同中载明。导游服务费按照带团人数、导游等级、出行目的地、服务内容等确定"。导游服务费不同于小费,是导游人员应合法获得的劳动报酬。这一条款不仅为导游服务费正名,同时也为将来推进导游自由执业收取服务费提供了法律依据。二是,疏导规范景区讲解服务。条例第四十九条规定:"省人民政府旅游主管部门应当建立景区讲解员管理制度。景区应当规范讲解服务。在景区提供讲解服务的,应当经过景区培训后持讲解员证上岗,并接受旅游主管部门监督管理。未取得讲解员证的人员,不得从事有偿讲解。"这一条款采取疏导规范的方式来解决景区讲解中存在的无证讲解、随意讲解等问题,提高景区讲解水平。

(七)增设特色旅游一章,规范推动各地根据本地实际发展特色旅游

第五章《特色旅游》共七款,系统就各地根据本地实际,发展文化旅游、红色旅游、工业旅游、生态旅游、乡村旅游、体育旅游等特色旅游的内容做了相关规定。相应条款从法律层面就各类特色旅游的发展依据、发展重点等做了明确规定,更全面地为特色旅游发展提供了规范性、指导性。

(八)细化旅游者权利义务,针对性反映民事活动中应遵循的诚实信用原则

第六章《旅游者的权利和义务》一章,除规定旅游者一般性的权利义务外,在两个方面做出了明确规范:一是在旅游者权利方面,紧密结合旅游市场交易过程中侵害旅游者自主选择权的实际情形,明确、细化地规定了旅游者有权拒绝强制或者变相强制销售和服务;二是在旅游者义务方面,为更好地保障旅游者人身安全,避免相关旅游纠纷,明确规定旅游者应当向旅游经营者如实告知与旅游活动相关的个人健康信息,选择适合自身条件的旅游活动。上述条款是在民事活

动中，当事人之间遵循诚实信用原则的具体体现，既是商业道德观念的渗透，也是市场经济发展的规范。

(九) 规范旅游监管检查，突出强调旅游环境的综合整治

针对景区周边一系列影响旅游环境的行为，要求各部门依法予以综合整治。条例第五十七条规定："各级人民政府及其有关部门应当依法对景区周边违法建筑、违法广告、私搭乱建、非法营运、无证摊点、随意倾倒垃圾以及欺客宰客、尾随兜售、强迫消费、乱收费等影响旅游环境的行为进行综合整治。"同时以第五十八条明确提出网络旅游经营环境监督检查的相关主体，规定："县级以上人民政府旅游、经济和信息化、公安、工商等部门以及通信、互联网信息、金融等监督管理机构，应当按照各自职责监督管理网络旅游经营活动，规范网络旅游经营秩序。"

《山西省旅游条例》的修订颁布，确保了地方性法规与上位法的有效衔接，是落实国务院关于山西省进一步深化改革促进资源型经济转型发展要求，顺应山西省旅游业发展形势。条例在依法修订的前提下多方面突出了政策支持和改革创新内容，其颁布实施标志着山西省依法兴旅、依法治旅进程，又迈出了重要一步。

三、各地地方旅游条例的创新借鉴

各省条例修订都坚持改革方向、问题导向，着眼近年来旅游业发展中出现的新现象、新问题进行规范，分别针对本省旅游业发展、旅游市场经营等方面出现的关键问题做了针对性立法规定，把依法治国、依法执政、依法行政的各项要求贯彻落实到旅游业改革发展和规范管理的各个环节，全面构建依法治旅、依法兴旅体系，以旅游法治建设的不断完善促进旅游业持续健康发展。下面总结各地地方旅游条

例中的创新经验,以便于在新一轮的地方立法实践中有所借鉴。

(一) 破除行政区域市场经营壁垒

海南是全国进行地方旅游立法修订最早的省份,《旅游法》一经颁布出台,海南随即启动本省旅游条例修订工作,经过一年多的修订,《海南省旅游条例》自2014年11月1日起施行。为了消除区域间的旅游服务障碍,促进形成自由竞争的市场秩序,《海南省旅游条例》针对部分海南地区、旅行社排斥省外旅行社的问题,条例第十三条第三款明确规定:"县级以上人民政府及其有关部门应当消除区域间旅游服务障碍,禁止行业垄断和地区垄断。省外旅行社可以组织省外旅游团队直接到本省进行旅游活动,任何单位和个人不得歧视、刁难、设置障碍。"同时,针对海南旅游客运服务长期跨区域、跨市县运营受限的问题,确立了旅游客运一体化经营管理体制,条例第二十一条第四款明确规定:"县级以上人民政府交通主管部门应当采取措施,鼓励旅游客运经营者开发跨市县运营线路和产品,逐步实现区域旅游客运一体化经营和管理。"除《海南省旅游条例》外,《吉林省旅游条例》《陕西省旅游条例》《广西壮族自治区旅游条例》等多省区条例都对此进行了条款规定,这些条款为破除行政区域壁垒、各自为政的体制机制障碍提供了有力的法律依据。

(二) 明确旅行社可平等参与政府采购、购买社会服务

为了进一步促进旅行社业务发展,同时节约国有机关、事业单位的公务服务花费,多省的旅游条例都立法明确了相关主体向旅游经营者购买服务的内容。其条款规定主要分为两个层次:一是,鼓励支持旅行社此类行为。如《湖北省旅游条例》第三十八条规定:"支持旅行社参与政府采购和服务外包,接受国家机关、企业事业单位和社会团体的委托,为有关公务活动提供交通、住宿、会务等服务。"《广西

壮族自治区旅游条例》第十八条第三款规定："鼓励和支持符合条件的旅行社等旅游服务企业按照政府购买服务的有关规定为国家机关和事业单位公务活动提供交通、住宿、餐饮、会务等服务。"《吉林省旅游条例》第四十八条也有类似规定。二是，认可确立此类行为合法性。如《辽宁省旅游条例》第十七条规定："国家机关和事业单位的公务活动，可以委托旅行社等具有资质的旅游服务企业承办交通、食宿、会务、接待等服务事项。具体实施办法由省旅游主管部门会同财政、税务等部门共同制定，报省人民政府批准。"《浙江省旅游条例》《江苏省旅游条例》不仅通过立法确认了购买服务的合法性，同时扩大了购买服务的主体和相关情形，并就接受委托提供服务的旅游经营者范围扩大为旅行社、民宿、农家乐、乡村旅游经营者等。《浙江省旅游条例》第二十一条规定："国家机关、事业单位、国有企业的交通、食宿、会务等活动和工会组织的职工疗养休养活动，可以通过政府采购、购买服务等方式委托符合条件的旅行社、民宿、农家乐等旅游经营者提供服务。"《江苏省旅游条例》第二十八条规定："国家机关、事业单位、国有企业的公务活动和组织的职工疗养休养活动，可以通过政府采购、购买服务等方式委托符合条件的旅行社、乡村旅游经营者按照有关规定提供交通、食宿、会务等服务"。这类条款相对支持、鼓励性条款更有分量，含金量更高，更直接地为相关旅游经营者承办服务委托事项提供了立法支持，不仅为旅行社等旅游经营者松了绑，也能节约机关事业单位大量的人力、物力、财力。

（三）立法促进旅游交通路网规划及建设

旅游交通的快速发展业已成为推动全域旅游，实现旅游跨越式发展的重要环节。不少省、市、区就旅游交通的立法问题进行了深入研究，并就此做了相应立法确认。如《江苏省旅游条例》第三十五条第一款规定："县级以上地方人民政府及其有关部门应当合理布局旅游交通线路，规划建设游客中转站、游客集散中心、景区连接线道路等旅游公共服务设施，并与交通运输发展规划相衔接。"《江西省旅游条例》第二十三条分别就县级以上人民政府及交通运输主管部门的职责进行了规定。其第一款规定："县级以上人民政府应当根据旅游业发展需要，统筹安排通往旅游景区的交通项目建设，合理规划建设旅游中转站、旅游客运专线、客运索道等交通设施，推进旅游交通设施无障碍建设与改造；加强景区旅游道路、步行道、旅游集散中心、自驾车营地、停车场、厕所、垃圾污水处理等配套服务设施建设。"第二款规定："交通运输主管部门应当将游客运输纳入综合交通运输体系，合理布局旅游交通线路、旅游公共交通服务设施等；完善道路标识系统，主要交通干线和城市道路规划建设应当包括旅游交通标识、主要旅游景区指示标识牌等内容。"《辽宁省旅游条例》第九条第一款规定："省、市、县人民政府应当结合本省路网规划，统筹安排通往旅游景区的交通项目，统筹规划建设游客集散中心和中转站、旅游客运专线、自驾车营地等配套基础设施。"同时，为了确保打通景区"最后一公里"，该条第二款明确要求"属于国家AAA级以上景区和省级以上风景名胜区、地质公园、森林公园、湿地公园和旅游度假区的，其连接交通主干线的旅游道路应当达到三级以上公路标准。"旅游交通的相关立法规定将进一步理顺旅游交通建设管理中存在的问题，有效改善旅游交通环境，提高旅游通达性和可进入性，促进当地旅游业发展。

（四）明确治理旅游旺季旅游问题的多项规定

旅游旺季旅游问题主要涉及客流疏导控制、旅游安全管理、投诉纠纷处理等方面，《辽宁省旅游条例》对此做了系统性规定。一是明确市、县级人民政府的责任。条例四十二条第一款规定："市、县人民政府应当在重要节假日、旅游高峰期前，对区域旅游客量和道路承载能力进行评估,根据需要制定并公布车辆分流通行方案,提供有利于旅游者出行的方便条件。"二是明确景区的责任。条例四十二条第二款规定:"景区应当公布经核定的最大承载量,制定和实施旅游者流量控制方案,并设置监控、分流系统。"三是明确旅游主管部门和相关职能部门的责任。条例第四十条第二款规定:"旅游主管部门和公安、工商、质监、交通、食药监等有关执法部门,应当在旅游旺季游客密集的景区、景点,现场受理和解决旅游投诉纠纷,依法查处非法从事导游和诱导、欺骗、强迫游客消费以及串通涨价、哄抬价格和价格欺诈等旅游经营违法行为。"四是对旅游者提出鼓励条款。条例第十六条规定:"鼓励旅游者利用带薪年休假假期,错峰出行旅游。"此条款将为根本性解决旅游旺季问题提供制度参考。此外,《北京市旅游条例》立法鼓励景区实行预约门票制。条例第三十三条规定:"鼓励景区实行门票、讲解员预约制度,为旅游者合理安排行程提供便利。景区为了旅游安全的需要,可以在节假日期间或者在部分游览区域实行分时段预约参观制度。景区实行分时段预约参观的,应当提前 30 日向社会公布。"以此条款缓解重大节假日来京游客拥堵某一景区的问题。

（五）明确民宿的规范管理

1. 明确民宿合法地位

《浙江省旅游条例》第十九条的规定:"县级以上人民政府加强对乡村旅游的规划引导,鼓励建设具备特色条件的特色小镇、特色村落,鼓励兴办民宿和农家乐。"《福建省旅游条例》第二十四条第一款明确规定:"在乡村和旅游景区、风景名胜区等特定区域,居民可以利用自有住宅或者租赁他人住宅,结合当地人文、自然景观、生态环境资源及农林牧渔生产活动,开办民宿,为旅游者提供住宿、餐饮等服务"。民宿合法地位的确立,解决了此前民宿业长期发展不稳定、民宿业者对经营预判缺乏信心的问题，更有利于进一步规范促进其发展。《北京市旅游条例》更是在第四章单列民宿一节，以四条内容对其进行规定。

2. 明确开办民宿的基本条件

《福建省旅游条例》相应规定了民宿开办的基本条件，规定"民宿的建筑、设施设备和经营服务应当具备必要的治安、消防等方面的安全条件和卫生要求。"《浙江省旅游条例》第三十一条规定："利用城乡居民自有住宅开办民宿具备相应条件的，公安及其消防机构、卫生计生、食品药品监督、环境保护等有关部门应当发放相关的经营许可。民宿的范围和条件，由省人民政府根据有利于民宿发展的原则和法律、法规、规章的规定另行制定。"

3. 明确扶持促进民宿发展

依照《福建省旅游条例》第二十四条第二款的规定，"县级以上地方人民政府应当组织有关部门编制本行政区域民宿业发展规划，制定相应的政策措施，及时协调解决民宿发展中的问题。有关部门应当简化手续，提高办事效率，支持和促进民宿业的发展。具体办法由省人民政府制定。"《广东省旅游条例》第二十一条第二款规定："各级人民政府应当根据旅游发展规划和专项规划，加强对民宿经营管理的引导，鼓励社会力量参与民宿经营管理；支持在具有旅游资源的乡村发展民宿，经营者可以采取租赁、联营等方式，委托有关经济组织经营管理。"这些规定均为规范、有序发展民宿业提供了法律保障。

（六）明确监管真空地带的管理职责

1. 涉及高风险旅游项目的安全监督管理

一般而言，高风险项目的安全监管原则是谁审批、谁负责，如《浙江省旅游条例》第三十六条第一款规定："经营高风险旅游项目应当依法取得经营许可，并由负责许可的部门实施安全监督管理。"但在实际上，关于高风险项目的安全监管问题仍存在一定盲区，对此《广西壮族自治区旅游条例》立法明确了各部门对于高风险旅游项目的安全监管责任，这样的条款规定，责任明确，解决实际问题，可操作性强，是该省旅游条例的最大立法突破。条例第五十四条第二款规定，高风险旅游项目的安全按照下列规定进行监管：一是，攀岩、潜水等体育旅游的，由体育部门监管；二是，利用客运索道、大型游乐设施等特种设备进行旅游的，由质量技术监督部门监管；三是，利用实行通用航空经营许可的直升机、滑翔机、载客自由气球、载客飞艇等进行航空旅游的，由民用航空管理部门监管；四是，在通航水域利用游船、游艇、排筏等进行水上旅游的，其交通安全由海事部门监管。此外，法律、行政法规对高风险旅游项目安全监管另有规定的，从其规定。同时在该条第二款，针对不少高风险旅游项目无法确定监管主体的问题，规定"在经营水上漂流、滑草、滑道等具有一定风险性的旅游项目，法律、法规未规定安全监督管理部门的，由设区的市或者县（市、区）人民政府确定"。

2. 涉及景区开放经营的监督管理

《浙江省旅游条例》第三十二条规定，景区开放经营应当符合《旅游法》规定的条件，需要经过景区主管部门许可的，由景区主管部门在许可前听取同级旅游主管部门的意见。同时规定"法律、行政法规未规定需要经过许可的，由景区经营者在景区开放经营前听取旅游主管部门的意见。"

3. 建立部门备案制度，规范户外探险旅游者的行为

《陕西省旅游条例》第六十七条指出："在没有道路通行的地方或者旅游景区游览路线以外的地方，组织开展穿越山岭、攀登山峰等具有危险性的健身探险旅游活动，组织者应当向参与者做出风险提示，并应当提前五日将活动时间、地点、路线、人员名单、保障措施、应急方案等向县级以上体育行政部门备案。地点、路线涉及军事设施保

护区、自然保护区以及旅游景区的，依照相关法律、法规规定执行。"这一做法在很大程度上确保了旅游者的出行安全，提高了户外旅游者的安全意识，减少了户外探险旅游事故的发生。

（七）明确自驾旅游服务保障机制

随着自驾旅游成为越来越多旅游者节假日出游的重要方式，不少省市区在立法中进一步明确了自驾旅游服务保障机制。如《江苏省旅游条例》第二十条明确规定："县级以上地方人民政府应当规划建设房车露营地、自驾游基地，完善自驾旅游服务保障体系，为自驾旅游者提供道路指引、医疗救助、安全救援等方面的服务。鼓励旅游经营者开发自驾旅游产品，鼓励汽车租赁公司开展异地还车业务。省人民政府有关部门应当加强对落地自驾旅游的政策支持，促进落地自驾旅游管理制度化和服务标准化。"这一条款一方面明确了政府及有关部门在完善自驾游服务保障体系中的职责，另一方面鼓励旅游经营者开发配套的自驾游服务产品，丰富服务产品供给。《广东省旅游条例》第三十六条规定："县级以上人民政府应当推动建设自驾车房车营地、自驾游基地，完善自驾旅游服务保障体系，为自驾车旅游者提供道路指引、信息咨询、医疗救助、安全救援等方面的服务。"此外，《安徽省旅游条例》《重庆市旅游条例》等都对此进行了较详细的条款规定。

（八）乡村旅游管理职责分级细化

发展乡村旅游是地方扶贫富民的重要手段，因此各省市区结合本地实际都十分重视乡村旅游发展方面的立法规范。针对乡村旅游规范管理、促进发展方面存在的主体不清、职责不明问题，《陕西省旅游条例》对此做了详细规定，明确了相关主体职责。一是，设区的市、县（市、区）人民政府职责。主要包括：打造品牌、整合线路、完善设施，编制实施乡村旅游规划，规范乡村旅游开发建设（第五十三条）。二是，县（市、区）、乡（镇）人民政府职责。主要包括：把乡村旅游纳入新农村建设、现代农业、扶贫开发和城乡一体化发展整体布局，加强乡村旅游道路、停车场、通信网络、给（排）水、绿化以及其他公共服务及基础设施建设，提供良好发展环境（第五十四条第一款）。三是，县（市、区）、乡（镇）人民政府以及村民委员会职责。主要包括：加强乡村旅游公共厕所、垃圾处理等环境卫生基础设施建设和改造，组织开展杀灭老鼠、苍蝇、蚊子、蟑螂等病媒生物及清除其孳生地的活动，改善乡村旅游地的环境卫生（第五十四条第二款）。同时，乡镇人民政府、街道办事处应当加强对乡村旅游经营者的旅游安全教育和监督检查（第五十九条第三款）。四是，县级以上旅游行政主管部门职责。主要包括：指导和帮助乡村旅游经营者规范经营，提高服务质量，对乡村旅游经营场地、接待设施、安全管理、环境保护、服务质量、特色项目等方面进行等级综合评定（第六十条）。

（九）进一步约束出让国有旅游资源经营权

不少省、市、区旅游立法明确了国有旅游资源经营权转让的问题，立法确立旅游资源市场化开发经营方式。《江西省旅游条例》第十六条第二款规定："旅游资源可以通过委托、租赁、合作、入股等方式，进行统一开发，科学管理。"第十九条规定："出让国有旅游资源经营权应当遵循公开、公平和公正的原则，依法通过拍卖、招标等方式进行，出让收入按照国家相关规定管理。"这些条款实际上都对旅游资源开发过程的经营权、管理权问题进行了立法确认。其中值得一提的是《广西壮族自治区旅游条例》针对国有旅游资源经营转让问题进行了更加细化的规定，从立法操作方面更加清晰。第二十七条规定："国有旅游资源经营权依法出让的，应当遵循公开、公平和公正的原则，通过拍卖、招标等方式进行。依法获得国有旅游资源经营权的经营者有下列情形之一的，当地人民政府或者国有旅游资源经营权出让单位可以依法收回其经营权：一是，违反旅游发展规划、旅游专项规划，严重破坏旅游资源；二是，投资额度、投资进度未达到合同约定或者构成其他解除合同条件，按照合同规定解除合同。同时也规定了不适用此项的情形；三是，法律、法规规定可以依法收回其经营权的其他情形。"这为进一步解决国有旅游资源经营权转让方式不规范、经营者占用了旅游资源却投资不到位、开发中违反旅游规划、破坏旅游资源等问题提供了法律依据。

（十）就休闲休假进行了立法规定

为了顺应旅游业发展趋势，不少地方在休闲、休假方面做了相关立法规定，其中《山东省旅游条例》在此方面的规定较为全面。根据该条例第十九条的规定，一是，由县级以上人民政府推动机关、团体、企事业单位和其他单位执行职工带薪年休假制度；二是，支持单位安排错峰休假，鼓励单位调整作息，为职工周五下午和周末休闲度假提供便利；三是，由省人民政府推动设立地方性节假日。此外，该条例第五十四条第二款还就保障旅游从业人员的休息休假权利做了相关规定，要求旅游经营者应当建立健全工时和休息休假制度，保障劳动者的休息休假权利；根据行业特点和经营需要，不能实行标准计时的，可以依法申请实行综合计算工时工作制和不定时工作制等特殊工时制度。这些条款一方面依法保障了旅游者、旅游从业人员等的休息休假权利，同时也为促进旅游产业休闲化提供了立法保障。

（十一）系统治理旅游市场顽疾

针对部分旅游市场的顽疾，《北京市旅游条例》就治理非法一日游、规范旅游团队做了更加系统明确的规定。一是，明确判定非法一日游的具体情形。第五十二条明确界定了一日游，第五十三条将未取得旅行社经营许可证、旅游客运经营许可、导游证,从事一日游经营服务活动;擅自在公共场所散发、悬挂、涂写、张贴一日游产品广告;冒用旅行社、旅游集散中心、公共交通客运企业等名义,利用公交站牌、互联网、旅游地图等媒介或者在旅馆、车站等公共场所发布一日游虚假信息,非法揽客等六类行为归于非法一日游行为。同时第八十条明确了相应的法律责任。二是,明确旅馆业务经营者对非法一日游的相关责任。针对不少非法一日游的宣传、招揽集中在旅馆业内,该条例进一步加强核心环节管理,遏制虚假信息传播,阻断非法一日游揽客渠道。第五十四条规定:"旅馆业经营者允许旅行社在其经营场所设立分社或者服务网点的,应当查验旅行社相关许可文件,并要求旅行社在营业场所张贴、悬挂相关许可、登记证件;旅馆业经营者允许旅行社在其经营场所放置旅游宣传资料、联系方式或者旅游地图的,应当查验旅行社相关许可文件,所放置材料宣传内容应当与旅行社名实相符。"三是,规范合同约束非法一日游。针对北京非法一日游经常利用合同欺诈的方式以低价吸引来京游客,该条例第五十五条规定:"旅行社组织前往长城、明十三陵等本市有多个同类景区或者景区内有多个同类收费景点的团队旅游活动,应当在旅游合同中明示所游览景区或者景点的具体名称。列入旅游行程中的收费景区,不安排进入游览的,应当在旅游合同中注明。"四是,疏堵结合,完善旅游公共服务体系。鉴于旅游者参加非法一日游有不少是因为前往景区不方便、线路不熟悉等原因,条例通过扩大旅游公共服务,完善公共服务设施,针对性为旅游者提供交通、咨询等便捷服务,以提升旅游公共服务质量和水平来疏导压缩非法一日游空间。对此,该条例在第十八、十九、二十二、二十三、二十四条都就提升旅游公共服务做了明确规定,按照旅游散客需求,强化了旅游信息和交通服务供给。此外,该条例也对加强购物商店、另行付费旅游项目和景区管理,阻断非法一日游利益链;加强旅游市场综合监管,改进行政执法方式等进行了规定。这些条款针对"一日游"经营环节进行全链条制度设计,从根源上系统治理,为系统治理非法一日游提供了操作性强的法律依据。

四、《山西省旅游条例》的修订探讨

为进一步贯彻文旅融合理念,体现文旅产业高质量发展要求,对接国家近几年相关法律颁布修订立法现状,围绕文旅产业发展中的困难和问题,从 2020 年开始,地方旅游条例修订工作又被提上了议程。下文在遵循条例修订的基本原则的基础上,进一步厘清地方旅游条例的修订思路,并针对《山西省旅游条例》修订提出一定建议。

(一)地方旅游条例修订的基本原则

1. 依照上位法调整修订

法律的效力高于行政法规、地方性法规、规章。地方立法修订中,要坚持以上位法作为立法依据的原则,所制定的法律规范不能与上位法的规定或其原则、精神相抵触。因此,现行行政法规、地方性法规、规章或者规范性文件等法律规范,与《旅游法》对同一事项规定不一致的,应当适用《旅游法》的规定。作为行政法规的《旅行社条例》及《导游人员管理条例》修订工作完成后,地方权力机关应按照《旅游法》、修订后的国家行政法规等条款规定对现行地方性旅游法规或者规范性文件做相应调整,尤其要重视与新出台实施相关法律的衔接。此外,地方立法也不能出现"上位法依赖"的倾向。地方立法应包括结合地方实际对上位法条款的解释细化、对具体行政主体的确认、填补上位法的漏洞等,不能是简单的条款重复,否则就会造成在司法实践中地方立法适用比例过低的问题。地方性法规是我国法律体系的重要组成部分,其可以规定的内容之一是为执行法律、行政法规的规定，需要根据本行政区域的实际情况做具体规定的事项。全国性的立法具有普适性，大量原则性条款的规定为下位法留出了立法空间，地方立法机关应发挥其自主能动性，因地制宜地修订地方法规。如果"只重复不立法"，这不仅可能让人产生上位法没有权威需另立下位法才能保障实施的错觉，也是在浪费有限的立法资源。

2. 对接国家发展战略

立法的重要基本之一是政策基础。在现行政策行之有效的前提下，可以通过立法渠道和立法程序将相关的政策措施作为条款纳入立法体系。要坚持立法服务党和国家工作大局，主动对接、积极融入党和国家重大发展战略、重大决策部署，确保党的主张通过法定程序成为国家意志，保障党的路线方针政策和决策部署得到全面贯彻和有效执行。如对接国家乡村振兴战略、对接经济高质量发展战略、对接政府职能转变和"放管服"改革，也包括对接文旅融合、全域旅游等工作推进的相关要求。

3. 解决实际困境与问题

人民群众对立法的期盼，已经不是有没有法律法规，而是法律法规好不好、管不管用、能不能解决实际问题。只有严格依法立法、扩大立法社会参与度，让法律法规更管用、更解决实际问题，才能筑牢社会长治久安的根基。改革开放以来很长的一段时间，我国的法制建设相对侧重在立法层面，着力解决有法可依的问题。而现在，我国具有中国特色的社会主义法律体系已经基本形成，人民群众对立法的质量提出了更高的要求，要求更管用、更解决实际问题。在地方立法中，应结合当地产业发展实际，在文旅产业发展过程中，针对实际中的困境问题，从立法角度探讨治理之法。

（二）《山西省旅游条例》修订的基本思路

自 2018 年 1 月 1 日《山西省旅游条例》实施以来，其在保护和合理利用旅游资源，保障旅游者和旅游经营者的合法权益，规范旅游市场秩序，促进旅游业持续健康发展等方面发挥了重要作用，有力地推动了山西省依法治旅、依法兴旅。最近几年，国家颁布实施了不少与文旅产业相关的法律法规，也在新的社会经济发展过程中提出了不少新的发展思路和发展理念，形成了相应的国家发展战略。在此背景下，就《山西省旅游条例》进一步的修订思路做一探讨。

1. 突出"文旅融合"和"全域旅游"

突出文旅融合发展理念。党的十八大以来，习近平总书记就文化和旅游工作发表了一系列重要论述，科学回答了事关文化建设和旅游发展的方向性、根本性、全局性问题。其中，在国家战略层面充分强调文旅融合的重要性，将其作为推动旅游业高质量发展、实现文化高效能传播的必然要求。在此期间，各级政府贯彻文旅融合理念，从国家至地方全面重新组建了文化旅游部门，进一步从机构改革上推动文旅融合。党的十九届五中全会通过的《中共中央关于制定国民经济和社会发展第十四个五年规划和二〇三五年远景目标的建议》明确提出"推动文化和旅游融合发展，建设一批富有文化底蕴的世界级旅游景区和度假区，打造一批文化特色鲜明的国家级旅游休闲城市和街区，发展红色旅游和乡村旅游"。因此在条例修订的结构与总体安排上，应贯彻文旅融合理念，考虑条例总则、旅游者、旅游规划与促进等部分进行修订。在具体条款中应适当体现各类文化遗产保护与旅游发展利用关系的内容。文化遗产保护是文旅产业发展过程面临的重要问题，如何推动文化遗产保护利用与旅游业发展相结合需要立法的原则性规定。

反映全域旅游发展理念。全域旅游发展理念和模式是党的十八大以来文化和旅游部门贯彻供给侧结构性改革和高质量发展的回应，也是区域经济发展的重要抓手，是以旅游发展带动区域经济发展的新模式和新方法。全域旅游从提出到推进的几年时间里，国家层面相继发布了《国家全域旅游示范区认定标准》《全域旅游示范区创建验收标准》《全域旅游示范区创建工作导则》等系列文件，2018年国务院发布《关于促进全域旅游发展的指导意见》更是标志着全域旅游正式上升为国家战略，全域旅游的概念和实施方向越来越清晰。全域旅游是文旅产业发展进一步优化产业布局、提升产业发展阶段的有效措施，其更重要的意义在于全域旅游是地方治理、综合协调发展的有效路径，可以在地方立法层面予以明确和推动。

2. 对接相关新施行的法律法规

2021年1月1日《中华人民共和国民法典》正式施行（以下简称《民法典》），《民法典》是我国的第一部法典，被称为"社会生活百科全书""市场经济的基本法"，其是新时代我国社会主义法治建设的重大成果，在我国法律体系中具有重要地位。《民法典》中除婚姻家庭和继承篇外，其他部分与每一个旅游者、旅游经营者的权益息息相关。根据旅游发展实际，对接《民法典》法律规定，条例修订可涉及几个方面：一是明确旅游者相关权利义务，比如涉及隐私权保护、自甘风险原则等；二是明确旅游合同相关规定，比如旅游合同的默示成立，旅行社代办签证业务，旅行社代订票务，车辆、住宿业务经营规范；三是生态保护原则的贯彻，进一步强化《旅游法》中旅游业发展应当遵循社会效益、经济效益和生态效益相统一的原则，结合《民法典》相关生态保护、绿色原则等内容进行条款的细化规定。

充分发挥立法在乡村振兴中的保障和推动作用，根据《乡村振兴促进法》相关规定，在条例修订中从产业发展、文化传承、城乡融合等方面针对激励发挥乡村旅游在乡村振兴中的功能作用做出具体的措施规定。在乡村旅游重点村建设、农耕文化展示区建设、文化产业特色村落引导建设等方面，结合山西实际提出细化条款。此外，应根据新修订的《行政处罚法》加入相关行政处罚的条款内容，在法律责任方面根据违法行为对应选择增加"通报批评、降低资质等级、限制开展经营活动、责令关闭、限制从业"等处罚类型；根据《电子商务法》相关规定并参考吸纳《在线旅游经营服务管理暂行规定》的相关内容纳入条例条款中，明确在线旅游平台经营者责任和义务；立法确认文旅部门监管权力等。

3. 全面规范旅游市场经营秩序

有几个突出问题亟待解决：其一，不合理低价团的问题。虽然此前《旅游法》第三十五条就有不合理低价团的规定。几年的法律实施实践表明这一市场问题在立法原则、立法目的、立法措施方面存在一些问题，因此无论在实践规范方面还是监管执法方面都没有起到预期效果，应完善相关不合理低价团非法经营链条中的相关主体责任，多方举措在地方立法中增强第三十五条的落地性。其二，变相无证经营旅游业务的问题。如未经许可通过微信群、车友会、户外组织、商品营销团等经营旅游业务的法律规定及责任条款应予明确。其三，文旅综合监管、联合执法难落实的问题。在旅游行业监管方面，要以相关法律为基础，进一步吸取全国及相关省市旅游行业综合监管方面的经验，在维护旅游市场秩序、引导市场良性竞争、规范市场主体行为等方面进行创新先试，探索涉及旅游服务内容、机构、主体进行监管的具体办法。

此外，文旅产业是个综合性产业，不应把市场秩序规范仅限于旅行社经营管理与旅游团队管理方面，应加强对散客旅游活动的规范引导。如对"自由行""主题游""定制游"等应增加对散客化、自助化旅游活动的规范、引导、支持等内容。在产业要素和业态方面，应考虑对旅游小镇、民宿驿站、城市旅游综合体、特色旅游街区等各种旅游产业业态以及对在线旅游经营企业、实体旅行社、旅游服务代理商等各类旅游经营企业进行明确适用性规定。

4. 强化旅游资源保护开发

旅游资源是旅游业发展的前提和基础，地方旅游立法中多数将旅游资源保护置于立法体系中的重要位置，既明确了旅游资源开发、规划的前置条件，同时确立了旅游资源保护的事中、事后监管机制，包括：明确旅游资源保护的责任主体；明确旅游资源保护的类型；对旅游资源开展承载力评估，制定开发保护和恢复治理方案，保护自然资源和生物多样性；规定旅游资源保护配套设施的同步设计建设；立法确立建立旅游资源数据库和旅游建设项目库；建立旅游资源开发经营退出机制等。要从条款设置方面初步形成旅游资源保护开发的闭环监管。

5. 合理约束旅游者与旅游从业人员

旅游者是旅游法律关系最重要的主体之一，因此各地旅游立法一般都将旅游者单列为一章，就其权利义务内容做具体的条款规定，其中主要包括旅游者应享有的权利以及应当承担的相关义务。相对而言，地方立法中对于旅游者的义务内容规定更加完善，包括：立法明确旅游者的告知义务；明确旅游者文明旅游行为要求及责任；进一步强调旅游者在旅游活动中的安全义务，比如规定旅游者不得擅自进入未开发开放区域进行游览活动，不得擅自进行影响景区资源安全和人身安全的活动，等等。与此同时，也对旅游活动中具体承担旅游服务工作的旅游从业人员做了相关明确规定，包括：立法明确导游人员的薪酬体系，保障其合法权益；引导规范景区讲解；建立健全旅游经营者及从业人员的诚信体系等。

6. 强化旅游监管和联合执法

旅游监督管理是维持旅游市场良好秩序、旅游产业健康发展的重要保障。目前旅游监管方面存在的主要问题包括监管部门职责交叉；多部门联合执法中存在协调统筹的问题；存在某些监管真空地带；旅游行业协会的功能没有完成发挥出来；执法依据不明确、标准缺失。旅游监管方面的立法内容主要涉及：地方政府及相关部门的职责规定；旅游安全监管、旅游应急及突出事件处置、旅游联合执法、完善旅游行业协会功能、旅游投诉与纠纷处理等内容。

(三)《山西省旅游条例》修订条款建议

1. 规范治理相关机构组织经营旅行社业务

随着旅游电商、各种社交媒体以及自驾游的发展,游客的需求越来越多样,导致旅游活动组织者的身份越来越多元。对于这类事实上的经营主体,应该先开放,再规范,对于新兴事物应该让问题暴露,同时通过市场手段让其规范发展,不能不分对象都采取"一刀切"的治理办法。要分类厘清各类协会、俱乐部以及中介机构的主体性质,分条款规定。根据调查山西的户外俱乐部发现,目前俱乐部的组织方式主要有三类:第一类是已在工商部门注册为企业法人或相关企业的会员部。此类性质主体的经营范围一般为体育活动和赛事策划、其他零售(户外用品批发零售)。无论是企业本身,还是其会员部,如超出其工商注册登记经营范围,组织会员出游必须取得旅行社业务经营许可证,超出其经营范围应由工商行政管理部门依法处理。第二类是在民政部门登记为社会法人的户外俱乐部等。组织体育户外运动,需要成立户外俱乐部,要去当地主管部门体育局审核资质,体育部门批准后,到民政部门登记。因其属民营非企业单位,因此不得从事以营利为目的的经营性活动,包括组织会员出游。超出其章程规定的宗旨和业务范围进行活动的或从事营利性经营活动的,根据国务院《民办非企业单位登记管理暂行条例》(国务院令第251号)的规定,由登记机关予以警告,责令改正,可以限期停止活动;情节严重的,予以撤销登记;构成犯罪的,依法追究刑事责任。第三类是隶属于部委、事业(包括学校)、企业的群众活动社团。根据国务院《社会团体登记管理条例》第四条第二款规定:"社会团体不得从事营利性经营活动。"此外还有部分自由结社,其中多是网络团体,比如网络"驴友"组织等都不具备旅行社业务经营主体资格。

中介机构、教育培训机构与旅行社各有资源优势和业务专长，中介机构、教育培训机构等向社会提供的商务旅游、修学旅游等业务，应通过委托代理合同来明确旅游者与机构组织、旅行社之间的权利义务。从现实角度讲，一些商务、研学教育机构具有较好的商务会议、高校、文化等资源，但调查中的教育培训机构、夏令营组织机构等都不具备组织游客出游的经营许可。条例修订中应明确规定中介机构、教育咨询培训机构组织商务旅游、研学修学旅游等应通过与相应资质的旅行社签订委托代理合同来明确游客、中介机构、旅行社之间的权责，发挥各自的业务专长。具有非企业性质的协会、俱乐部从事旅游经营活动，依据相关条例规定由登记机关予以处罚；具有企业性质的俱乐部或俱乐部会员中心在未取得旅行社业务经营许可的前提下，不得宣传或经营旅游线路产品。户外运动俱乐部、自驾游俱乐部因未取得旅行社业务许可，无法纳入旅游保障机制范围，各级旅游投诉处理机构对市民与户外运动俱乐部、自驾游俱乐部之间的纠纷无法受理。应明确权责，各司其职。该由旅游部门审批许可的由旅游部门办理，该通过合同方式委托代理的签订相关合同，该由其他业务主管部门及登记机关处理的由其处理。

分类规范的结果预期是：一是根据主体性质分类规定有针对性，法令更易见效；二是有利于旅行社垂直分工，促成产生开展专项经营的旅行经销商；三是有利于研学旅游、商务旅游、户外体育活动健康规范发展，治理游学乱象、俱乐部组织出游乱象；四是无论是委托代理合同还是取得相应经营许可，旅行社在处理游客权益损害赔偿、垫付旅游者人身安全遇有危险时紧急救助费用和游客的损失赔偿方面可以纳入旅游保障机制范围；五是明确权责，各级旅游投诉处理机构对市民与户外运动俱乐部、自驾游俱乐部组织会员出游的纠纷，转交到俱乐部登记机构，由其依法依规处理。

2. 充分考虑纳入民宿管理相关法律条款

目前我国民宿产业蓬勃发展，民宿发展规模不断壮大。随着民宿业的快速增长，在民宿经营管理实践中各种问题随之而生，理论界对于民宿管理尤其是合法经营许可的相关研究存在一定的理论滞后，相关法规也不够健全。应充分考虑我国国情，在条例修订中围绕民宿发展的关键问题，结合各地地方立法中关于民宿规定的先行先试经验，借鉴参照国外成熟的民宿治理体系，在条例修订中充分考虑纳入民宿管理的相关法律条款，更好地规范、引导、促进民宿行业的发展。比如，在旅游经营内容部分应明确民宿的法律概念，充分明确民宿经营主体合法性、经营许可、民宿治安管理等问题，厘清民宿监管主体、违法经营处罚、信息平台法律责任、税费征收等问题。

3. 细化在线旅游经营相关法律条款

随着网络技术的发展，在线旅游市场逐步扩张，电子商务在旅游出行中占据了越来越重要的位置。在线旅游业蓬勃发展，消费旺盛，市场规模巨大，在为消费者提供便利的同时，平台默认搭售、大数据"杀熟"、低价陷阱等问题频出，在线旅游经营规制缺失的问题造成了扰乱市场竞争经营秩序、损害消费者合法权益等现实问题。建议结合《电子商务法》相关规定并参考《在线旅游经营服务管理暂行规定》的相关内容纳入条例修订相关条款中，明确在线旅游平台经营者责任和义务；立法确认文旅部门监管权力等，强化对在线旅游经营的规范和监管。

4. 强化多措并举治理零负团费的问题

从最开始作为一种畸形的盈利方式，到现在引发矛盾冲突不断，零负团费旅游虽经历了暴风骤雨式的专项改革，但长期标本兼治必须有一系列的制度措施保障。《旅游法》第三十五条第一款规定："旅行社不得以不合理的低价组织旅游活动。"但在实际执法中，旅游线路价格属于市场供需定价，受各种因素影响存在较大差异，合理的淡季促销、采购议价能力强、包机专线旅游、出团尾单名额促销等都可能出现旅游线路低价。根据《旅游法》要认定旅行社是否以不合理低价组织旅游活动有较大难度。截至目前，全国因为违反第三十五条受到行政处罚的旅行社案例报告少之又少。尽管上位法中有关于指定旅游购物退货退款的规定，但由于目前退货退款的细则不明，往往所购物品无法证明是三无产品的、已经打开包装的、价格过高的旅游纪念品等被旅行社列入不能退款范围；购物退款中要扣除刷卡手续费、退货快递费，还有给当地导游和司机的提成费用等；退款时间要与旅行社季度结账方式对接，一般要3—6个月后才能退费成功。旅游购物退货退款在实际操作上有一定难度。因此，修订条例时应着重考虑从打破"零负团费"利益链条入手，割断购物点、旅行社和导游之间的利益勾结。全面考虑在旅行社指定商店购物的退货退款情形，简易退货退款流程，制定符合经济规律的法律条款，注重标本兼治，多措并举。

5. 细化关于旅游统计的相关条款

旅游统计是旅游经济发展和经营管理的"晴雨表"和"监测器"。科学地评价旅游业的综合作用，系统地体现旅游业在经济社会发展中的"硬实力"，都离不开旅游统计工作。旅游统计数据不但是旅游产业发展成绩和地位的展示，而且还是行业管理、宣传促销、产业规划的基础，同时也是旅游产业发展方向的行动指南。旅游统计工作不仅是一项基础性工作，更是一项涉及全局性的工作。因此，应通过地方条例进一步强化旅游统计工作的重要性，细化地方旅游条例在此方面的措施办法。比如针对"瞒报、伪造、篡改"与"迟报"的处罚以及对于不同企业主体类型的处罚要进行具体分类，要与《中华人民共和国统计法》第四十一条、四十二条的规定相一致。同时，应根据《中华人民共和国统计法》第三十七、三十八、三十九条的规定增加对统计机构或者有关部门、单位的负责人的责任追究条款。总体上认真做好旅游统计抽样调查、旅游业增加值核算等工作，为推动旅游经济协调、健康发展提供可靠的数据支撑。

6. 关于导游自由执业的条款规定

2016 年 5 月，原国家旅游局确定桂林为开展导游自由执业的 6 个线上线下试点之一。桂林市将导游体制改革工作作为桂林国际旅游胜地建设的重要内容，制定下发了《桂林市导游自由执业试点工作方案》和《桂林市导游自由执业试点管理办法实施细则》，坚持"政府主导、企业主体、新机制、统筹推进"的原则，逐步开展导游自由执业试点工作。目前，随着旅游者对导游服务的个性化需要不断增多，结合之前的试点经验，应考虑在导游接受旅行社委派从事导游业务方面有一定突破，当然其前提是需要《旅行社条例》《导游人员管理条例》等进一步修订完善。导游自由执业探讨中更多的是考虑导游执业自由化过程中的监管问题。比如对于建立并加强对导游预约平台的管理，将游客评价信息、导游行程等信息实时传送到导游公共服务管理平台进行监控；推动将社会导游纳入人社部门自由职业社保范围，扩大导游工伤保险覆盖面；建立导游社会保险、导游自由执业责任险、导游执业综合险等多元保障体系；开展以行业协会协商确定劳动报酬为重点的集体协商试点，保障导游自身权益。总之，应总结导游自由执业试点工作经验，探索兼职导游管理，就导游自由执业的合法性问题给予明确的规定，同时对旅行社与导游人员的劳动关系规定应更具操作性、更细化，进一步开放和规范导游服务市场。

7. 强化旅游联合执法综合监管成效

一直以来，旅游行业联合执法、综合监管效果不佳的主要原因有三：一是责权不明，即什么事情该由谁管没有弄清楚；二是激励不够，即旅游综合监管绩效没有直接对应相关部门的绩效考核内容；三是保障缺失，即没有具体的财政资金保障，地方文旅部门牵头协调综合执法。尤其是保障缺失的问题尤为现实，旅游综合执法往往是在公共节假日、黄金周、小长假期间,要由地方文旅部门牵头协调综合执法,在既没有协调权限也没有专项资金保障的前提下,动用工商、物价、质监、公安等部门开展联合执法现实困难十分突出。旅游市场监管是旅游行政管理部门的职责,但旅游综合监管是政府及各相关部门的职责,即使是在具有协调权限时,联合执法、综合监管也应有专项资金保障。2016年2月19日国务院办公厅印发《关于加强旅游市场综合监管的通知》(以下简称《通知》)第十六规定:"加强旅游市场综合监管基础保障。各级政府要积极做好执法经费保障工作。"有了资金保障,市场监管协调工作做起来更容易一些,也更有成效。同时,鉴于"黑社""黑导""黑车""黑店"的流动性大、覆盖面广的特点,运动式的联合执法方式,只能管得了一时,管不了长久。加强旅游市场监管和规范市场秩序的出路,在于厘清各部门的责任,对景区中的安全责任,对非A级景区、湿地公园、风景名胜区、水利风景区、森林公园等不同景区类型涉及的主管部门,需要明晰权责。同时,辅之以常态化的联合执法机制,并将旅游市场检查、执法情况纳入有关部门的工作绩效评估中,这些内容都应在条例修订中予以明确。

8. 其他建议

一是减少关于市场价格的规定。比如对"不合理低价"的表述、对"同团同标准的合同价格应当相对一致""不得以零团费、负团费等低于成本的价格销售旅游产品"等的表述都不合时宜,其不符合旅行社因收客渠道不同、季节不同等而导致价格差异的情况。上述条款表述在执法实践中很难准确衡量"相对一致""低于成本"的市场行为,应尽可能减少对市场价格行为的行政干预条款规定,其也会影响立法的可操作性和落地性。二是尽可能在法律法规中减少鼓励性条款,应加强如何落实的条款。在《旅游法》或各省旅游条例中对鼓励性条款的规定是明确发展方向的促进条款,但市级的地方法规需要更多的落实鼓励性条款的具体规定,而不是更多提出鼓励性条款。三是尽可能减少对企业经营行为的直接干预。如"鼓励企业建立旅游电子商务平台,开发网上信息查询、预定和支付等服务功能,实现网上旅游交易"等类似条款,实际上是指导规定市场行为,企业考虑到技术维护费用、平台影响力等问题,是否需要或者有必要自建平台值得商榷。

五、结语

《山西省旅游条例》修订应坚持改革方向、问题导向,着眼近年来旅游业发展中出现的新现象、新问题进行规范,分别针对本省旅游业发展、旅游市场经营等方面出现的关键问题做出针对性立法规定。要实现把旅游业培育成为"国民经济的战略性支柱产业和人民群众更加满意的现代服务业"的战略目标,就必须全面推进依法兴旅、依法治旅,把依法治国、依法执政、依法行政的各项要求贯彻落实到旅游业改革发展和规范管理的各个环节,全面构建依法治旅、依法兴旅体系,以旅游法治建设的不断完善促进旅游业持续健康发展。在后续《山西省旅游条例》立法修订中,既要保证与已颁布实施法律的衔接,也要与其他相关立法修法统筹考虑,全面保证法律之间的衔接、协调、统一,进一步强调修订工作的科学性、前瞻性、稳定性以及落地性,更好地适应新时代国家发展战略,有效地保障文化和旅游产业的健康高质量发展,提高地方立法的水平,并提高地方立法在实践中适用的比例。努力形成地方立法与国家法律法规相得益彰、系统关联的立法体系,形成政府依法监管、企业守法经营、游客文明旅游的良性格局,尽快实现市场有序、竞争有序、管理有序、出游有序的总体目标。

后　记

本文集是山西大学旅游研究中心（以下简称"中心"）开展文旅研究的阶段性成果。

《中华人民共和国国民经济和社会发展第十四个五年规划和2035年远景目标纲要》明确提出，要进一步推动文化和旅游高质量融合发展。文化旅游产业是山西实现资源型地区经济转型发展的重点产业之一。"十三五"期间，山西以创建全域旅游示范区为抓手，以文旅融合发展为主线，以"黄河·长城·太行三大旅游板块"为着力点，积极尝试将更多的资源优势转化为特色文旅产品。"十四五"期间，如何进一步促进文化产业与旅游产业的深度融合，开创山西文化旅游的新格局，是摆在我们面前的重要课题。

正是缘于此学术愿景，从2019年初起，旅游研究中心围绕近年来山西文旅产业出现的新模式、新概念、新方法与新法规等要素进行团队攻关。依据中心各位老师的研究兴趣与专长，确立相应任务，将促进新时代文旅深度融合的路径具象为旅游者行为研究、板块旅游开发下乡村旅游研究、旅游高质量发展研究、文化旅游个案研究和旅游法规研究，列入研究计划，责任到人，分别承担。在调研与写作过程中，各位老师聚焦山西省文旅产业发展实践，进一步完善了研究内容，深化了研究细节，深入山西文旅产业一线进行调研，积累了大量素材与资料，为完成项目研究和书稿编写奠定了坚实基础。2021年8月，初稿汇编而成，中心在此基础上又进行了反复修改与认真核查，最终成稿。本文集是中心多年来坚持深入现场、教研相长所完成的系列成果之一，尚不能反映科研的全部成果。由于文化旅游产业的综合性较强，其研究涉及的产业与部门较多，且文旅产业新要素和新业态不断涌现，本文集研究内容难免存在不足之处，敬祈业界与社会各研究人士批评斧正。

  本文集不仅是中心编写人员的创作，实际上是很多人共同参与的结果，这里谨借此机会对他们表示深深的谢忱与敬意。

  首先，要感谢山西省教育厅科技处、山西大学社科处，正是在他们的大力支持下，中心团队得以顺利在各地开展持续而深入的调查；同时也要感谢各地工作人员的积极配合以及当地文化学者的热心帮助。

  感谢中心的全体师生，他们以各种各样的形式提供了大量帮助，本文集是中心全体教师与学生共同努力的结果。

  最后，感谢山西人民出版社对本文集出版的大力支持。王新斐编辑对本文集的排版与校对付出了辛苦的工作，使其避免了许多错漏，在此表示感谢！